Police Mangement

경찰관리론 제대로 알기(2판)

양원규 · 정우열 · 배철효 · 안경렬 · 차승호 공저

백산출판사

머리말

본서 '경찰관리론 제대로 알기(2판)'는 '경찰학총론 II 제대로 알기'의 전면 개정증보판으로서, 경찰학을 공부하는 많은 후학들을 위해 '행정학 제대로 알기(백산, 2011년, 6판)', '경찰학총론 I 제대로 알기(백산, 2009년)', '경찰행정법 제대로 알기(한올, 2009년, 2판)', '경찰조직관리론 제대로 알기(백산, 2010년)'와 함께 시리즈로 집필되었다.

본서의 2판에서 개정증보된 내용은 다음과 같다.

제1장 경찰인사관리론에서는 제2절 엽관주의와 실적주의, 제3절 직업공무원제도, 제4절 직위분류제, 제5절 경찰위원회, 경찰인사위원회, 소청심사위원회, 고충심사위원회, 징계위원회, 승진심사위원회, 제10절 다면평가, 제12절 기타 인사운영제도, 제13절 경찰공무원의 권리, 제14절 경찰공무원의 의무, 제15절 경찰공무원의 책임 등을 신설하여 내용을 증보하였다.

제2장 경찰재무관리론에서는 제1절 범죄의 사회적 비용, 제3절 성인지 예산을 신설하여 내용을 증보하였다.

제5장 경찰홍보관리론을 신설하여 경찰홍보, 언론관계, 프라이버시 문제를 집중적으로 다루었다.

또한 전체 내용을 최근 법령 및 행정규칙까지 반영하여 개정하였으며, 아울러 최근 10여년간의 채용 및 승진기출문제를 분석하여 반영하였다.

다만, 경찰관리에 관한 제 이론과 내용은 너무 광범위하여 경찰조직관리론은 제외하였다. 이에 대해서는 별도의 저자 책 '경찰조직관리론 제대로 알기(백산, 2010년)'를 참조하기 바란다.

경찰학을 강의한 지 벌써 15년의 세월이 흘렀지만 아직 부족한 것이 너무 많아 본서의 2판에서는 경찰관리의 각 분야에서 전공한 교수님을 공저자(共著者)로 모셔, 본인의 우매(愚昧)함과 게으름과 천학비재(淺學菲材)를 조금이라도 벗어나고자 하였다.

본서의 특장점은 다음과 같다.

첫째, 한글세대에 맞게 경찰학의 난해한 한자(漢字)를 전부 한글로 표기하였다. 다만, 반드시 알아야 하고 한자(漢字)로 표기해야 그 정확한 의미를 알 수 있는 것은 괄호 안에 한자

(漢字)를 병기(倂記)하여 한자(漢字)에 부담을 느끼지 않도록 하였으며, 또한 한자실력의 향상에도 도움을 주고자 하였다.

둘째, 독자 중심의 one stop service란 concept하에 관련된 법령 및 행정규칙 등 관련조문을 반영하여, 법전(法典)을 다시 찾아야 하는 수고를 덜도록 하였다.

셋째, 각주(脚註)는 기출문제의 내용과 이에 대한 저자의 해설주(解說註)로써 문제분석에 도움을 주고자 하였다. 또한 추가적인 심화학습이 필요한 경우를 고려하여 내용의 출처(出處)를 명확히 하였다.

본서를 탈고(脫稿)할 수 있었던 것은 공저자(共著者)인 대경대학교 양원규 교수, 경운대학교 정우열 교수, 수성대학교 배철효 교수, 대구미래대학교 안경렬 교수, 대경대학교 차승호 교수 등 모두의 헌신적인 노력과 연구의 덕분이다.

그러나 본서의 여러 곳에 미흡한 점이 있더라도 너그러운 마음으로 용서(容恕)해 주실 것으로 믿으며, 미흡하고 부족한 책임 또한 공저자 모두의 천학비재(淺學菲材)로 돌리며, 앞으로 더욱 분발(奮發)하고자 한다.

또한 본서의 출판을 위해 수고해 주신 백산출판사 진욱상 사장님, 진성원 상무님, 금병수 부장님 그리고 편집부 및 관계직원의 노고에 감사한 마음을 전하고자 한다.

2012년 6월 15일

공저자 양원규 · 정우열 · 배철효 · 안경렬 · 차승호

모두 머리 숙여 독자 제위에게 감사드린다.

차례

표 차례

그림 차례

제1장

경찰인사관리론

제 01 장

경찰인사관리론

제1절 경찰인사관리의 의의와 목적

1. 의의

- 경찰인사관리란 경찰의 목적을 효과적으로 달성하기 위하여 경력(警力)을 효율적이고 공정하게 운영하는 동태적 과정이다.
- 경찰관을 체계적 · 합리적인 기준에 따라 분류 · 모집 · 관리 등을 수행하는 과정이며[1], 배치전환, 교육훈련, 동기부여, 행정통제 등을 통해 경찰관이 직업인으로서 경찰업무를 의욕적으로 수행할 수 있도록 하는 활동이다.
- 경찰인력은 명령체계의 통일성을 기하기 위해 '상명하복의 특별권력관계'를 가지며, 높은 도덕성과 민주주의에 대한 신념, 국민의 공복으로서의 철학이 강조된다.

---

1) • 인사행정의 3대 변수는 i) 모집(충원 · 채용), ii) 능력발전, iii) 사기앙양이다.
 • 경찰인사관리는 경찰활동의 수행에 필요한 경찰인력을 효율적으로 관리하는 활동 즉, 경찰활동의 수행에 필요한 인직 자원을 충원하고 유지하며, 근무의욕을 고취하고 통제하는 일련의 활동을 말한다. 강욱 · 김석범 · 백창현, 경찰경무론, 경찰대학, 2012: 154-228.

〈경찰인력의 특성〉[2)]

1) 경찰인력은 사무자동화에 한계가 있는 노동집약형 행정서비스를 수행한다. 각종 범인의 검거, 감시, 범죄예방활동 등은 사무자동화에 따른 인력 대체효과를 크게 기대할 수 없는 분야이므로 인력감축 등을 기대하기 어렵다.
2) 경찰인력은 명령, 강제, 경찰권의 발동 등 물리적인 수단으로 실력행사를 하므로, 위기대처능력이 다른 행정인력에 비해 뛰어나야 한다.
3) 경찰업무는 사건의 주체가 일정하지 못할 뿐 아니라 가시적으로 나타나지도 않아 돌발적인 행정수요가 발생할 확률이 매우 높기 때문에 다른 행정인력보다 대응성이 중요시된다.
4) 경찰행정은 대부분 빠른 시일 내에 해결하지 않으면 그 피해를 복구하기 어려울 뿐 아니라 구제의 기회마저 상실되기 때문에 어떤 행정인력보다 긴급성이 요구된다.
5) 경찰권은 국가공권력의 대표적인 예로 정치적으로 민감할 뿐 아니라 물리적 행사가 가능하므로, 다른 행정인력에 비해 권력의 속성 및 권력남용에 대한 불신과 견제에 노출되어 있다.
6) 경찰의 목적수행을 위해 경찰인력은 국민의 이익과 직접적·가시적으로 연결되어 있다.
7) 경찰인력은 경찰관 개개인의 성향과는 상관없이 본질적으로 현상유지적이며 보수적인 특성을 지니고 있다.

2. 경찰인사관리의 목적[3)]

• 효율적 경력(警力)의 운용	• 치안수요에 맞게 경찰관 개개인의 능력과 경력(警力)을 고려하여 적재적소에 배치, 높은 근무의욕과 사기 유지
• 공정성 확보	• 인력관리에 합리적·객관적인 규칙과 기준 적용, 공평성·일관성 확보
• 조직과 개인의 욕구의 조화	• 경찰관의 욕구와 범죄예방과 수사 등의 경찰활동을 조화시키는 것
• 조직의 효과성 제고	• 개인의 성장과 조직의 효과성의 조화
• 환경변화에 대한 적응성 제고	• 사회변동에 적합한 인사기준의 개발

2) 전주수, 한국행정개혁론, 엘림지앤피, 2003: 11; 강욱·김석범·백창현, 경찰경무론, 경찰대학, 2012: 154-228, 재인용.
3) • 경찰인사관리에 있어서 임용의 원칙으로는 i) 실적주의 원칙, ii) 적격자임용의 원칙, iii) 평등주의 원칙이 있다. 2001 여경
• 경찰인사관리의 목적은 i) 환경변화에 대한 적응성 확보, ii) 합리적이고 객관적인 기준을 중심으로 한 공정성 확보, iii) 효율적인 경찰인력의 운영 등이다. 2002 경사
• 김석범·성홍재, 경찰경무론, 경찰대학, 2008: 110-111.

제2절 엽관주의와 실적주의

- 인사행정의 2대 원칙은 엽관주의와 실적주의이다.
- 현대국가의 인사행정은 실적주의에 기초를 두고 있다.
- 미국의 경우 인사행정은 엽관주의에서 실적주의[4]를 거쳐 적극적 인사행정으로 발전하였다.

1. 엽관주의

1) 의의[5]

- 엽관주의(獵官主義: spoils system) 또는 정실주의(情實主義: patronage system)란 사람을 공직에 임용함에 있어서 능력・자격・업적이 아니라 당파성(黨派性)・개인적 충성심・학벌・문벌・지연・혈연 및 정치적 영향력 등에 인사의 기준을 두는 제도를 말한다.[6]
- 미국의 엽관주의(spoils system)는 선거에서 승리한 정당이 모든 관직을 전리품처럼 임의로 처분할 수 있는 제도를 말한다. 이는 Jefferson 대통령이 부분적으로 행한 바 있지만, 임기 4년법(Four Years Law)의 제정과 Marcy 의원의 "전리품은 승리자에게 속한다(To the victor belong the spoils!)"는 슬로건이 엽관주의 도입에 큰 영향을 미쳤다.
- Jackson 대통령은 정권교체에 따르는 공직경질(公職更迭)의 원칙에 입각하여 엽관주의를 1829년에 도입하였다.
- 영국의 정실주의(patronage system)는 은혜적 정실주의(恩惠的 情實主義)에서 1688년 명예혁명 이후 내각책임제가 발전됨에 따라 정치적 정실주의(政治的 情實主義)[7]로 발전하였다.

---

4) 실적주의도 i) 반(反)연관주의, ii) 능률주의, iii) 인간관계주의, iv) 균형주의 인사행정으로 변천하였다.

5) 엽관주의는 공무원의 인사에 있어 개인의 능력이나 실적이 아닌, 당파성이 기준이 되어 정당에 봉사함으로써 행정책임의 확보가 곤란하다. 2008 경간

6) 엽관주의와 정실주의는 비슷한 의미로 사용되고 있으나, 정실주의는 정치적 요인을 중요시하는 엽관주의보다 넓은 개념으로 사용되고 있다. spoils는 전리품(戰利品)을 의미한다.

7) • 은혜적 정실주의란 19세기 중엽 이전에 국왕이 총애(寵愛)하는 신하나 반항적인 의회를 조종하기 위하여 사기편이 되는 의원에게 관직을 주는 인사제도를 말한다.
• 정치적 정실주의는 정당의 지도자가 관직을 정치적 고려에 의하여 제공하는 인사제도를 말한다.

• 미국의 엽관주의는 정권이 교체되면 공직의 광범위한 경질이 단행되었으나, 영국의 정실주의에서는 대대적인 교체가 없었고 일단 임용되면 관직은 종신직(終身職)의 성격을 띠어 신분이 보장되었다.

2) 미국 엽관주의의 발달 원인

(1) 정당정치 · 권력분립제도와의 관련성

엽관주의는 고급공무원의 임명에 대한 상원의 인준권이 인정됨으로써 공무원의 정치적 임용이 가능하게 되었으며, 측근자의 정치적 등용이 필요하였고, 동질적인 2대 정당이 존재하고, 미국 특유의 선거제도가 운영되었던 점 등으로 발전하였다.

(2) 민주정치의 발달

잭슨주의(Jackson主義)식 민주주의는 자유 · 평등과 정치적 민주화의 달성이 목적이었고, 엽관주의는 그 수단이었다.

(3) 행정의 단순성과 특수한 사회적 · 경제적 환경

정부의 행정은 상식을 가진 자는 누구든지 수행할 수 있다는 행정의 단순관(單純觀)과 미국의 근대화는 국가권력에 의한 군사적 · 관료적 조직의 도움을 반드시 요구하는 것이 아니었다.

3) 엽관주의의 장점

• 정당정치의 발전에 기여하고 관료에 대한 민중통제의 강화로 정부관료제의 민주화를 촉진시켰다.
• 공무원의 적극성 · 충성심의 확보로 정당이념의 철저한 구현이 가능하였고, 정치와 행정의 일원성(一元性)이 확보되었다.
• 관료주의와 관직의 침체를 방지하고 관직의 특권화를 배제할 수 있었다.[8)]

4) 엽관주의의 단점

• 정권교체에 따른 대규모 경질은 행정의 무질서를 초래하였고, 자격이나 경험이 없는

8) 엽관주의 이전에 공직은 동부귀족들의 독점물이었으나, 엽관주의가 도입됨으로써 서부개척민에게도 공직이 개방되었다.

자가 공직에 영입됨으로써 행정의 비능률을 초래하였다.

- 관직의 지나친 남설(濫設)로 예산의 낭비를, 매관매직(賣官賣職)으로 정치와 행정의 부패를 초래하였다.
- 정당이 공무원에 대한 임명권을 장악함으로써 공무원의 정당사병화(政黨私兵化)가 초래되어 국민보다 정당에 충성함으로써 행정책임의 확보가 곤란하였다.

2. 실적주의

1) 실적주의의 의의[9)]

- 실적주의(實績主義: merit system)란 공직에의 임명이 당파성이나 정실, 혈연, 지연이 아니라 개인의 능력, 자격, 성적 및 지식에 기준을 두는 인사제도이다.
- 행정국가가 대두되고 정당의 부패에 대한 민주적 정화(淨化)가 요청되는 가운데 엽관주의의 병폐를 극복하기 위해 실적주의가 대두하게 되었다.

2) 실적주의의 특징

(1) 능력 · 자격주의와 공개경쟁시험

공무원의 임용은 능력 · 실적 · 성적 등을 기준으로 하여 정실이나 당파성은 배제된다. 이러한 실적의 평가에는 공개경쟁시험이 핵심이 된다.

(2) 기회균등

- 공직은 모든 국민에게 개방되며 성별 · 신앙 · 사회적 신분 · 출신지역 · 학벌 등에 의한 차별은 받지 않는다.
- 교육의 기회균등을 전제로 하며[10)], 능력 및 자격의 차이에 의한 차별은 이에 저촉되지 않는다.

---

9) 실적주의 인사제도는 공무원의 신분보장 · 정치적 중립 등을 구성요소로 하며, 미국의 자유민주주의 발전과정에 도입되었다. 그러나 실적주의는 국민의 요구에 적극적으로 대응하지 않을 우려가 있으며, 인사관리의 경직성을 초래한다. 2008 경간

10) 현실적으로 공직의 기회균등이 보장되지 않기 때문에 실적주의는 유산층(有産層)의 공직진출을 촉진한다.

(3) 정치적 중립

공무원은 어떤 정당이 집권하든 간에 당파성을 떠나 전문적 지식과 경험에 의하여 국민에게 공평하게 봉사하고 특수이익이 아닌 공익을 추구한다.

(4) 신분보장

공무원은 법령에 의하지 아니하고는 신분상의 불이익처분을 받지 않는다.

3) 실적주의의 발달과정

(1) 영국 실적주의의 발달과정

- 1853년 Northcote와 Trevelyan은 공무원제도 재편성에 관한 보고서를 제출하였으며, 1855년 제1차 추밀원령은 독립적인 시험기관으로써 인사위원회를 설치하고 시험제도의 수립에 공헌하였다.
- 1870년 제2차 추밀원령은 공개경쟁시험제도를 확립하고 계급의 분류와 재무성의 인사권 강화를 통해 실적주의를 확립하였다.[11)]

(2) 미국 실적주의의 발달과정

- 미국의 엽관주의는 1840년대 이후 그 병폐가 심각해지자 1960년대부터 공무원제도의 개혁이 주장되었다.
- 실적주의의 수립은 Jenckes의 공무원제도 개혁운동, 영국의 공무원제도를 연구한 Eaton보고서의 영향, 엽관운동의 실패자에 의한 Garfield 대통령의 암살사건, Curtis를 중심으로 한 전국공무원제도 개혁연맹에 의한 개혁운동 등이 중요한 계기가 되었으며, 1883년 Pendleton Act[12)]가 제정됨으로써 실적주의가 확립되었다.

---

11) 영국은 합리적 인사행정인 실적주의를 최초로 확립한 국가이다.

12) 1883년에 제정된 Pendleton Act의 주요 내용은 i) 초당적·독립적 인사위원회인 연방인사위원회의 설치, ii) 공개경쟁시험, iii) 공무원의 정치적 중립, iv) 신분보장, v) 제대군인에 대한 특혜, vi) 정치헌금·정치활동의 금지, vii) 시보제도, viii) 사분야와의 인사교류 확대(개방경력제), ix) 인사위원회의 독자적 조사권과 연례보고서의 의회제출 등이다.

4) 실적주의의 장단점

(1) 실적주의의 장점

- 공직에의 기회균등은 민주주의 평등이념의 실현에 기여하였다.
- 공개경쟁시험은 무자격자나 정치적 부정행위자를 배제함으로써 행정능률과 공무원의 자질을 향상시켰다.
- 신분보장은 행정의 안정성 · 계속성 · 전문성을 확보케 하여 직업공무원제의 발전을 촉진하였다.
- 정치적 중립은 공무원으로 하여금 공익의 대변자로서의 역할을 수행할 수 있게 한다.

(2) 실적주의의 단점

- 공무원의 정치적 중립성이 정책에 대한 중립성으로 잘못 인식되어 적극적인 정책추진을 곤란케 하고 있으며, 정치적 환경 속에서 이루어지는 인사행정의 정치적 성격과 가치지향성이 과소평가되었다.
- 공무원의 신분보장과 정치적 중립은 공무원의 권익을 보호하는 데 중점을 두는 소극적 인사행정과 인사행정의 집권화를 촉진하였다.
- 과학적 인사행정은 인사행정의 법규 · 절차 · 기준을 지나치게 중시함으로써 목적보다 수단에 치중하는 인사행정의 형식화 · 경직화를 초래하였다.
- 공무원의 신분보장과 정치적 중립은 행정책임자가 적재적소주의의 인사배치를 통해 업무를 효율적으로 처리하는 행정관리적 측면을 등한시하였다.[13)]
- 공무원에 대한 강력한 신분보장은 관료제의 강화와 관직의 특권화 및 보수화를 초래하였다.

5) 엽관주의의 가미와 적극적 인사행정

- 현대 행정국가하의 인사행정은 실적주의와 엽관주의의 조화를 통한 발전적 · 적극적 인사행정이 필요하다.
- 현대 행정국가하의 인사행정에서도 엽관주의가 필요한 것은 i) 고위직은 정치적 신념

---

13) 미국이 1883년에 설치한 초당적 · 독립적 연방인사위원회를 1978년에 초당적 · 독립적인 실적주의보호위원회와 대통령 직속의 인사관리처로 이원화한 것은 인사행정이 관리의 수단임을 인식한 데 있다.

의 일치가 필요하며, ii) 정권교체 및 정책변동 시 지지자의 확보와, iii) 관료의 특수이익집단화에 대한 통제, iv) 신생국의 경우 정당정치의 육성과 발전, v) 관직의 침체화와 관료주의화를 방지하기 위해서이다.

• 현대인사행정은 적극적 인사행정이 요청됨에 따라 적극적 모집, 정치적 임명[14], 재직자의 능력발전, 인사권의 분권화 및 인간관계 등이 중시되고 있다.

제3절 직업공무원제도

1. 의의

1) 직업공무원제(職業公務員制)의 개념

• 직업공무원제(career civil service system)란 공직이 유능하고 인품 있는 젊은 남녀에게 개방되어 매력적인 것으로 여겨지고, 업적과 발전에 따라 명예롭고 높은 지위에 올라갈 수 있는 기회가 부여되어, 공직을 생애를 바칠 만한 보람 있는 일(worthwhile lifework)로 생각할 수 있게 하는 제반 조치가 강구되어 있는 제도를 말한다.

• 직업공무원제는 실적주의와 서로 배치되는 것은 아니지만 동일시될 수도 없으며 또한 단순한 종신직과도 구별된다.

• 오늘날 직업공무원제는 각국에서 원칙적으로 채택되고 있다. 유럽 여러 나라는 일찍부터 직업공무원제를 확립하였으며, 실적주의를 오래전에 확립시킨 미국에서도 근래 점차 도입하고 있다.[15]

---

14) 발전적 · 적극적 인사행정에서 정치적 임명이란 실적주의를 기반으로 하면서 고위정책결정지위에 정무관(政務官)을 임명하는 엽관주의의 부분적 적용을 말한다.

15) 미국에서 직업공무원제가 발달하지 못한 이유는 i) 사경제의 상대적 발달, ii) 공직에 대한 낮은 사회적 평가, iii) 직업공무원제의 나이와 학력의 제한이 미국 민주주의의 가치관이나 기회균등의 원칙과 상반된다고 보는 데 있다. 그러나 예외적으로 군인과 외교관은 전통적으로 직업공무원이다.

- 우리나라도 직업공무원제를 지향하고 있으며, 1981년 국가공무원법은 직업공무원인 경력직공무원과 비직업공무원인 특수경력직공무원으로 구분하였으며 경력직 중 주로 일반직공무원에게 직업공무원제가 적용되고 있다.

2) 직업공무원제의 필요성

- 정권교체에 따른 행정의 공백상태 방지: 직업공무원제는 정당의 정권교체에 따른 행정의 무정부상태를 방지하고 행정의 독자성과 안정성을 확보케 하는 제도적 장치로서 기능한다. Carl Schmit는 직업공무원제도를 국가 전체의 통일성과 항구성을 보장하는 최소한의 중립적 권력이라고 하였다.
- 행정의 전문화・기술화에 대처: 직업공무원제는 공무원으로 하여금 장기간의 근무를 통해 지식과 기술의 축적을 가능케 함으로써 행정의 전문화 및 능률화에 기여한다.

2. 직업공무원제의 장단점

1) 직업공무원제의 장점

- 직업공무원은 정권교체에 영향을 받지 않고 행정의 안정성・계속성・중립성을 확보할 수 있게 한다.
- 직업공무원은 장기간의 근무를 통해 행정의 전문화 및 능률화에 기여한다.
- 직업공무원은 공복(公僕)으로서의 사명감・국가의식・공공봉사정신이 강하다.
- 직업공무원은 전문직업의식으로 일체감・단체정신・충성심이 강화되고 사기가 높다.

2) 직업공무원제의 단점

- 신분보장의 강화는 공무원에 대한 민주통제를 어렵게 하고 특권집단화와 관료주의화를 초래할 우려가 있다.
- 현상유지적・보수적(保守的)이며 동태적 환경에의 적응력이 약하고, 변동・개혁에 저항하는 경향이 있다.

- 학력・연령의 엄격한 제한은 공직임용에의 기회균등을 제약하게 되어 민주주의의 평등의 원칙에 위배된다.
- 외부인사의 임용을 금지하는 폐쇄제를 채택하므로 특정분야의 전문가를 채용하기 어려워 행정의 전문화 및 기술화를 저해한다.

3. 직업공무원제의 확립요건

1) 실적주의의 확립

직업공무원제가 확립・발전되기 위해서는 그 기반으로서 실적주의의 기본원칙인 능력・업적주의, 공개경쟁시험, 공무원의 정치적 중립과 신분보장이 이루어져야 한다.

2) 공직에 대한 높은 사회적 평가

공직이 특권이나 치부(致富)의 수단으로 인식되는 전근대적・비민주적 공직관(公職觀)이 아니라 국민에게 봉사하는 민주적 공직관에 입각한 높은 사회적 평가가 이루어져야 한다.

3) 젊은 인재의 채용

젊은 인재를 채용하여 평생에 걸쳐 고위직까지 승진할 수 있게 하여야만 직업공무원으로서 장기간 근무하게 된다.

4) 보수의 적정화

공무원이 생활에 대한 불안감 없이 근무할 수 있도록 보수를 적정화(適正化)해야 하며, 장기근무자에 대한 근속가봉액(勤續加俸額)의 차를 높여야 한다.

5) 적절한 연금제도의 확립

퇴직 후의 생계에 대한 불안감을 갖지 않고 장기근무를 할 수 있도록 적절한 연금제도를 확립하여야 한다.

6) 재직자훈련에 의한 능력발전

재직자훈련(在職者訓練)을 통해 공무원의 능력・자질・잠재력을 발전시키고 적절한 동기부여에 의해 자기실현욕구의 충족이 이루어질 수 있어야 한다.

7) 승진 · 전보 · 전직제도의 합리적 운용

승진과 전직(轉職) · 전보(轉補)제도의 합리적 운영을 통해 공무원이 능력발전을 통해 성공할 수 있는 기회를 부여해야 한다.

8) 장기적 인력수급계획의 확립

공무원의 연령구조, 적성과 기타 능력, 이직률, 평균근무연한 수, 각 교육기관의 졸업자 수, 정부의 사업계획 등을 분석하여 장기적 인력수급계획을 수립함으로써 인사행정의 불공평이나 침체를 막고 효율적인 정원관리 · 승진계획을 추진할 수 있어야 한다.

4. 경찰직업공무원제도

1) 경찰공무원의 의의

(1) 경찰공무원의 개념

경찰법을 새로 개정(2006.7.19)하면서 경찰법의 주체가 되는 '경찰'을 '국가경찰'이라는 명칭으로 변경하였다. 이는 2006년 7월 1일 제주특별자치도에 제주자치경찰이 출범하여 '국가 – 자치경찰의 이원적 체제'가 성립되었기 때문이다. 이에 따라 경찰공무원도 '국가경찰공무원'과 '자치경찰공무원'으로 구분된다.

(2) 국가경찰공무원

- 국가경찰공무원이란, 경찰공무원법의 대상이 되는 국가공무원으로서 경찰의 직무에 종사하는 자를 말한다.[16)]
- 국가공무원인 경찰공무원의 경우는 경찰공무원의 책임 및 임무의 중요성과 신분 및 근무조건의 특수성에 비추어 그 임용 · 교육훈련 · 복무 · 신분보장 등에 관하여 국가

16) 경찰공무원법의 대상이 되는 경찰공무원은 행정안전부 산하 경찰청 소속 경찰공무원과 국토해양부 산하 해양경찰청 소속의 경찰공무원이다. 경찰기관에 근무하는 일반직이나 기능직 등의 공무원은 경찰공무원에 해당되지 아니하며, 전투경찰순경이나 의무경찰순경도 경찰공무원에 해당되지 아니한다. 그러나 전투경찰순경이나 의무경찰순경도 형법상의 공무집행방해죄와 공무원에 해당됨은 물론, 국가배상법상의 공무원 개념에는 포함된다.

공무원법과는 별도로 경찰공무원법을 따로 두어 국가공무원에 관한 특례를 규정하고 있다.[17)]

- 국가공무원법과 경찰공무원법의 관계는 일반법과 특별법의 관계에 있으며, 경찰공무원법은 많은 경우에 국가공무원법을 준용하고 있다.[18)]

(3) 자치경찰공무원

- 제주자치경찰은 제주도 단위로 '자치경찰단'을 두고 산하기관으로 2개 행정시(제주시 · 서귀포시)에 '자치경찰대'를 설치하고 있다. 제주자치경찰 소속 경찰관은 지방공무원이다.
- 자치경찰공무원은 「제주특별자치도 설치 및 국제자유도시 조성을 위한 특별법」 제105조에서 「지방자치법」 · 「지방공무원법」을 준용한다고 규정하고 있다.[19)]

2) 경력직과 특수경력직

- 국가공무원법은 공무원을 직업공무원제의 성격이 강한 경력직(經歷職)과 직업공무원제의 성격이 없는 특수경력직으로 구분하고 있으며, 경찰공무원은 경력직에 속하면서 특정직(特定職)으로 분류되어 있다.[20)]

(1) 경력직공무원

경력직공무원이란 실적과 자격에 의해 임용되고 그 신분이 보장되는 공무원으로서 평생토록 공무원으로서 근무할 것이 예정되는 공무원을 말한다.

---

17) 경찰공무원법 제1조.

18) 경찰공무원법 제30조 제2항.

19) 자치경찰공무원의 신규임용의 경우 응시자에게는 지방공무원법 등에 의해서 거주지요건에 제한이 있다. 즉, 임용공고일 현재 본인 또는 부 · 모의 본거지가 제주도인 자 또는 임용공고일 현재 본인 또는 부 · 모의 주민등록이 제주에 등재되어 있어야 한다. 이러한 절차를 걸쳐 합격한 자에 대한 신규교육은 중앙경찰학교에 위탁하여 실시하며, 16주 교육을 마치고 다시 제주자치경찰에서 자체적인 교육을 실시한 후 현장에 배치되고 있다.

20) 국가공무원법 제정 당시 경찰관은 일반직공무원으로 분류되었다가, 1969년 경찰공무원법이 제정되어 별정직공무원으로 전환되었었다. 이후 1981년 국가공무원법 개정 시 공무원이 경력직과 특수경력직으로 구분되면서 현재와 같이 경력직 중 특정직공무원으로 분류되고 있다. 특수경력직공무원에는 정무직 · 별정직 · 계약직 · 고용직 공무원이 있었으나, 2011년 5월 23일자로 고용직 공무원은 폐지되었다.

• 일반직공무원	• 기술 · 연구 또는 행정 일반에 대한 업무를 담당하며, 직군(職群) · 직렬(職列)별로 분류되는 공무원
• 특정직공무원	• 법관, 검사, 외무공무원, 경찰공무원, 소방공무원, 교육공무원, 군인, 군무원, 헌법재판소 헌법연구관, 국가정보원의 직원과 특수분야의 업무를 담당하는 공무원으로서 다른 법률에서 특정직공무원으로 지정하는 공무원
• 기능직공무원	• 기능적인 업무를 담당하며 그 기능별로 분류되는 공무원

(2) 특수경력직공무원

특수경력직공무원이란 경력직공무원 이외의 공무원으로서 공무원법이나 실적주의의 획일적 적용을 받지 않으며, 정치적 임용이 필요하거나 특수한 직무를 담당하는 공무원을 말한다.

• 정무직공무원	• 선거로 취임하거나 임명할 때 국회의 동의가 필요한 공무원 • 고도의 정책결정 업무를 담당하거나 이러한 업무를 보조하는 공무원으로서 법률이나 대통령령(대통령실의 조직에 관한 대통령령만 해당한다)에서 정무직으로 지정하는 공무원
• 별정직공무원	• 특정한 업무를 담당하기 위하여 별도의 자격기준에 따라 임용되는 공무원으로서 법령에서 별정직으로 지정하는 공무원
• 계약직공무원	• 국가와의 채용계약에 따라 전문지식 · 기술이 요구되거나 임용에 신축성 등이 요구되는 업무에 일정기간 종사하는 공무원

〈표 1-1〉 우리나라의 경력직 · 특수경력직 공무원과 외국의 비교

성격	한국	미국	영국	일본
• 행정관	• 경력직	• 경쟁직 · 분류직	• 항구직	• 일반직
• 정무관	• 특수경력직	• 비경쟁직 · 비분류직 · 제외직	• 비항구직	• 특수직

제4절 경찰공무원의 분류

- 경찰관의 분류는 계급(階級), 경과(警科)와 특기(特技) 등 3가지 기준을 정하고 있다.
- 계급(階級)은 직책의 난이도와 보수의 차이를 두기 위한 것이고, 경과(警科)와 특기(特技)는 개인의 능력, 적성, 자격 등을 활용하기 위한 목적을 가지고 있다.

1. 계급제와 직위분류제

1) 계급제

(1) 계급제(階級制)의 개념

- 계급제(rank system)는 사람을 중심으로 학력・경력・능력을 기준으로 하여 공무원을 계급으로 분류하는 주관적 사람 중심의 분류제도로서 신분상의 자격・지위에 중점을 둔다.
- 관료제의 전통이 강한 서구 여러 나라와 이들의 영향을 많이 받았거나 농업사회적 관료제 전통이 강한 영국・독일・프랑스・일본 등에서 채택하고 있다.[21)]
- 우리나라도 계급제를 기반으로 하고 있으나, 임용・시험・승진 등에 직위분류제적 요소가 가미되어 있다.
- 계급제는 공무원이 가지는 개인의 특성 즉, 학력, 경력, 자격을 기준으로 하여 유사한 개인적 특성을 가진 공무원을 여러 범주와 집단으로 구분하여 계층을 구분하는 것을 말한다. 국가공무원 중 경력직공무원은 1급에서 9급까지 계층을 두고 있다.

---

21) • 계급제는 인사배치가 용이하나 직위분류제는 보다 비융통적이며, 계급제는 충원방식이 폐쇄형이나, 직위분류제는 개방형이다. 우리나라 공직분류는 계급제가 원칙이고, 직위분류제적 요소가 가미되어 있다. 직위분류제는 1909년 미국 시카고에서 처음 실시되었다. 2008 기출
• 계급제는 인간 중심의 분류방법으로 관료제의 전통이 강한 나라에서 채택하고 있으며, 폐쇄형 충원방식을 통해 직업공무원제 정착에 기여한다. 2010 기출
• 직위분류제는 동일한 직무를 장기간 담당하게 되어 행정의 전문화에 유용하며, 권한과 책임의 한계가 명확하며, 시험・채용・전직 등의 합리적 기준을 제공하여 인사행정의 합리화에 기여한다. 2010 기출

• 경찰관은 순경에서 치안총감까지 11개 계급으로 상하로 체계화되어 있다. 경찰관의 신분상의 지위나 자격에 중점을 두고 개인의 특성을 고려하여 계급체계를 만들고 있으며 임용의 중요한 기준이 된다.[22)]

〈표 1-2〉 경찰관의 계급과 명칭

계급	명 칭	
1	치안총감	Commissioner General
2	치안정감	Chief Superintendent General
3	치 안 감	Senior Superintendent General
4	경 무 관	Superintendent General
5	총 경	Senior Superintendent General
6	경 정	Superintendent
7	경 감	Senior Inspector
8	경 위	Inspector
9	경 사	Assistent Inspector
10	경 장	Senior Policeman
11	순 경	Policeman

(2) 계급제의 특징

① 4대 계급제

• 계급제국가에서는 일반적으로 교육제도상의 계층과 밀접한 관계가 있는 4대 계급제가 확립되어 있다.

• 영국은 행정계급 · 집행계급 · 서기계급 · 서기보계급의 4계급으로, 프랑스는 A · B · C · D의 4계급으로, 독일은 고급직 · 상급직 · 중급직 · 단순노무직의 4계급으로 구분되고 있다.

22) 계급이 높을수록 직무수행의 곤란도 · 책임도가 높은 지책에 배치되며, 계급이 상승에 따라 경찰관의 보수가 증가하며, 보수의 차이는 기본급에서 획일적인 차이를 두고 있다.

② 계급 간의 심한 차이

계급제국가에서는 각 계급에 따라 학력 · 보수 · 사회적 평가 · 출신성분 등에 차이가 심하고, 하위계급으로부터 상위계급으로의 승진이 어려워 원칙적으로 계급 간의 이동이 잘 되지 않는다.

③ 고급공무원의 엘리트(elite)화 경향

계급제국가에서는 고위직 공무원의 수가 적고 높은 학력이 요구되면서 우대되고 있어 고급공무원이 엘리트화되고 있다.

④ 폐쇄형

신규임용자는 해당 계급의 최하위로부터, 승진임용에서는 서열 · 경력이 앞서는 상위 적격자를 승진시키는 폐쇄형이 채택되고 있다.

(3) 계급제의 장단점

① 계급제의 장점

- 일반행정가의 양성: 계급제는 일반적 교양 · 능력을 가진 사람을 채용할 수 있으므로 인재를 개성과 능력에 따라 신축성 있게 활용할 수 있다.[23)]
- 인사배치의 신축성: 계급제하에서는 계급만 동일하면 보수액의 변동 없이 전직 · 전보가 가능하므로 적재적소의 배치가 용이하고, 공무원의 능력을 여러 분야에 걸쳐 발전시킬 수 있다.
- 직업공무원제의 발전 촉진: 계급제하에서는 직위의 종류와 관계없이 승진이 가능하므로 공무원의 적응력 · 창의력을 발전시킬 수 있고 또한 장기간에 걸친 근무로 조직에의 충성심이 높아지므로 장기적인 행정계획의 추진이나 직업공무원제의 확립에 이바지할 수 있다.
- 행정조정의 용이: 계급제하에서 양성되는 공무원은 기구개혁에 따른 영향을 받지 않으므로 신분보장이 강화된다.

---

23) 계급제는 유능한 일반행정가 확보가 용이하고 인사배치가 융통적이다. [2008 기출]

② **계급제의 단점**

계급제의 단점은 직위분류제의 장점과 역(逆)의 관계에 있다.

③ **경찰계급제**[24)]

경찰조직은 군대식 계급체계로 개선·조직화하여 구성원을 수직으로 분류하고 상명하복의 서열구조로 등급화하고 있다.[25)]

(4) 경찰계급체계의 역할과 기능

- 직위를 부여하기 위한 보직기준으로서의 역할을 한다.
- 승진제도의 기초로써 기능한다.
- 계급정년제도의 성립 기초로써 기능한다.

2) 직위분류제

(1) 직위분류제(職位分類制)의 의의

- 직위분류제(position classification system)란 다수의 직위를 각 직위에 내포된 직무의 종류와 곤란도 및 책임도를 기준으로 하여 직류(職類)·직렬(職列)·직군(職群)·등급(等級)별로 분류하는 객관적인 직무중심의 분류방법이다.
- 직위분류제는 미국에서 처음으로 발전되었으며, 현재 캐나다, 파나마, 필리핀 등 여러 나라에서 채택하고 있다.
- 최초의 직위분류제는 1912년 시카코 시 정부에 의해 채택되었으며, 현재는 연방정부를 비롯하여 대부분의 대도시와 주(州)에서 직위분류제를 실시하고 있다.

---

24) 전 세계의 경찰이 전통적으로 사용하는 군대식 계급체계는 1829년 영국의 로버트 필(Sir Robert Peel) 경이 의회에 수도경찰법(Metropolitan Police Act)을 제안하면서 주창한 12개항의 기본원칙에 처음으로 포함되었다. 미국에서는 1833년 뉴욕시경을 창설하면서 로버트 필의 기본원칙을 채택하여 군대식 계급체계를 받아들였고, 이후 전 세계 경찰조직편성의 기본원리가 되어 경찰조직은 당연히 군대식 계급체계를 바탕으로 편성되기에 이르렀다. 강욱·김석범·백창현, 경찰경무론, 경찰대학, 2012: 154-228.

25) 그 이유는 i) 경찰은 다른 행정기관과 달리 국민에 대해서 강제력을 행사하여 법을 집행하기 때문에 다른 어떤 행정기관보다 조직의 통일성 확보가 요구되며, ii) 특징의 직무를 충족하기 위하여 계급을 미리 설정해 두면 그 직무에 종사하는 사람의 대체가 신속하고 용이하게 이루어질 수 있고, iii) 계급은 그 조직 내의 직원에 대한 상대적 평가를 나타내기 때문에 계급을 통해 영예를 부여할 수 있기 때문이다. 김태진, "경찰계급체계의 문제점과 개선방안", 한국공안행정학회보, 2004: 145-178; 강욱·김석범·백창현, 경찰경무론, 경찰대학, 2012: 154-228, 재인용.

(2) 직위분류제의 구조

• 직위(職位: position)	• 한 사람의 근무를 필요로 하는 직무와 책임, 직위분류제의 기초단위이자 직위분류제의 구조 중 가장 작은 개념
• 직급(職級: class)	• 직위에 내포되는 직무의 종류・곤란도와 책임도가 상당히 유사한 직위의 군(群) • 동일한 직급에 속하는 직위에 대해서는 임용자격, 시험 및 보수, 기타 인사행정에 있어서 동일한 취급을 함
• 직렬(職列: series)	• 직무의 종류는 유사하나 곤란도・책임도가 상이한 직급의 군(群)
• 직류(職類: sub-series)	• 동일한 직렬 내에서의 담당분야가 동일한 직무의 군
• 직군(職群: group)	• 직무의 성질이 유사한 직렬의 군(群)
• 등급(等級: grade)	• 직무의 종류는 다르지만 직무의 곤란도・책임도와 자격요건이 유사하여 동일한 보수를 줄 수 있는 모든 직위 • 직무의 종류가 동일하지는 않으나 직무의 책임도・곤란도만 유사한 여러 직급의 계층

(3) 직위분류제의 수립절차

① 계획과 절차의 결정: 직위분류제를 수립하기 위해서는 먼저 계획과 절차를 결정해야 한다.

② 분류담당자의 선정과 분류대상직위의 결정: 직위분류에 필요한 면접・직무분석・직무평가를 담당할 담당자를 선정하고 조직구조의 성격・기술적 가능성이나 효과를 고려하여 분석대상직위를 결정한다.

③ 직무조사(직무기술서의 작성): 분류될 직위의 직무에 대한 정보를 조사해야 한다. 이를 위해 직무기술서(job description)를 배부・기입하도록 하며 때로는 면접이나 관찰방법을 이용한다.

④ 직무분석(job analysis): 직무에 관한 정보・자료를 조사・검토하여 직무를 종류에 따라 직렬・직군으로 분류하는 것을 말한다.

- 직무분석은 유사한 직무를 수행하는 직위를 묶어서 직렬을 형성시킨 다음 유사한 직렬을 모아 직군을 형성시키는 수직적 분류구조를 결정하는 작업이다.

⑤ 직무평가(job evaluation): 각 직위의 직무에 내포되는 곤란도・책임도에 따라 직위의 상대적 가치・비중・수준을 결정하는 것을 말한다.

- 직무분석에 의해 직무가 종류별로 구분된 다음, 종류가 동일하거나 유사한 각 직위

의 수준인 등급(grade)을 결정하는 절차이며, 수평적 · 횡적 분류구조를 형성하는 절차이다.

• 직무평가의 방법에는 비계량적 방법인 서열법 · 분류법[26]과 계량적 방법인 점수법 · 요소비교법 등이 있다.

⑥ 직급명세서의 작성: 직군, 직렬과 등급, 직급이 결정되면 직급별로 직급명세서(job specification)가 작성된다.

• 인사행정의 기초가 되는 지급명세서에는 직급명, 직책의 개요, 최저자격요건, 채용방법, 보수액 등이 명시된다.

⑦ 정급(定級): 직급명세서가 작성되면 모든 직위는 각각 해당 직군, 직렬, 직류와 등급, 직급에 배정된다.

⑧ 사후검토와 동태적 관리: 모든 관계자 · 점직자(占職者)에게 시행에 앞서 검토와 이의신청의 기회를 주어야 하며, 행정조직 · 행정기능의 동태적 성격에 비추어 직무내용의 변동에 따라 수정될 수 있어야 한다.

(4) 직위분류제의 장단점[27]

① 직위분류제의 장점

• 보수결정의 합리적 기준 제시: 동일직무에 대한 동일보수(equal pay for equal work)의 원칙에 따르는 직무급제도를 확립함으로써 보수결정의 합리적 기준을 제시한다.

• 임용 · 인사배치의 기준 제시: 각 직위가 요구하는 직무의 내용 · 성질이나 자격요건을 밝혀줌으로써 채용시험, 인사배치, 승진, 전직 등의 합리적 기준을 제시한다.

• 훈련수요의 명확화: 훈련의 목적 · 내용 내지 수요범위를 밝혀준다.

• 근무성적평정의 기준 제시: 직무의 내용을 구체적으로 명시하므로 근무성적평정의 객관적 기준을 세우는 데 효과적이다.

• 권한 · 책임한계의 명확화: 조직단위의 횡적인 책임의 한계나 종적인 상하 지휘감독

---

26) 우리나라는 분류법을 사용하고 있다.

27) • 직위분류제는 권한과 책임의 한계가 명확하나, 신분보장이 미흡하여 행정의 안정성을 저해하며, 전문화에 따른 수평적 협조와 조정이 곤란하다. [2008 기출]

• 직위분류제는 동일한 직무를 장기간 담당하게 되어 행정의 전문화에 유용하며, 권한과 책임의 한계가 명확하다는 장점이 있다. 시험 · 채용 · 전직 등의 합리적 기준을 제공하여 인사행정의 합리화를 기한다. [2010 기출]

관계에 있어서 권한과 책임의 한계를 명확히 해준다.

- 행정의 전문화 · 분업화 촉진: 동일한 직책을 장기간 담당하게 되므로 행정의 전문화 · 분업화에 도움을 준다.
- 예산행정의 능률화와 행정의 민주적 통제: 직위분류제는 인건비의 산출근거를 제시하므로 예산절차의 능률화를 기할 수 있고, 국민에게 공무원의 서비스와 인건비 간의 논리적 관계를 밝혀줌으로써 행정의 민주적 통제에 기여한다.
- 정원관리 · 사무관리의 개선 촉진: 업무분담의 합리화와 업무처리과정의 간소화를 촉진시킴으로써 정원관리 · 사무관리에 도움을 준다.

② 직위분류제의 단점

직위분류제의 단점은 계급제의 장점과 역(逆)의 관계에 있다.

3) 계급제와 직위분류제의 상호접근[28)]

- 계급제나 직위분류제는 각각 장단점을 지니고 있다. 따라서 각국은 자신들이 채택한 제도의 단점을 보완하기 위해 절충하고 있다.
- 계급제를 채택하고 있는 국가가 직위분류제 요소를 가미하는 이유는 공평한 보수액의 책정, 시험의 합리화, 훈련의 효율화, 전문가 양성, 행정조직의 합리화 등을 위해서이다.
- 직위분류제를 채택하고 있는 국가가 계급제 요소를 가미하는 이유는 유능한 고급공무원의 양성, 행정의 신축성 제고 등을 위해서이다.
- 우리나라는 계급제를 기반으로 하면서 직위분류제적 요소를 가미하고 있다.[29)]
- 1981년 국가공무원법의 개정으로 직위분류제 도입의 토대를 마련하여 채용, 승진, 전직에 있어서는 직위분류제의 원칙이 부분적으로 적용되고 있다.

---

28) • 계급제는 보통 계급의 수가 적고 계급 간의 차별이 심하며, 외부로부터 충원이 힘든 폐쇄형 충원방식을 취하고 있다. 우리나라 공직분류제도는 계급제가 원칙이고, 직위분류제적 요소가 가미되어 있다.
• 계급제는 인사배치가 용이하고, 직위분류제보다 융통성이 있다. 직위분류제는 각 부서 간 조정과 협조가 곤란하나, 계급제는 용이하다. [2005 기출]

29) 1963년 직위분류제를 규정한 국가공무원법 조문과 직위분류법을 제정하여 1967년부터 적용하기로 하였으나, 1973년 국가공무원법의 관계조문이 개정되고 직위분류법은 폐지되었다.

2. 경과와 특기

1) 의의

- 경과와 특기는 개개 경찰관의 특성, 자격과 능력, 경력(警力)을 활용하기 위해 수평적으로 분류하는 것이다.
- 경과와 특기는 경찰업무의 여러 가지 특성을 구분하고 그에 적합한 경찰관을 모집·채용하고 능력과 경력(警力)을 경찰에서 전문화시키고 발전시킴으로써 경찰업무의 효율성을 높이기 위한 제도이다.
- 경과는 총경 이하에 적용되고 보안경과는 경정 이하에, 운전경과는 경사 이하만 부여된다.

2) 경과(警科)

- 총경 이하의 경찰공무원은 일반경과, 수사경과, 보안경과 및 특수경과(운전경과, 항공경과, 정보통신경과)로 구분된다. 다만, 수사경과 및 보안경과는 경정 이하 경찰공무원으로, 운전경과는 경사 이하 경찰공무원으로 한다.30)

• 경과(警科)	• 일반경과	• 기획·감사·경무·방범·형사·수사·교통·경비·작전·정보·외사·기타의 직무로서 보안경과 및 특수경과에 속하지 아니하는 직무
	• 보안경과	• 보안경찰에 관한 직무
	• 특수경과	• 항공경과, 해양경과, 통신경과, 운전경과

경찰공무원임용령 시행규칙

제19조(경과별 직무의 종류)

(가) 일반경과는 기획·감사·경무·방범·형사·수사·교통·경비·작전·정보·외사·기타의 직무로서 보안경과 및 특수경과에 속하지 아니하는 직무
(나) 보안경과는 보안경찰에 관한 직무
(다) 특수경과 중 항공경과는 경찰항공기의 운영·관리
(라) 해양경과는 해양경찰에 관한 직무
(마) 통신경과는 경비통신의 운영·관리에 관한 직무
(바) 운전경과는 경찰차량의 운전 및 정비에 관한 직무

---

30) 2005년 1월부터 시행된 수사경과제는 수사경찰의 선발, 승진, 인사를 별도로 관리하고, 수사업무에 종사하는 경찰관을 수사부서에만 근무시킴으로써 수사경찰의 전문성을 확보하기 위한 것이다. 수사경찰 인사운영규칙(경찰청 훈령 제534호: 2008. 12. 24).

3) 특기

일반경과는 일반특기와 전문특기를 부여받게 되지만[31], 특수경과는 경과 그 자체가 전문특기에 해당된다. 또한 특기는 경위 이상 경정 이하의 모든 경찰관에게 주어진다.

> **경찰공무원법**
>
> **제3조(경과 구분)** ① 경찰공무원은 그 직무의 종류에 따라 경과(警科)에 의하여 구분할 수 있다.
> ② 경과의 구분에 필요한 사항은 대통령령으로 정한다. [전문개정 2011.5.30]

> **경찰공무원임용령**
>
> **제3조(경과 및 특기)** ① 총경 이하의 경찰공무원은 다음의 경과로 구분한다. 다만, 제2호의 수사경과 및 제3호의 보안경과는 경정이하 경찰공무원으로, 제4호 나목의 운전경과는 경사이하 경찰공무원으로 한다. 〈개정 1987.12.31, 1994.12.31, 2002.7.10, 2004.12.18〉
> 1. 일반경과
> 2. 수사경과
> 3. 보안경과
> 4. 특수경과
>   가. 해양경과
>   나. 운전경과
>   다. 항공경과
>   라. 정보통신경과
>
> ② 임용권자(제4조제1항의 규정에 의하여 임용권의 위임을 받은 자를 포함한다. 이하 같다) 또는 임용제청권자(경찰공무원법 제6조제1항의 규정에 의한 추천이 필요한 경우에는 경찰청장 또는 해양경찰청장을 포함한다. 이하 같다)는 경찰공무원을 신규채용할 때에 경과를 부여하여야 한다. 〈개정 1991.7.30, 1996.8.8〉
> ③ 임용권자 또는 임용제청권자는 일정한 요건을 갖춘 경위이상 경정이하의 경찰공무원에 대하여 그 경과별 직무분야에 따라 일반특기 또는 전문특기를 부여할 수 있다. 〈개정 1987.12.31〉
> ④ 경찰청장 또는 해양경찰청장은 전시·사변 또는 이에 준하는 비상사태에 있어서 필요하다고 인정될 때에는 경과 및 특기의 일부를 폐지 또는 병합하거나 신설할 수 있다. 〈개정 1991.7.30, 1996.8.8〉
> ⑤ 경과 및 특기별 직무의 종류, 전과, 특기의 부여 및 변경 등에 관하여 필요한 사항은 행정안전부령 또는 국토해양부령으로 정한다. 〈개정 1996.8.8, 1998.12.31〉

31) 일반경과는 일반특기로서 기획, 감사, 경무, 방범, 교통, 경비, 작전, 형사, 수사, 정보, 보안, 외사 등 12가지가 있으며, 전문특기로는 형사, 조사, 감식, 정보관리, 정보분석, 보안수사공작, 보안수사신문, 외사 및 기술(통신, 항공, 운전)의 특기가 있다.

제5절 인사관리기관

1. 인사관리부서

- 적극적 인사행정에 따라 인사기능의 분권화가 보편적이며, 경찰인사기관도 부처인사기관의 형태이다.
- 임용기관을 보좌하는 경찰조직의 부서로는 경찰청의 경무국, 서울지방경찰청의 경무부, 지방경찰청과 경찰서의 경무과가 있다.[32]
- 경찰공무원의 정원관리는 경찰청 경무국에서, 전투경찰순경에 대한 인사관리는 경비국에서 담당하고 있다.

〈표 1-3〉 인사권자 2009 기출

• 대통령	• 총경 이상의 임용 • 경정에의 신규채용, 승진임용 및 면직
• 경찰청장	• 경정 이하 임용 • 총경의 전보, 휴직, 직위해제, 정직, 복직
• 지방경찰청장, 경찰대학장 등	• 경찰청장의 권한을 위임받아 소속경찰관 중 1) 경정의 전보, 파견, 휴직, 직위해제 및 복직에 대한 권한 2) 경감 이하의 임용권
• 경찰서장	• 지방경찰청장의 권한을 위임받아 소속경찰관 중 경감 이하의 승급, 전보

경찰공무원법 제6조(임용권자) ① 총경 이상의 경찰공무원은 경찰청장 또는 해양경찰청장의 추천을 받아 행정안전부장관 또는 국토해양부장관의 제청으로 국무총리를 거쳐 대통령이 임용한다. 다만, 해양경찰청장은 국토해양부장관의 제청으로 국무총리를 거쳐 대통령이 임명하고, 총경의 전보, 휴직, 직위해제, 강등, 정직 및 복직은 경찰청장 또는 해양경찰청장이 한다.

32) 전국적인 규모의 인사조치는 경찰청 경무국의 인사교육과에서, 각 지방경찰청 단위의 인사조치는 서울지방경찰청 경무부 인사교육과와 지방경찰청의 경무과에서 보좌하고 있다. 경찰서 단위의 인사조치의 보좌는 경무과에서 담당하고 있다. 경찰청 '인사교육과'는 '경찰청과 그 소속기관 직제'에 규정된 명칭으로, 실제로는 인사업무를 담당하는 '인사과'와 경찰교육업무를 담당하는 '교육과'로 각각 운영되고 있다.

② 경정 이하의 경찰공무원은 경찰청장 또는 해양경찰청장이 임용한다. 다만, 경정으로의 신규채용, 승진임용 및 면직은 경찰청장 또는 해양경찰청장의 제청으로 국무총리를 거쳐 대통령이 한다.
③ 경찰청장 또는 해양경찰청장은 대통령령으로 정하는 바에 따라 경찰공무원의 임용에 관한 권한의 일부를 소속 기관의 장, 지방경찰청장 또는 지방해양경찰관서의 장에게 위임할 수 있다. [전문개정 2011.5.30]

경찰공무원임용령 제4조(임용권의 위임) ① 「경찰공무원법」(이하 "법"이라 한다) 제6조제3항의 규정에 의하여 경찰청장은 경찰대학·경찰교육원·중앙경찰학교·경찰수사연수원·경찰병원 및 지방경찰청(이하 "소속기관등"이라 한다)의 장에게 그 소속경찰공무원 중 경정의 전보·파견·휴직·직위해제 및 복직에 관한 권한과 경감이하의 임용권을 위임할 수 있다. 〈개정 1991.7.30, 1996.8.8, 1999.12.28, 2005.5.13, 2007.9.20, 2009.11.23, 2010.10.22〉
② 지방경찰청장은 소속경감이하의 경찰공무원에 대한 당해 경찰서 안에서의 전보권을 경찰서장에게 다시 위임할 수 있다. 〈개정 1987.12.31, 1991.7.30, 1996.8.8〉
③ 제1항의 규정에 의하여 임용권의 위임을 받은 소속기관등의 장은 경감 또는 경위를 신규채용하거나 경위 또는 경사를 승진시키고자 할 때에는 미리 경찰청장의 승인을 얻어야 한다. 〈개정 1991.7.30〉
④ 경찰청장은 경찰공무원의 정원의 조정·인사교류 또는 파견을 위하여 필요한 때에는 제1항의 규정에 불구하고 임용권을 행사할 수 있다. 〈개정 1991.7.30〉

경찰공무원 징계령

제19조(중징계 등의 처분 제청과 집행) ① 징계등 의결을 요구한 자는 중징계의 징계등 의결을 통지받았을 때에는 지체 없이 징계등 처분 대상자의 임용권자에게 의결서 정본을 보내어 해당 징계등 처분을 제청하여야 한다. 다만, 경무관 이상의 강등 및 정직, 경정 이상의 파면 및 해임 처분의 제청, 총경 및 경정의 강등 및 정직의 집행은 경찰청장 또는 해양경찰청장이 한다.

2. 경찰위원회와 경찰인사위원회[33)]

- 경찰인사에 관계되는 법규·훈령·예규 및 운영기준에 관한 사항, 경찰교육 기본계획 등은 모두 경찰위원회의 심의·의결을 거쳐야 한다.[34)]

33) 강욱·김석범·백창현, 경찰경무론, 경찰대학, 2012: 154-228.
34) 경찰법 제9조 제1항, 경찰위원회 규정 제5조 제1항.

- 경찰공무원법은 경찰공무원 인사에 관한 방침과 기준 및 기본계획, 법령의 제정・개정 또는 폐지에 관한 사항 등은 경찰청에 설치된 '경찰공무원 인사위원회'의 심의를 거치도록 하고 있다.35)

3. 소청심사위원회

- 공무원의 징계처분, 그 밖에 그 의사에 반하는 불리한 처분이나 부작위에 대한 소청을 심사・결정하게 하기 위하여 소청심사위원회가 행정부, 사법부, 입법부에 별도로 설치되어 있다.
- 소청심사제도는 위법・부당한 인사상 불이익 처분에 대한 구제라는 사법보완적 기능을 통하여 직접적으로 공무원의 신분보장과 직업공무원제도를 확립하고, 간접적으로는 행정의 자기통제효과를 도모하는 데 있다.36)
- 경찰공무원은 행정안전부에 설치되어 있는 소청심사위원회에 소청심사를 청구할 수 있다.
- 전경대의 대원 중 경사 이하의 경찰공무원은 그의 소속에 따라 경찰청, 각 시・도의 지방경찰청에 소청을 제기해야 하며 이때 각 소속의 기관장들은 경찰관 보통징계위원회를 구성하여 소청내용을 심사한다.37)

---

35) • 경찰공무원법 제4조, 제5조.
- 경찰법과 경찰공무원법상의 규정상 경찰인사에 관한 사항에 대해 경찰위원회와 경찰공무원 인사위원회의 임무가 중복되어 있다. 이러한 충돌은 경찰청이 출범한 1991년 7월 경찰법이 새로이 제정됨으로써 발생하였다. 1991년 "경찰법" 및 "경찰위원회규정" 등이 제정됨으로써 경찰위원회에 인사를 포함한 제반업무와 정책에 관한 주요 사항의 심의・의결권이 부여되었다. 경찰공무원법에 의하여 설치되었던 경찰공무원 인사위원회는 단지 인사업무에 관한 '심의권'만을 행사했으므로 상대적으로 경찰위원회의 위상이 훨씬 높다고 할 수 있다. 그럼에도 불구하고 경찰청 출범 초기에는 경찰인사에 관한 기본시책과 법령의 개폐 등은 경찰위원회가 심의・의결하되, 경찰공무원 인사위원회는 보다 세부적인 인사문제에 관한 심의기구로서 존재 의의가 인정되었던 것이다. 그러나 실제로는 주요정책과 세부정책의 구별기준이 애매하고, 종국적으로 경찰위원회에서 심의・의결될 사항을 경찰공무원 인사위원회의 심의에 회부할 경우 실익도 없다 할 것이다. 김용세・류병관, "경찰 승진인사제도 개선방안", 한국공안행정학회보, 2006: 61-84, 재인용.

36) • 국가공무원법상 소청심사의 대상에는 「징계처분, 기타 의사에 반하는 불리한 처분, 부작위」 등이 있고, 구체적으로 어떠한 것이 포함되는지 여부는 사안의 성격과 내용에 따라 결정될 수 있다.
- 징계처분: 파면, 해임, 강등, 정직, 감봉, 견책.
- 기타 의사에 반하는 불리한 처분: 강임, 휴직, 직위해제, 면직, 전보 등.
- 부작위: 당사자의 신청에 대하여 행정청이 상당한 기간 내 일정한 처분을 하여야 할 법률적 의무가 있음에도 처분을 하지 않은 경우(복직청구 등).

- 행정안전부에 설치된 소청심사위원회는 위원장 1명을 포함한 5명 이상 7명 이내의 상임위원과 상임위원 수의 2분의 1 이상인 비상임원으로 구성하되, 위원장은 정무직으로 보한다.[38)]
- 소청심사위원회가 소청사건을 심사할 때에는 소청인 또는 대리인에게 진술기회를 주어야 하며, 진술기회를 주지 아니한 결정은 무효이다.[39)]
- 소청사건의 결정은 재적위원 2/3 이상의 출석과 출석위원 과반수의 합의에 따르되, 의견이 나뉠 경우에는 출석의원 과반수에 이를 때까지 소청인에게 가장 불리한 의견에 차례로 유리한 의견을 더하여 그중 가장 유리한 의견을 합의된 의견으로 본다.[40)]
- 소청심사위원회 결정의 종류에는 각하, 취소, 변경, 기각 등이 있으며 처분권자는 그 결정에 따라 이행해야 할 의무가 있다. 또한 효력유무나 존재여부를 확인할 수 있고 행정청의 부작위에 대하여 의무이행명령을 내릴 수 있다. 또한 소청심사위원회는 본래의 징계처분에 부과한 징계보다 무거운 징계를 부과하는 결정을 하지 못한다.[41)]
- 공무원에 대하여 징계처분과 강임 · 휴직 · 직위해제 또는 면직처분, 그 밖에 본인의 의사에 반한 불리한 처분이나 부작위에 관한 행정소송은 소청심사위원회의 심사 · 결정을 거치지 아니하면 제기할 수 없다.

4. 고충심사위원회

- 고충심사제도는 공무원이 '근무조건, 인사관리, 기타 신상문제에 대하여 불만이 있는 경우'에 책임 있는 인사권자에게 고충심사를 청구하여 심사 및 인사상담을 거쳐 고충에 대한 적절한 해결책을 강구하여 주는 제도이다.

---

37) 전투경찰대 설치법 제6조.
38) 위원장과 위원은 행정안전부장관이 국무총리를 거쳐 대통령이 임명한다. 위원장을 포함한 위원의 자격은 ① 법관, 검사 또는 변호사의 직에 5년 이상 근무한 자, ② 대학에서 행정학, 정치학, 또는 법률학을 담당한 부교수 이상의 직에 5년 이상 근무한 자, ③ 3급 이상의 공무원 또는 고위공무원단에 속하는 공무원으로 3년 이상 근무한 자이다. 소청심사위원회 상임위원의 임기는 3년이고 한번만 연임할 수 있으며, 상임위원은 다른 직무를 겸할 수 없다. 국가공무원법 제9조 제3항.
39) 국가공무원법 제13조.
40) 국가공무원법 제14조.
41) 국가공무원법 제14조.

- 심사기관이 제3자적 입장에서 고충사안이 원만히 해결되도록 주선하고 권고하는 조정자적 역할을 수행하는 제도이다.
- 고충심사제도는 소청심사의 대상이 되지는 않으나 공무원의 근무여건에 애로사항으로 작용하는 여러 문제점들을 살피고, 이를 해소함으로써 공무원의 권익을 보장하여 사기를 진작시키고 직무의 능률을 향상시키고자 하는 데 목적이 있다.
- 고충심사의 대상은 크게 근무조건, 인사관리, 신상문제로 나눌 수 있다.[42)]

〈표 1-4〉 고충심사의 대상

구 분	세부내용
• 근무조건	• 봉급 · 수당 등 보수에 관한 사항 • 근무시간 · 휴식 · 휴가에 관한 사항 • 업무량, 작업도구, 시설안전, 보건위생 등 근무환경에 관한 사항 • 주거 · 교통 및 식사편의 제공 등 후생복지에 관한 사항
• 인사관리	• 승진 · 전직 · 전보 등 임용에 관한 사항으로서 임용권자의 재량행위에 속하는 사항 • 근무성적평정 · 경력평정 · 교육훈련 · 복무 등 인사행정의 기준에 관한 사항 • 상훈 · 제안 등 업적성취에 관한 사항
• 신상문제	• 성별 · 종교별 · 연령별 등에 관한 차별대우 • 기타 개인의 정신적 · 심리적 · 신체적 장애로 인하여 발생되는 직무수행과 관련된 사항

- 경찰공무원의 인사상담 및 고충을 심사하기 위하여 경찰청 · 지방경찰청 · 대통령령이 정하는 경찰기관에 경찰공무원 고충심사위원회를 둔다.
- 경찰공무원 고충심사위원회의 심사를 거친 재심청구와 경정 이상의 경찰공무원의 인사상담 및 고충심사는 국가공무원법에 의하여 설치된 중앙고충심사위원회에서 심사한다.[43)]

42) 고충심사의 대상이 되지 않는 내용으로는 다른 법령에 의하여 처리되는 사항으로 소청심사 대상, 연금급여 심사대상, 감사원의 처분에 대한 재심의 사항 등과 국가사무의 관리운영에 관한 사항으로 법률의 개폐, 예산조치의 요구 등 국회의 협력이 필요하거나 당해 행정기관으로는 곧 시정이 불가능한 사항 등이 있다.

43) 경찰공무원법 제25조.

〈표 1-5〉 고충심사위원회

위원회별	설치기관	관할
• 중앙고충심사위원회	• 중앙인사관장기관(행정안전부 소청심사위원회에서 기능을 관장)	• 보통고충심사위원회의 심사를 거친 재심청구 • 경정 이상의 경찰공무원
• 경찰공무원 고충심사위원회	• 경찰청 · 지방경찰청 및 대통령령이 정하는 경찰기관	• 경감 이하의 경찰공무원 • 불복 시: 중앙고충심사위원회에 재심청구

5. 징계위원회

- 경찰공무원에 대한 징계의 의결을 행하기 위하여 경찰공무원 징계위원회를 설치 · 운영한다.
- 경무관 이상의 경찰공무원에 대한 징계의 의결은 국가공무원법에 의하여 국무총리 소속하에 설치된 징계위원회에서 행한다.
- 총경 이하의 경찰공무원에 대한 징계의 의결을 행하기 위하여 대통령령이 정하는 경찰기관에 경찰공무원 징계위원회를 설치하며, 경찰공무원 징계위원회는 경찰공무원 중앙징계위원회와 경찰공무원 보통징계위원회로 구분한다.[44]

〈표 1-6〉 징계위원회

위원회별	설치기관	관할
• 중앙징계위원회	• 국무총리실	• 경무관 이상 경찰공무원
• 경찰공무원 중앙징계위원회	• 경찰청	• 총경 및 경정
• 경찰공무원 보통징계위원회	• 경찰청, 지방경찰청 및 경찰기관	• 당해 징계위원회가 설치된 경찰기관 소속 경감 이하 경찰공무원 • 단, 경찰청에 설치된 보통징계 위원회: 경찰청장이 징계의결을 요구하는 경찰공무원

- 상 · 하계급의 경찰공무원이 관련된 징계사건은 상위계급의 경찰공무원을 관할하는 징계위원회에서 심의 · 결의하고, 상 · 하급의 경찰기관에 소속된 경찰공무원이 관련된 징계사건은 상급경찰기관에 설치된 징계위원회에서 심의 · 결의한다.

44) 경찰공무원징계령 제3조.

• 소속을 달리하는 2명 이상의 경찰공무원이 관련된 징계사건으로서 관할 징계위원회가 서로 다른 경우에는 그 직근 상급의 경찰기관에 설치된 징계위원회에서 심의·의결한다.

〈표 1-7〉 징계사건의 관할

관련사건	관할
• 상·하계급의 경찰공무원이 관련된 징계사건	• 상위계급 경찰공무원을 관할하는 징계위원회
• 상·하급의 경찰기관에 소속한 경찰공무원이 관련된 징계사건	• 상급경찰기관에 설치된 징계위원회
• 소속을 달리하는 2명 이상의 경찰공무원이 관련된 징계사건으로서 징계 관할이 다른 경우	• 직근 상급 경찰기관에 설치된 징계위원회

6. 승진심사위원회

• 경찰공무원에 의한 승진심사를 하기 위하여 경찰청에 중앙승진심사위원회를, 경찰청·지방경찰청·대통령령이 정하는 경찰기관에 보통승진심사위원회를 둔다.
• 중앙승진심사위원회와 보통승진심사위원회는 위원장을 포함하여 위원 5인 이상 7인 이하로 구성한다.

〈표 1-8〉 승진심사위원회

구 분	설 치	구 성	대상계급
• 중앙승진 심사위원회	• 경찰청	• 심사대상자보다 상위계급으로서 위원장 포함 5~7인(위원장은 위원 중 최상위계급 또는 위원 중 선임 경찰공무원으로 함)	• 총경 이상에의 승진
• 보통승진 심사위원회	• 소속기관	• 소속기관별 경감 이상으로서 심사대상자보다 상위계급이어야 하며, 위원장 포함 5~7인(위원장은 위원 중 최상위 계급 또는 위원 중 선임 경찰공무원으로 하며, 경감 이상 인원이 부족한 경우에는 경위 이상 위원으로 임명 가능)	• 경정 이하에의 승진

제6절 경찰공무원의 외부임용

1. 의의

- 임용은 공무원을 충원[45]하고 관리하는 활동이다.
- 경찰공무원법(제1조의2)은 임용이란 신규채용, 승진, 전보, 파견, 휴직, 직위해제, 정직, 강등, 복직, 면직, 해임 및 파면까지 포함한다고 규정하고 있다.
- 경찰공무원의 임용은 외부임용(신규임용)과 내부임용으로 나누어질 수 있으며, 외부임용은 공개채용과 특별채용으로, 내부임용은 승진, 전보[46], 파견, 휴직, 직위해제, 정직, 강등[47], 복직[48], 면직, 해임, 파면으로 구분할 수 있다.

2. 공개채용

1) 의의

- 공무원의 신규채용은 공개경쟁시험에 의한다는 국가공무원법 제28조의 내용은 특정

45) 충원은 정원이 증가되었거나 여러 가지 이유로 결원이 생겼을 때, 규정된 방법에 의해 결원을 보충하는 활동이다.

46) '전보'란 경찰공무원의 동일 직위 및 자격 내에서의 근무기관이나 부서를 달리하는 임용을 말한다(경찰공무원법 제1조의2).

47) • 2008년 12월 31일 국가공무원법 개정으로 징계종류에 '강등'이 신설되었다. 징계종류로서의 '강등'제도의 도입은 1949년 국가공무원법이 제정된 이래 공무원 징계제도의 가장 획기적인 변화라고 할 수 있다. 계급제를 기본으로 하는 우리나라 공무원제도의 특성상 징계로서 '강등'이 공직사회에 미치는 영향은 매우 클 것이다. 예를 들어 4급 서기관이 5급 사무관으로, 교장이 교감으로 강등될 수 있다. 특히, 금품 및 향응수수, 공금횡령·유용으로 강등처분을 받은 경우 다시 종전 직급으로 승진하기 위해서는 24개월의 승진제한기간이 적용되므로 최소 2년은 기다려야 한다.
• 경찰도 2010년 6월 15일 경찰공무원징계령을 개정하여 중징계의 하나로 '강등'을 신설하였다. 개정 법령에 따르면 경무관 이상은 경찰청장의 제청으로 국무총리를 거쳐 대통령이 강등조치를 내릴 수 있게 했으며, 총경과 경정은 경찰청장이, 경감 이하는 지방청장이 각각 강등징계권을 갖도록 하였다. 강등징계를 받으면 계급정년이 늘어나는 문제점을 고려해 강등처분을 받더라도 예전의 계급정년(경정 14년, 총경 11년, 경무관 6년, 치안감 4년)을 유지하게 했다. 가령 퇴임을 1년 앞둔 13년차 경정이 경감으로 강등되더라도 계급정년이 없어지는 것이 아니라 계급정년은 그대로 1년이라는 뜻이다(경찰공무원법 제1조의2, 제24조). 강욱·김석범·백창현, 경찰경무론, 경찰대학, 2012: 154-228.

48) '복직'이란 휴직·직위해제 또는 정직(강등에 따른 정직을 포함) 중에 있는 경찰공무원을 직위에 복귀시키는 것을 말한다(경찰공무원법 제1조의2).

직공무원인 경찰에도 적용되고 있다.

- 공개채용은 경찰공무원법에 규정된 경찰공무원이 될 수 있는 자격을 갖춘 사람에게 균등한 기회를 제공하며, 동일한 조건 아래서 공정한 경쟁과정을 거쳐 경찰공무원으로 임용될 수 있게 하는 제도이다.
- 모집, 시험, 채용의 순으로 이루어진다.

2) 신규임용 [2010 기출]

(1) 채용후보자 명부작성

> **경찰공무원법**
>
> **제9조(채용후보자 명부 등)** ① 경찰청장 또는 해양경찰청장(제6조제3항에 따라 임용권을 위임받은 자를 포함한다)은 신규채용시험에 합격한 사람(경찰대학을 졸업한 사람과 경찰간부후보생을 포함한다)을 대통령령으로 정하는 바에 따라 성적 순위에 따라 채용후보자 명부에 등재(登載)하여야 한다.
>
> ② 경찰공무원의 신규채용은 제1항에 따른 채용후보자 명부의 등재 순위에 따른다. 다만, 채용후보자가 경찰교육기관에서 신임교육을 받은 경우에는 그 교육성적 순위에 따른다.
>
> ③ 제1항에 따른 채용후보자 명부의 유효기간은 2년의 범위에서 대통령령으로 정한다. 다만, 경찰청장 또는 해양경찰청장은 필요에 따라 1년의 범위에서 그 기간을 연장할 수 있다. [전문개정 2011.5.30]

(2) 시보임용

시보임용의 기간: 경정 이하의 경찰공무원은 1년 동안의 시보임용기간을 거친다.

> **경찰공무원법**
>
> **제10조(시보임용)** ① 경정 이하의 경찰공무원을 신규채용할 때에는 1년간 시보(試補)로 임용하고, 그 기간이 만료된 다음 날에 정규 경찰공무원으로 임용한다.
>
> ② 휴직기간, 직위해제기간 및 징계에 의한 정직처분 또는 감봉처분을 받은 기간은 제1항에 따른 시보임용기간에 산입하지 아니한다.
>
> ③ 시보임용기간 중에 있는 경찰공무원이 근무성적 또는 교육훈련성적이 불량할 때에는 「국가공무원법」 제68조 및 이 법 제22조에도 불구하고 면직시키거나 면직을 제청할 수 있다.
>
> ④ 다음 각 호의 어느 하나에 해당하는 경우에는 시보임용을 거치지 아니한다.
>
> 1. 경찰대학을 졸업한 사람 또는 경찰간부 후보생으로서 정하여진 교육을 마친 사람을 경위로 임용하는 경우

2. 경찰공무원으로서 대통령령으로 정하는 상위계급으로의 승진에 필요한 자격 요건을 갖추고 임용예정 계급에 상응하는 공개경쟁 채용시험에 합격한 사람을 해당 계급의 경찰공무원으로 임용하는 경우
3. 퇴직한 경찰공무원으로서 퇴직 시에 재직하였던 계급의 채용시험에 합격한 사람을 재임용하는 경우
4. 자치경찰공무원을 그 계급에 상응하는 경찰공무원으로 임용하는 경우 [전문개정 2011.5.30]

제20조(시보임용경찰공무원) ① 임용권자 또는 임용제청권자는 시보임용기간중의 경찰공무원(이하 "시보임용경찰공무원"이라 한다)에 대하여 근무사항을 항상 지도·감독하여야 한다.

② 임용권자 또는 임용제청권자는 시보임용경찰공무원이 다음 각 호의 1에 해당하여 정규경찰공무원으로 임용함이 부적당하다고 인정되는 경우에는 제3항의 규정에 의한 정규임용심사위원회의 심사를 거쳐 당해 시보임용경찰공무원을 면직시키거나 면직을 제청할 수 있다. 〈개정 1991.7.30, 2005.5.13〉

1. 징계사유에 해당할 때
2. 제21조제1항의 규정에 의한 교육훈련성적이 만점의 6할미만이거나 생활기록이 극히 불량할 때
3. 「경찰공무원 승진임용 규정」 제7조제2항의 규정에 의한 제2평정요소에 대한 근무성적평정점이 만점의 5할미만일 때

③ 시보임용경찰공무원을 정규경찰공무원으로 임용함에 있어서 그 적부를 심사하게 하기 위하여 임용권자 또는 임용제청권자 소속하에 정규임용심사위원회를 둔다.

④ 정규임용심사위원회의 구성 및 운영에 관하여 필요한 사항은 행정안전부령 또는 국토해양부령으로 정한다. 〈개정 1996.8.8, 1998.12.31, 2008.2.29〉

3. 특별채용

- 특별채용이란 공채에 의한 채용이 부적당하거나 곤란한 경우 또는 특별한 자격을 가지고 있는 사람을 채용하고자 하는 경우의 채용방법이다.49)
- 경찰의 경우 항공·조사·외사·통신 분야 등에 대하여 치안여건 및 인력수급상황 등을 고려하여 부정기적으로 시행하고 있다.
- 경찰공무원의 특별채용에 대해서는 경찰공무원법 제8조 제3항에 규정하고 있다.

경찰공무원법

제8조(신규채용) ③ 다음 각 호의 어느 하나에 해당하는 경우에는 특별채용시험으로 경찰공무원을 신규채용(이하 "특별채용"이라 한다)할 수 있다.

49) 특채는 인력확보의 융통성, 전문고급인력의 확보 등 공개채용으로는 얻을 수 없는 이점을 가진다.

1. 퇴직한 경찰공무원을 퇴직한 날부터 2년 이내에 퇴직 시에 재직하였던 계급의 경찰공무원으로 재임용하는 경우
2. 공개경쟁시험으로 임용하는 것이 부적당한 경우에 임용예정 직무에 관련된 자격증 소지자를 임용하는 경우
3. 임용예정직에 상응하는 근무실적 또는 연구실적이 있거나 전문지식을 가진 사람을 임용하는 경우
4. 「국가공무원법」에 따른 5급 공무원의 공개경쟁채용시험이나 「사법시험법」에 따른 사법시험에 합격한 사람을 경정 이하의 경찰공무원으로 임용하는 경우
5. 「국가공무원법」 제85조에 따라 재학 중에 장학금을 받고 졸업한 사람을 임용하는 경우
6. 섬, 외딴곳 등 특수지역에서 근무할 사람을 임용하는 경우
7. 외국어에 능통한 사람을 임용하는 경우
8. 제주특별자치도의 자치경찰공무원(이하 "자치경찰공무원"이라 한다)을 그 계급에 상응하는 경찰공무원으로 임용하는 경우

④ 제3항에 따른 특별채용을 할 때에는 동일한 사유에 해당하는 여러 사람을 제한경쟁의 방법으로 채용할 수 있다.

• 채용후보자명부 및 채용후보자 등록 2010 기출

경찰공무원임용령

제17조(채용후보자의 등록) ① 법 제8조의 규정에 의한 공개경쟁채용시험, 경찰간부후보생 공개경쟁선발시험 및 특별채용시험에 합격한 자는 행정안전부령 또는 국토해양부령이 정하는 바에 의하여 임용권자 또는 임용제청권자에게 채용후보자등록을 하여야 한다. 〈개정 1996.8.8, 1998.12.31, 2008.2.29〉

② 제1항의 채용후보자등록을 하지 아니한 자는 경찰공무원으로 임용될 의사가 없는 것으로 본다.

제18조(채용후보자명부의 작성) ① 법 제9조제1항의 규정에 의한 채용후보자명부는 임용예정계급별로 작성하되, 채용후보자의 서류를 심사하여 임용적격자만을 등재한다.

② 임용권자 또는 임용제청권자는 제1항의 규정에 의한 채용후보자명부에의 등재여부를 본인에게 알려야 한다.

③ 채용후보자명부의 유효기간은 2년으로 하되, 경찰청장 또는 해양경찰청장은 필요에 따라 1년의 범위 안에서 그 기간을 연장할 수 있다. 〈개정 1991.7.30, 1996.8.8〉

제19조(채용후보자의 자격상실) 채용후보자가 다음 각 호의 1에 해당하는 경우에는 채용후보자로서의 자격을 상실한다.

1. 채용후보자가 임용 또는 임용제청에 불응한 때
2. 채용후보자로서 받아야 할 교육훈련에 불응한 때
3. 채용후보자로서 받은 교육훈련성적이 수료점수에 미달되거나 교육훈련 중 질병·병역복무, 기타 교육훈련을 계속할 수 없는 불가피한 사정 외의 사유로 퇴학처분을 받은 때

4. 공개채용과 특별채용의 장단점

1) 공개채용

- 공개채용은 공직취임의 기회를 균등하게 제공하고 임용에 있어서 공정성을 담보할 수 있으며, 경찰행정의 중립성 및 직업공무원제도 확립에 기여할 수 있다는 장점이 있다.
- 시험에 의한 일괄채용은 공직사회를 외부와 단절시켜 공직의 폐쇄성을 초래하고 국민의 요구에 대한 대응성이 저하될 수 있다.
- 공개채용제도는 그 속성상 채용의 객관성과 공정성 등에 치중하여 운영되므로 지식정보화시대에 요구되는 여러 전문인력을 적시에 충원하지 못하는 경직성이 존재한다.

2) 특별채용

- 특별채용은 공직충원 통로의 다양화를 통해 공개채용시험으로 채용하기 어려운 고급인력을 확보할 수 있고, 임용체제에 신축성과 융통성을 부여함으로써 경찰수요에 따른 필요 인력 충원이 가능하며, 다양한 인력의 공직진입 가능성을 확대함으로써 사회적 형평성을 제고할 수 있다.
- 특별채용 요건이 까다로울 경우에는 공무담임권과 헌법상 평등권을 침해할 우려가 있고, 요건을 대폭 완화할 경우에는 정실임용의 우려가 제기될 수 있으며, 상위계급으로의 입직에 따른 내부적 반발이 제기될 수 있다.[50]

〈외국의 경찰선발방법〉

1) 영국

영국의 경찰관 선발절차는 5단계로 구성되어 있다.

1단계	지원서를 온라인(www.policecouldyou.co.uk)이나 서류를 통해 작성하여 제출하되 근무 희망지 3곳을 기재

50) 김득수, 한국경찰공무원 채용 및 계급제도에 관한 연구, 경남대학교 행정대학원, 2006; 강욱·김석범·백창현, 경찰경무론, 경찰대학, 2012: 154-228, 재인용.

2단계	서류심사를 통해 기본적인 기준을 심사하고, 합격자는 '시험평가 과정(Police Search)'에 참여
3단계	각 지방청별 시험평가장에 출석하여 응시하며, 시험내용은 4개의 역할 연기(interactive role-play) 실기, 2개의 보고서 수기 작성 실기(각각 20분 소요), 최장 20분간의 면접과 25분간의 구술논술시험(verbal logical reasoning, 31문제), 적성검사, 수리능력(5지선다, 객관식 25문제, 12분 소요) 등을 테스트
4단계	신체검사(키, 체중, 혈압, 시력, 청력, 소변검사, 심장, 폐, 색맹, 반사작용, 근육과 관절검사)와 체력검사(지구력, 근력 등) 실시
5단계	신원조회(background and security check)

- 면접시험과 역할 연기, 시험평가과정에서 평가하는 구체적인 능력(competencies) 평가내용은 아래와 같이 모두 7가지 항목으로 구성되어 있다.
  ① 공동체와 고객 지향성(community and customer focus), ② 문제해결 기술(problem solving), ③ 커뮤니케이션 능력(effective communication), ④ 개인적 책임의식(personal responsibility), ⑤ 상황대처능력(resilience), ⑥ 팀워크(teamwork), ⑦ 인종과 다양성의 존중(respect for race and diversity)
- 평가자와 면접관, 역할연기자는 시험평가에 대해 고도로 교육훈련을 받은 경찰관 등으로 구성되어 있다. 공정성을 위해 평가자는 수험생들의 번호만 알게 되고 그 외의 아무런 정보도 알지 못하며, 또한 수험생 도착 직후에야 각 수험생들에게 배정이 된다. 시험평가 결과는 각 지방경찰청 담당부서로 송부되어 최종 정산 후 수험생에게 전달된다.

2) 미국

- 미국경찰의 선발과정은 일련의 장애물 코스라고 할 수 있다. 지원자는 많은 단계를 순차적으로 모두 통과해야 최종적으로 경찰관으로 임용될 수 있다. 한 단계라도 탈락할 경우, 다른 모든 항목에서 아무리 높은 점수를 받아도 중도 탈락하게 된다.
- 선발순서는 「서류전형 – 필기적성검사 – 체력검사 – 필기심리검사 – 각종 뒷배경조사(The Background Investigation) – 거짓말탐지기 검사 – 심리검사인터뷰(psychological interview) – 집단면접 – 마지막으로 의학검진」 순으로 진행된다.[51)]
- 뒷배경조사(The Background Investigation)는 경찰관으로서 적절치 않은 경력이 있는지를 발견하는 데 중점을 둔다. 예를 들어 불명예스러운 해직, 무단결근, 지각, 다른 고용인과의 나쁜 관계 등이 있었는지를 찾아본다. 또한 지원자의 됨됨이를 살펴보기 위해, 체포기록을 포함한 자세한 전과기록과 지역주민들로부터의 평판도 알아본다. 마지막으로 경제활동의 적정성을 알아보는데, 은행이자 연체여부나 자녀양육비를 제대로 지급하고 있는지, 또는 차를 차압당한 적이 있는지를 조사하여 임용에 반영한다.
- 거짓말탐지기 검사(Polygraph Testing or Lie Detector Examination)는 마약사용과 범죄행위 등 지원자가 밝히기 꺼려할 만한 정보를 알아내고 지원서 내용의 진정성을 확인하기 위한 방법으로

---

51) 탁종연, 2007: 60–63; 강욱·김석범·백창현, 경찰경무론, 경찰대학, 2012: 154–228, 재인용.

사용된다. 사기업에서는 이 방법이 불법이지만 경찰 등 공공분야에서는 사용할 수 있도록 되어 있다.[52] 다음 단계에서는 심리학자들이 이전의 심리테스트 결과를 가지고 지원자들을 면담하게 된다. 이 면담을 통해 지원자의 숨겨진 문제점을 밝혀내고자 하는데, 왜 경찰이 되려고 하는지, 취미가 무엇인지, 스트레스를 해소하는 방법 등을 질문하고 종합적으로 평가하여 경찰관으로서 적정한 인성을 갖추고 있는지를 평가한다. 하지만 이 심리검사는 정확성 여부, 보류판정자의 과다, 그리고 경찰업무의 연계성부족 등으로 상당한 비판을 받고 있다.

- 면접의 경우 경찰관 지원자 한 명과 다수의 면접위원이 대면하여 실시하는데, 면접위원으로는 통상 고위 공직자, 경찰관, 주민대표 등이 포함된다. 면접위원들은 지원자에 대한 기초자료를 토대로 미리 준비된 기초질문, 즉 지원동기와 의욕은 물론, 경찰에서 겪을 수 있는 상황을 주고 어떻게 해결할 것인지 등을 묻고 평가한다.
- 2003년 지방경찰에 대한 설문조사 결과, 거의 모든 경찰의 고용 시 면접(98%), 전과경력조회(99%), 뒷배경조사(98%), 운전기록조사(98%)를 실시하고 있으며, 대다수 관서에서 의학검진(85%), 마약검사(75%), 그리고 심리검사(67%), 신용조회(55%), 체력검사(50%)를 실시하고 있다. 그리고 필기적성검사(43%), 거짓말탐지기 검사(25%) 등을 실시하는 경우도 상당수 있었다. 특히, 규모가 클수록 선발과정이 세심한 경향을 보이고 있는데, 인구 10만 이상의 경찰관서에서는 위의 검사를 거의 모두 실시하는 것으로 나타났다. 따라서 소규모 경찰관서에 고용된 경찰관을 제외하고는 대다수 신임경찰관들이 위에 언급한 과정을 80% 이상 거친다고 볼 수 있다.

〈경찰관 채용 시 키·몸무게 제한 폐지〉

- 키·몸무게 등 신체조건은 상당부분 유전적 요인의 영향을 받는 것으로 개인의 노력으로 향상되기 힘든 요소이므로 신체조건을 이유로 경쟁의 기회를 박탈하는 것은 노력과 공정한 경쟁을 통해 원하는 일에 종사할 수 있는 헌법상 기본권인 직업선택의 자유를 침해할 우려가 있다는 이유이다.
- 2008년 3월 20일 경찰관 채용 시 키·몸무게 제한을 폐지하고 대신 체력검사를 강화(좌우 악력 추가)하는 내용의 「경찰공무원임용령 시행규칙」을 개정하여 공포하고, 2008년 7월 1일부터 시행해 오고 있다.

---

52) 연방정부의 고용자보호법(Employee Polygraph Protection Act of 1988)이 대부분의 사기업체에서 거짓말탐지기를 고용기법으로 사용하는 것을 금지했으나 정부기관은 이 조항을 면제시켰다.

제7절 경찰공무원의 내부임용

1. 의의

- 내부임용은 채용된 경찰관이 적합한 임무를 효과적으로 수행할 수 있도록 배치·운용하는 과정이며, 어떠한 직책을 부여하고 그 직책을 잘 수행하도록 하는 것으로 '보직관리(補職管理)'라고도 한다.
- 보직은 '일과 사람의 적합성'에 그 핵심이 주어져야 한다.

〈표 1-9〉 보직대상자의 종류와 보직

• 경위 이상 신규채용된 경찰공무원	• 관리능력을 배양할 수 있도록 전공 및 적성을 고려하여 합리적으로 보직하여야 한다(경찰공무원 임용령 제23조 제1항).
• 순경	• 신규채용된 순경은 최하급 경찰기관에 보직하되, 수사 및 정보업무를 제외한 외근부서에 보직하여야 한다.53)
• 특수기술요원으로 신규채용된 경찰공무원	• 특수기술요원으로 신규채용된 경찰공무원은 다른 제약에 관계없이 임용예정직에 보직되어야 한다(경찰공무원 임용령 제23조 제2항).
• 교육훈련이수자의 보직	• 국외훈련, 국내위탁교육 등 특별훈련을 받은 공무원은 특별한 사정이 없는 한 그 교육훈련내용과 관련되는 직위에 보직하여야 한다(경찰공무원 임용령 제24조).

2. 보직의 기준54)

- 경찰공무원을 보직함에 있어서는 경과에 적합하게 하여야 하며, 특기·교육훈련·근무경력·근무성적 및 적성 등을 고려하여야 한다.
- 임용권자 또는 임용제청권자는 업무량, 직위의 중요도, 희망경향, 지역실정 등에 맞도록 계급별로 보직군을 설정하고 소속 경찰공무원의 경력과 실적에 따라 능력을 적절히 발전시킬 수 있도록 보직하여야 한다.

53) '최하급 경찰기관'이라 함은 경찰청, 경찰대학, 경찰종합학교, 중앙경찰학교, 국립과학수사연구소, 경찰병원, 운전면허시험관리단, 지방경찰청을 제외한 경찰기관을 말하며, '외근부서'라 함은 전투경찰대, 지구내, 파출소 또는 출장소, 기타 경비업무를 수행하는 부서를 말한다(경찰공무원임용령 시행규칙 제31조).
54) 경찰공무원임용령 시행규칙 제30조.

- 일반특기자의 보직은 경찰지휘관, 참모부서 및 상급기관과 하급기관의 직위를 고루 경험할 수 있도록 하여야 한다.
- 전문특기자의 보직은 당해 전문특기 분야 내에서 상급기관과 하급기관의 직위를 고루 경험할 수 있도록 하며, 경찰지휘관과 당해 전문특기분야의 참모부서를 순환하도록 하여야 한다.

3. 초임 경찰공무원의 보직

1) 경위 이상 신규채용된 경찰공무원

경위 이상 신규채용된 경찰공무원의 관리능력을 배양할 수 있도록 전공 및 적성을 고려하여 합리적으로 보직하여야 한다.[55)]

2) 순경

신규채용에 의하여 순경으로 임용된 자는 최하급 경찰기관에 보직하되 수사 및 정보업무를 제외한 외근부서에 보직하여야 한다.[56)]

3) 특수기술요원으로 신규채용된 경찰공무원

특수기술요원으로 신규채용된 경찰공무원은 다른 제약에 관계없이 임용예정직에 보직되어야 한다.[57)]

4) 교육훈련이수자의 보직

- 국외훈련 · 국내위탁교육 등 특별훈련을 받은 경찰공무원은 특별한 사정이 없는 한 그 교육훈련내용과 관련되는 직위에 보직하여야 한다.
- 국내외 교육기관 등에 위탁하여 행하는 교육훈련을 받은 경찰공무원의 최초 보직은 교육훈련기관의 교수요원으로 하여야 한다. 다만 교수요원으로 보직할 수 없거나 곤란한 경우에는 교육훈련과 관계되는 직위에 보직하여야 한다.[58)]

---

55) 경찰공무원임용령 제23조 제1항.
56) 경찰공무원임용령 제23조 제2항.
57) 경찰공무원임용령 제23조 제3항.

4. 보직변화의 원인

1) 전보(轉補)

(1) 의의

- 전보는 계급의 변화는 없이 직위(職位)만 바뀌는 것 즉, 동일한 계급 내의 보직변경이다.[59]
- 전보는 동일직위에서의 장기근무로 인한 직무수행의 침체현상을 방지하여 창의적이며 활력 있는 직무성과의 증진을 기할 수 있다. 다만, 잦은 전보로 인한 능률저하를 방지하여 안정적인 직무수행을 기할 수 있도록 특별한 사정이 없는 한 정기적으로 전보를 실시하여야 한다.

(2) 경찰공무원의 전보

- 임용권자 또는 임용제청권자는 소속공무원을 당해 직위에 임용된 날부터 1년 이내(감사업무를 담당하는 경찰공무원의 경우에는 2년 이내)에 다른 직위에 전보할 수 없다.[60]
- 경찰대학 · 경찰교육원 · 중앙경찰학교 · 경찰수사연수원 또는 해양경찰학교의 교수요원으로 임용된 자는 그 임용일로부터 1년 이상 3년 이하의 범위 안에서 경찰청장 또는 해양경찰청장이 정하는 기간 안에는 다른 직위에 전보할 수 없다. 다만, 기구의 개편, 직제 · 정원의 변경 또는 교육과정의 개폐가 있거나 교수요원으로서 부적당하

---

58) 경찰공무원임용령 제24조.

59) 전보의 목적은 같은 직위에 장기적으로 근무함으로써 발생한 '학습된 무기력' 현상을 막고 신선한 자극을 주어 활력이 넘치는 업무수행으로 조직효과성을 높이는 데 있다. 또한 전보의 기간이나 시기를 일정하게 정해 놓음으로써 개인이 안정된 심리상태 속에서 자기의 인생계획과 조직의 계획에 따라 행동이 가능하도록 하는 데 있다.

60) 예외 ① 직제상의 최저단위 보조기관(담당관 포함) 내에서의 전보, ② 경찰청 및 해양경찰청과 소속기관 등 또는 소속기관 등 상호 간의 교류를 위한 전보, ③ 기구의 개편, 직제 또는 정원의 변경으로 인한 해당 경찰공무원의 전보, ④ 당해 경찰공무원을 승진시키는 경우, ⑤ 특수한 기술을 가진 경찰공무원 또는 전문특기자를 당해 직무분야에 보직하는 경우, ⑥ 징계처분을 받은 경우, ⑦ 형사사건에 관련되어 수사기관에서 조사를 받고 있는 경우, ⑧ 경찰기동대, 기타 특수임무부서와의 정기적인 교체에 의하는 경우, ⑨ 교육훈련기관의 교수요원으로 보직하는 경우, ⑩ 시보임용 중인 경우, ⑪ 신규채용된 경찰공무원으로서 보직관리기준에 따라 순환보직 중인 자의 전보 및 이와 관련한 전보, ⑫ 감사담당 경찰공무원 가운데 부적격자로 인정되는 경우. 경찰공무원임용령 제27조 제1항.

다고 인정될 때에는 그러하지 아니하다.[61]

- 특별채용된 경찰공무원은 그 채용일로부터 5년의 범위에서 경찰청장 또는 해양경찰청장이 정하는 기간(휴직기간, 직위해제기간 및 정직기간은 포함되지 아니한다) 안에는 채용조건에 해당하는 기관 또는 부서 외의 기관 또는 부서로 전보할 수 없다.[62]

(3) 보직공모

보직공모(補職公募)는 특정한 직위에 대해 자격이 되는 사람을 응모하게 하여 이 중에서 가장 적합한 사람을 공개적으로 선발하는 제도이다.[63]

2) 인사교류

(1) 의의

- 인사교류란 인력의 균형 있는 배치와 효율적인 활용 및 경찰공무원의 종합적 능력발전기회의 부여 등을 위하여 담당업무의 성격이 유사한 범위 내에서 경찰기관 상호 간에 이동시키는 것을 말한다.
- 인사이동은 경찰청 인사과에서 인사교류계획을 마련하여 그 계획에 따라 집행되고 있다.[64]

(2) 경찰조직의 인사교류

인사교류는 '경찰기관'[65] 사이의 인사이동을 말한다.

3) 파견근무

파견근무(派遣勤務)란 업무수행 또는 그와 관련된 행정지원이나 연수(練修), 기타 능력

---

61) 경찰공무원임용령 제27조 제2항.
62) 경찰공무원임용령 제27조 제3항.
63) 특히 2년의 범위 안에서 경찰청장 또는 해양경찰청장이 정하는 기간 이상 특수지에서 근무한 총경 이하 경찰공무원에 대하여는 따로 인사교류계획을 수립하여 당해 지역 외의 지역으로 전보를 하여야 하며, 이 경우 전보는 경찰청장이 정하는 범위 안에서 본인이 희망하는 기관 또는 부서로 함을 원칙으로 하고 있다. 경찰청 및 서울청의 주요 과장과 주요 계장 등에 대해 실시하고 있으며, 점차 확대되고 있다.
64) 경찰공무원임용령 제29조.
65) 경찰청, 지방경찰청, 경찰서, 기동대, 전경대, 기타 경감 이상을 장으로 하는 기관 중 경찰청장이 정하는 기관을 말한다.

개발 등을 위하여 공무원을 다른 기관으로 일정기간 이동시켜 근무하게 하는 것을 말한다.[66]

4) 승진

(1) 승진의 의의

- 승진(昇進)은 상위직급의 직위 즉, 권한과 책임수준이 높은 직위로 이동하는 것을 말한다.
- 승진은 신분의 상승뿐만 아니라 실질적인 보수의 증가도 동반되기 때문에 승진은 하나의 중요한 유인이 되고 있으며, 자기성취나 자아실현의 지표 그 자체라고도 볼 수 있으며, 나아가 더 고차원인 자기성취의 시작이라고 볼 수 있다.
- 승진은 여러 경쟁대상자 중에서 소수가 선택된다는 측면에서 유능한 인재를 선발하는 기능이 있으며, 근무성적이나 시험에 의해 결정되기 때문에 개인의 자기평가 기회가 되고 근무의욕을 높일 수 있는 제도라고 볼 수 있다.
- 경찰의 승진제도는 심사승진, 시험승진, 특별승진, 근속승진으로 나누어진다. 원칙적으로 경무관 이하의 전 경찰계급에의 승진은 심사승진으로 하고 있으나 실제 경정 이하의 승진에 있어서는 심사승진과 시험승진이 각 50%의 비율로 행해지고 있다.

(2) 심사승진

- 심사승진은 승진후보자에 대한 근무성적평정과 경력평정, 그리고 교육훈련성적평정을 정해진 비율에 따라 합산하여 단계별 절차를 거쳐 승진임용대상자를 선발하는 것을 말한다.
- 경무관 이하의 계급승진에 있어 적용되며 일정한 요건[67]을 갖춘 총경 이하의 경찰공

66) 파견은 임시적인 배치전환의 한 형태라고 할 수 있다. 파견기간은 그 사유에 따라 1~2년이며, 특히 필요한 경우에는 1년의 범위에서 연장할 수 있으며 파견기간이 1년 이상인 경우에는 행정안전부장관의 승인을 얻어 결원을 보충할 수 있다. 경찰공무원임용령 제30조.

67) 경찰관이 승진하기 위해서는 승진 전의 계급에서 일정기간 근무해야 하는데 이를 승진소요 최저 근무연수제도라고 한다. 이와 같은 제도를 두는 것은 승진이 계급만 한 단계 올라가는 것이 아니라 직위이동에 따른 권한과 책임도 증가하기 때문이다. 승진하는 경찰관이 넓어지는 권한을 적정하게 행사하고 무거워지는 책임을 완수하기 위해서는 직전 계급에서의 성실한 근무와 일정기간 동안의 경험이 필수적이기 때문이다. 경찰공무원승진임용규정 제5조에 의하면 승진소요 최저 근무연수로 총경은 4년, 경정・경감은 3년, 경위・경사는 2년, 경장・순경은 1년을 규정하고 있다. (최저 근무연수 산정기준일은

무원에 대하여 이뤄진다.

(3) 시험승진

- 시험승진은 일정한 과목의 시험을 통해 근무성적평정점수와 교육훈련성적을 정해진 비율에 따라 합산하여 고득점자 순으로 승진임용대상자를 선발하는 것을 말한다.
- 경정계급까지 시험으로 승진이 가능하다.

(4) 특별승진

- 특별승진은 경찰공무원으로서 전사 또는 순직한 자, 직무수행에 남달리 뛰어난 공적이 있는 자가 심사승진에 의하지 않고 승진되는 것을 말한다.
- 경찰관의 사기와 능력발휘를 위해 특별히 채택된 것이다.[68]

(5) 근속승진

- 근속승진은 일정기간 성실히 근무한 자를 상위계급으로 승진시키는 것을 말한다.
- 경찰관의 신진대사나 하위직의 수를 고려할 때 승진비율이 너무 작아 직원들의 승진경쟁이 과열되고 업무에도 지장을 초래하는 문제점을 해결하고 장기간 성실하게 근무한 경찰관의 사기를 높이는 차원에서 도입되었다.[69]

총경 11월 1일, 경정 이하 1월 1일이다.)

68) • 경찰청에서는 행정발전기여, 중요범인 검거 등 특별한 공적이 있는 자를 일반심사 절차와 다른 별도의 절차에 의해 승진시키는 특별승진제도를 운영하고 있다. 특히, 현장에서 다년간 우수한 성과를 쌓은 직원들에게 승진기회를 폭넓게 부여하기 위해 '경찰공무원승진임용규정'을 개정('10.12.27), 특별승진 인원 책정 비율을 기존 경감 0.5할/경사 이하 2할 이내/ 경사 이후 2할 이내에서 경감 이하 모든 계급 3할까지로 확대하였다.
• 특진제도를 획기적으로 개선하여 계급, 직책에 상관없이 공적이 있는 직원이면 누구라도 특별승진심사에서 소외받지 않도록 부서장 책임추천제 외에 스스로 본인공적에 대해 추진할 수 있는 자기추천제를 도입하였다.
• 경찰서 단계에서부터 공적과 명단을 공개하고 단계별로 이의신청을 받아 투명성을 확보하는 한편, 면접심사위원 중 일부를 외부 위원으로 구성하고 면접심사의 전 과정에 일선현장 경찰관들이 참관하게 하는 등 공정성과 투명성을 담보하였다. 공격별 특진계급 범위는 최고 치안정감까지의 특별승진이 가능하다.
• 경위에의 특별승진은 본청 중심으로 운영하여 전국단위 현안업무 추진에 공헌한 경찰관들을 대상으로 실시하고 있으며, 경장・경사에의 특별승진은 지방청 위주로 실시하여 지역치안에 공헌한 경찰관들을 대상으로 하고 있었다.

69) • 경위근속승진은 2005년 12월 29일 경찰공무원법 개정을 통해 신설되었으며, 2011년 8월 4일자로 경감까지 근속승진 임용할 수 있도록 전문개정되어 2012년 2월 5일자로 시행되었다.
• 경감에의 근속승진은 경찰공무원 승진임용규정 제26조(2011.12.2, 본조신설) 제2항에 의하면, "경감

〈표 1-10〉 근속승진의 기간

• 순경을 경장으로 근속승진 임용하고자 할 때	• 해당계급 5년 이상 근속자
• 경장을 경사로 근속승진 임용하고자 할 때	• 해당계급 6년 이상 근속자
• 경사를 경위로 근속승진 임용하고자 할 때	• 해당계급 7년 6개월 이상 근속자
• 경위를 경감으로 근속승진 임용하고자 할 때	• 해당계급 12년 이상 근속자

제8절 교육훈련제도

1. 경찰교육훈련의 의의[70)]

- 교육이란 일반적인 교양과 지식 및 가치관과 행태(行態)의 습득을 말하며, 훈련이란 특정직무를 수행할 수 있는 전문적인 지식과 기술의 연마를 말한다. 교육과 훈련은 불가분(不可分)의 표리일체(表裏一體)의 관계에 있다.
- 경찰교육훈련이란 경찰공무원의 일반능력을 계발하고 직무수행에 필요한 지식과 기술을 습득하고, 가치관과 태도를 발전적 방향으로 향상시키는 인사기능이다.

으로 근속승진임용할 수 있는 인원은 경감 정원의 100분의 15에 해당하는 인원 수(소수점 이하 1명 가산)로 한다. 다만, 근속승진 인원이 현저히 적은 경우 등 특별한 사유가 있는 경우 경찰청장은 행정안전부장관과 협의하여 근속승진으로 임용할 수 있는 인원을 별도로 산정할 수 있다."고 규정하여 경감정원의 15% 정도로 한정하고 있다.

70) • 교육훈련 즉, 능력발전(能力發展)이란 공무원이 직무수행상 필요한 지식 및 기술적 능력을 향상시키고 발전적인 가치관 및 태도를 확립케 하는 것을 말한다. 과거의 인사행정은 주로 공무원을 통제하기 위한 수단으로서 인식되었기에 공무원의 능력발전은 소홀히 취급하였다. 그러나 공무원의 능력발전은 공무원 개개인의 능력을 함양하고 사기를 앙양시키는 동시에 행정 자체의 발전을 이룩하게 하는 것이므로 매우 중시되고 있다.
• 능력발전의 방안에는 교육훈련, 근무성적평정, 승진 및 승급(昇給), 전직·전보, 파견근무, 제안제도 등이 있다.
• 승급은 능력발전의 방안 중 그 효용성이 가장 낮다. 이는 보통승급이 일반적이며 특별승급은 매우 드물기 때문이다. 보통승급은 공무원 전체를 대상으로 하여 정기적으로 행해지는 승급이며, 특별승급은 제안제도에 의해 제안채택 시 인사상의 특전 등 특별한 경우에 한정된다.

> **경찰공무원법**
>
> **제17조(교육훈련)** ① 경찰청장 또는 해양경찰청장은 모든 경찰공무원에게 균등한 교육훈련의 기회가 주어지도록 교육훈련에 관한 종합적인 기획 및 조정을 하여야 한다.

- 현대의 교육훈련은 경찰관의 일반능력을 계발하고 직무수행에 필요한 지식과 기술을 연마하며, 태도의 발전적 변화를 촉진하는 활동을 뜻하는 넓은 개념이다.
- 경찰공무원법은 "모든 경찰공무원에게 균등한 교육훈련의 기회가 부여되도록 교육훈련에 관한 종합적인 기획 및 조정을 하여야 한다(제17조)."는 교육훈련에 관한 규정을 두어 적극적이고 활발한 교육훈련을 전개하도록 규정하고 있다.
- 경찰공무원교육훈련규정(제6조)에는 "경찰기관의 장은 소속경찰공무원에게 그 직무와 관련된 학식, 기술 및 응용능력을 배양할 수 있도록 교육훈련계획과 교육순기에 따라 교육훈련을 시켜야 한다."고 하여 교육훈련실시 의무를 부과하고 있다.

2. 교육훈련의 목적[71)]

- 교육훈련의 기본적인 목적은 경찰관으로 하여금 직무수행에 필요한 지식과 기술을 함양하고 가치관을 정립하여 경찰업무를 원활히 처리하는 것은 물론이고 경찰관 개인의 능력과 경력발전을 도모하는 것이다.
- 경찰관의 가치와 행태를 경찰업무수행에 적합하게 변화시켜서 경찰조직의 통합성을 유지 · 증진시키는 것이다.
- 경찰관이 만족스러운 경찰생활을 영위할 수 있게 해주고 경찰 내에서 발전의 기회를 주려는 것이다.

1) 경찰지식과 가치의 학습

- 교육훈련을 통하여 경찰관의 지식과 기술이 향상되고 민주적인 가치관이 확립되면 경찰업무수행상의 실수가 감소되고 직무수행의 질과 양이 향상된다.
- 교육훈련은 충성심과 성실성을 높이고 오랫동안 경찰직무에 종사할 수 있도록 하는

71) 경찰교육훈련의 목적으로는 i) 경찰지식과 가치의 학습, ii) 경찰활동의 효율성 향상, iii) 새로운 관리기법의 도입, iv) 승진대비와 발전성 유지 등이 있다. 2001 여경

직업의식을 높이는 방법 중 하나이다.

- 경찰지식과 가치를 학습하게 함으로써 경찰관이 자율적이고 창의성을 가진 직업인으로 성장하도록 하는 것이다.

2) 효율성 향상

- 경찰관이 직무를 민주적 · 능률적이고 책임성 있게 완수하기 위해 교육훈련이 필요하다.
- 경찰업무는 정부에만 고유하게 있는 업무로서, 일반교육기관에서는 교육되지 않으므로 불가피하게 훈련이 필요하다.
- 교육훈련은 우수경찰관을 발견하고 직무를 표준화하여 개선하며 조정의 필요를 감소시킨다. 결국 교육훈련을 통해 관리에 있어서나 업무수행에 있어서 효율성을 높이는 경영 마인드를 향상시킬 수 있다.

3) 새로운 관리기법의 도입

- 경찰관의 과거 교육훈련과 경험 또는 능력이 현재의 직책이 요구하는 지식과 기술에 미달할 때에는 교육훈련으로 보충해야 한다.
- 경찰업무는 신속을 요하고 때로는 임기응변적으로 즉석 결정을 해야 할 경우가 허다하므로 이에 능률적으로 대처하기 위하여 새로운 지식과 기술, 새로운 관리기법을 습득하여 활용할 수 있는 교육훈련이 필요하다.

4) 승진대비와 발전성 유지

- 장차의 결원과 승진에 대비하고 발전성을 상실하지 않도록 계속 훈련할 필요가 있다.
- 관리능력을 가진 경찰 엘리트의 계속적 확보를 위해서 교육훈련이 필요하다.

3. 경찰교육훈련의 종류

1) 학교교육

학교교육이란 신임 및 재직경찰관에 대하여 경찰대학과 경찰교육원, 중앙경찰학교,

경찰수사연구원 등에서 실시하고 있는 교육훈련을 말한다(경찰공무원교육훈련규정 제2조 3호).

(1) 신임교육

신임교육은 공개경쟁 또는 특별채용시험에 의하여 신규 채용된 사람들을 경찰에의 임용을 전제로 하여 실시하는 적응 및 기초훈련이다.

〈표 1-11〉 신임교육의 내용

구분	내용
• 소양교육	• 경찰기관의 연혁, 경찰존립의 목적과 기능, 경찰조직의 구조와 역할, 각 부서의 업무상황 등을 이해하고 나아가 자기의 위치와 역할을 이해하도록 하는 것
• 직무수행에 필요한 기초지식	• 신규 채용자가 직무를 착오 없이 정확히 처리하는 데 필요한 지식과 기술에 관한 것 예) 문서처리법, 기안문의 작성방법, 각종 경찰장구의 사용법과 손질법, 경찰직무의 구체적인 내용 등
• 실무에 필요한 법률과 규정	• 경찰직무의 대부분이 법집행업무이므로 헌법, 형법, 형사소송법, 민법, 민사소송법, 행정법, 경찰법 등 제 법률과 인사관리의 방침, 신분, 보장, 고용조건, 복무규율 등을 비롯하여 여비지급규정, 근무시간 등에 이르기까지 공직근무에 필요한 여러 규정을 이해하도록 하는 것
• 체력연마와 무술훈련	• 경찰의 직무 중 범인의 체포, 집단사태의 진압, 작전임무수행 등은 강인한 체력을 필요로 하므로 경찰기초체력단련과 자위능력 제고를 위한 호신술과 체포술의 연마

(2) 기본교육

기본교육이란 재직경찰관이 승진한 경우 승진한 계급의 직무와 관련된 학식기술의 습득은 물론 직무수행능력과 관리기법을 배양할 수 있도록 실시하는 교육훈련을 말한다.[72)]

(3) 전문교육

전문교육은 경정 이하의 재직 경찰공무원 중 경찰청장이 정하는 바에 의하여 선발된 자의 능력발전을 위하여 필요시 실시하는 교육으로서 직무와 관련된 각종의 '전문화 교육과정'이 있다.[73)]

---

72) 총경, 경정 및 경감은 경찰대학에서 치안정책과정 및 고급간부교육을, 경위 및 경사는 경찰교육원에서 초급간부교육을 실시하고 있다. '치안정책과정'은 총경계급에 해당하는 관리층 경찰관들의 관리능력 즉, 정책수립, 지도, 의사결정에 필요한 능력을 향상시키려는 교육으로 경찰대학에서 실시하고 있다.

73) 경정 이하의 경찰관을 대상으로 하는 '전문교육과정'에는 생활안전, 경비, 수사, 형사, 교통, 정보, 보안, 외사, 통신반 등이 있으며, 새로운 지식이나 기술의 습득은 물론이고 급변하는 사회변동에 따른 치안

2) 위탁교육

위탁교육이라 함은 경찰공무원법 제17조 제3항의 규정에 의한 것으로 재직경찰관들을 국내외의 관계기관에 위탁하여 실시하는 위탁교육과 국내외의 관계기관에 대한 시찰교육을 말한다.

(1) 국외파견교육

경찰행정의 국제화 · 전문화 등 새로운 경찰행정수요에 효과적으로 대처하고 경찰의 현대화와 과학화를 위한 전문지식과 기술습득을 위하여 외국의 각급 교육훈련기관 등에 파견하여 실시하는 교육훈련이다.

(2) 국내위탁교육

경찰발전에 필요한 전문지식과 기술을 습득하고, 견문을 넓히며, 기관 상호 간의 유대를 강화하기 위하여 국내유관기관 또는 교육훈련기관에 위탁하여 실시하는 교육훈련이다.

3) 직장훈련

- 직장훈련은 경찰기관의 장이 소속 경찰공무원의 직무수행능력을 향상시키기 위하여 일상업무를 통하여 행하는 훈련을 말한다.
- 직장훈련은 "경찰공무원직장훈련 시행규칙"에 의해 경정 이하의 경찰공무원에 대해 실시하며, 직장교육 · 체력단련 및 사격훈련으로 구분한다.[74]

수요증대에 효과적으로 대처할 수 있는 대응능력을 향상시킴으로써 직무수행능력을 증진시키는 교육훈련으로 경찰교육원과 경찰수사연수원에서 실시한다.

74) 직장교육은 기관 · 부서 · 그룹단위의 업무관련 직무교육 또는 정서함양 동호회 및 연구모임활동으로 하고, 체력단련은 무도훈련 및 체력검정으로 하며, 사격훈련은 정례사격(연 2회)과 외근요원 특별사격(연 2회)으로 구분 실시한다. 직장훈련은 소집, 순히, 과제, 실습, 시청각 및 직접지도 등의 방법에 의하여 실시한다.

4. 교육훈련의 방법

방법	내용
• 현장훈련(직장훈련: on-the-job training) [2001 경간] [2002 경사]	1) 피훈련자가 직무를 수행하는 과정에서 경험을 쌓고 지도를 받게 하는 훈련[75)] 2) 경찰기관의 장이 소속 경찰공무원의 직무수행능력 향상을 위해 일상업무를 통해서 행하는 훈련[76)] 3) 경정 이하의 경찰공무원을 대상으로 하여, 학과교육(정신교육)과 술과훈련(사격훈련, 무도훈련)교육으로 구분
• 순환보직(循環補職: position · job rotation)	• 여러 가지 직위를 맡아볼 수 있도록 보직을 바꾸는 방법
• 실무수습(internship)	• 장차 공무원이 되기 위해 준비하는 사람으로 하여금 정부기관의 업무를 실습케 하는 것
• 시찰(견학: observation, visit, guided tour)	• 피훈련자가 알아두어야 할 일이 실제로 행해지고 있는 현장에서 관찰하는 것
• 강의(lecture)	• 여러 사람을 모아놓고 한 사람이 말로 정보를 전달하는 방법
• 대집단을 대상으로 하는 토론회	• 많은 피훈련자를 대상으로 하여 몇 사람의 연사(演士)가 발표·토론을 하거나, 연사가 한 사람이더라도 청중의 참여를 허용하는 방법이다. 예 패널(panel), 심포지엄(symposium), 대담(對談: dialogue), 포럼(forum) 등
• 회의(conference, discussion)	• 참여자들의 토의로 진행
• 분임연구(syndicate)	• 영국의 관리자학교(The Administration Staff College at Henley-on-Thames)에서 관리자훈련을 위해 개발한 집단적 과제연구의 한 형태
• 모의연습(모의실험: simulation)	• 피훈련자가 업무수행 중 직면하게 될 어떤 상황을 가정해서 꾸며 놓고 피훈련자가 이에 대처하도록 하는 것
• 사례연구(case study)	• 사례를 놓고 토론하는 과정에서 거기에 내포된 원리를 스스로 터득하게 하는 방법
• 역할연기(role playing)	• 어떤 사례 또는 사건을 피훈련자들이 연기로써 표현하는 방법
• 감수성 훈련(sensitivity training)[77)]	• 자기자신과 다른 사람의 태도에 대한 자각(自覺)과 감수성(感受性)을 기르려는 훈련방법. 즉, 사람들이 비정형적인 교호작용의 과정을 통해서 자기자신이 어떤 사람이며 다른 사람에 대한 태도는 어떤 것이어야 하는가를 터득하게 하는 것
• 기타	• 독서와 통신교육, 계획학습(programmed instruction)과 컴퓨터의 조력에 의한 학습(computer-assisted instruction) 등

75) 현장훈련은 별도의 시간이나 경비가 들지 않는 장점이 있다.
76) 경찰공무원 교육훈련규정 제2조의5.
77) 감수성훈련에는 T-group, diagnostic training group, conceptual discussion system, laboratory training 등 여러 가지 명칭이 붙어 있다.

제9절 근무성적평정제도

1. 의의

- 근무성적평정은 경찰공무원의 근무실적과 능력, 적성이나 근무태도, 공직관이나 개인적 성품 등을 판정하여 점수를 기록함으로써 승진이나 보직, 상벌에 활용하는 제도이다.
- 객관적이고 공정한 근무성적평정은 i) 공무원의 근무능력 · 근무태도의 발전, ii) 근무실적에 따른 공정한 인사처리, iii) 조직 전체의 능력향상 등에 기여하므로 인사행정의 합리적 기준을 제공하여 준다.
- 근무성적평정제도는 실적주의적 인사행정구현의 중요한 수단이나, 그 성공은 평정의 객관적 기준을 어떻게 확립하느냐에 달려 있다고 할 수 있다.[78)]

2. 근무성적평정의 용도 1997 경사

- 상벌목적에의 활용: 근무성적평정은 상벌목적을 위한 인사조치를 취하는 데 공정한 기준을 제시한다. 그러나 징벌적 목적에의 이용은 근무성적평정제도에 대한 불신을 초래하고 사기를 저하시키므로 줄어드는 경향이 있다.[79)]
- 시험의 타당도 측정: 근무성적평정은 시험의 타당도(妥當度)를 측정할 수 있으므로 시험제도의 개선에 중요한 자료를 제공한다.
- 훈련수요의 결정: 훈련수요는 직무상 요구되는 자격요건과 현재의 직무수행능력의 차이이다. 따라서 근무성적평정을 통해서 훈련수요를 결정할 수 있다.
- 적재적소의 배치: 근무성적평정은 공무원의 직무에 대한 적응성을 파악할 수 있게 하므로 전직 · 전보의 결정에 적절한 기준을 제시하여 준다.

---

78) 1961년부터 적용하였던 국가공무원법상의 근무성적평가방법을, 1969년 경찰공무원법이 제정됨으로써 경찰의 독자적인 근무평정제도를 적용하였으나, 객관적인 기준이 미흡하다는 비판으로 인해 1982년 경찰인사고과제를 채택하였다. 그러나 경찰인사고과제는 근무평정제도와 2중적으로 사용되는 문제점이 있어 경찰인사고과제를 폐지하고 근무성적평정제도로 통합되었다. 그 통합내용은 "경찰공무원 승진임용규정"에 명시되었다.

79) 근무성적평정을 상벌의 목적으로 이용하는 것은 근무성정평정의 부차적 목적이며, 가장 낮은 효용성을 지닌다.

• 직무수행능력의 발전: 근무성적평정은 감독자로 하여금 부하직원의 장단점을 지적하고 시정할 수 있게 함으로써 공무원 개개인의 근무능률을 향상시키고 발전시키는 데 이용할 수 있다.

• 감독자 · 부하직원 간 인간관계의 개선: 근무성적평정은 감독자나 부하직원 간의 의견교환을 촉진시켜 부하의 사기를 앙양시키며 인간관계를 개선할 수 있다.[80]

3. 평정권자와 평정대상

• 근무성적의 평정자는 3인으로 하되, 제1차 평정자는 피평정자의 직근감독자가, 제2차 평정자는 제1차 평정자의 직근감독자가, 제3차 평정자는 제2차 평정자의 직근감독자가 된다.[81]

• 평정대상은 총경 이하의 경찰공무원이며, 근무성적평정의 결과는 승진 · 전보 · 특별승급 및 특별상여금 지급 등 각종 인사관리에 반영하여야 한다.[82]

근무성적평정의 방법, 평정상의 착오

1. 근무성적평정의 방법

근무성적평정의 방법에는 여러 가지가 있으나, 우리나라는 도표식 평정척도법과 강제배분법을 적용하고 있다.

① 도표식 평정척도법(圖表式 評定尺度法: graphic rating scale): 공무원의 근무성적평정에 가장 많이 이용되고 있는 방법으로서 한쪽에는 평정요소를, 다른 한쪽에는 우열을 나타내는 등급을 표시하는 도표로 된 평정표를 사용한다.

② 강제배분법(forced distribution)[83]: 많은 사람의 근무성적을 평정하는 경우 흔히 나타나는 '집중화 경향'과 '관대화 경향'을 방지하기 위하여 성적을 일정한 비율로 강제배분하는 방법이다.

③ 산출기록법(production records): 생산고(生產高)로 나타나는 공무원의 근무실적을 수량적으로 평정하는 방법으로서 반복적인 단순업무의 수행실적을 평가하는 데 적합하다. 예 타자원

④ 서열법(ranking method): 피평정자(被評定者)들을 서로 비교해서 서열을 정하는 방법으로 비교적 소규모집단에 대해서만 사용할 수 있다.

---

80) 미국은 근무성적평정을 공개하고 소청을 인정하고 있다. 그러나 우리나라는 근무성적평정을 공개하지 않으며 또한 근무성적평정에 대한 소청도 인정하지 않는다.

81) 다만, 경찰청장은 평정자를 특정하기가 곤란하다고 인정할 경우에는 따로 평정자를 지정할 수 있다. 경찰공무원 승진임용 규정 시행규칙 제6조.

82) 경찰공무원 승진임용 규정 제7조 제1항.

83) 강제배분법을 정상분포제(正常分布制), 분포제한법이라고도 한다.

서열을 정하기 위한 비교의 방법에는 대인비교법(對人比較法: man-to-man comparision), 2인조비교법(二人組比較法: paired comparision) 등이 있다.

⑤ 프로브스트 평정법(Probst method): 1930년 미국의 John B. Probst가 고안한 것으로서 check-list method라고도 한다. 이는 평정자가 피평정자의 일상업무의 수행상태를 미리 마련된 일련의 항목(list)에 따라 체크하는 방법이다. 평정점수의 산출은 평정자기 체크한 자료에 의하여 중앙인사기관에서 하게 된다.

2. 평정상의 착오

① 연쇄효과(連鎖效果: halo effect)[84]: 평정 시 평정대상의 전반적 인상이나 특정한 요소로부터 받은 인상에 의하여 모든 평정요소를 평정하려는 경향을 말한다. 예 어떤 피평정자가 특정한 요소에 특출하게 좋은 점수를 받거나 반대로 나쁜 점수를 받았을 경우에 다른 요소의 평정에까지 현혹되어 평정하는 경향

② 근접행태의 강조에 의한 착오(overemphasis of recent behavior): 평정시점에 근접한 시기의 근무성적이 평정에 더 많은 영향을 주는 문제점이다. 이를 방지하기 위해 일반적으로 1년에 2회 평정한다.[85]

③ 집중화 경향(集中化 傾向: central tendency)[86]: 평정자가 거의 모든 평정요소와 피평정자들을 평균에 가깝다고 평정하는 경향이다.

④ 관대화 경향(tendency of leniency: 관후화 경향): 피평정자의 대부분을 높은 점수에 평정하는 경향을 말한다. 이러한 집중화 경향과 관대화 경향을 방지하기 위해서는 강제배분법, 서열법 등이 필요하다.

⑤ 일관적 착오(systematic or constant error): 다른 평정자들보다 시종 낮은 점수를 주거나, 항상 높은 점수를 주는 평정자들이 저지르는 착오로서 한 사람의 평정자가 가진 평정기준이 다른 사람보다 높거나 낮은 데서 비롯된다.

⑥ 총계적 착오(總計的 錯誤: total error): 모든 평정자들의 평정평균에서 위로 혹은 아래로 이탈하는 착오를 총합한 계산상의 개념으로서 특정한 평정자의 평정기준이 불규칙해서 생기는 착오까지를 모두 포함한다.

⑦ 선입견에 의한 착오: 평정 외적 요인이 평정에 영향을 주어 평정의 정확성을 해치는 것이다. 예 여자라고 해서 나쁜 점수를 준다거나, 출신학교 · 출신지역 · 종교 · 연령 등에 따라 차별 취급하는 것 등

⑧ 논리적 착오(logical error): 평정과정에서 평정요소 간에 논리적 상관관계가 있을 경우에 양 요소 중 하나의 요소가 특별히 좋거나 혹은 아주 낮은 점수를 받은 경우에 상관관계에 있는 다른 요

84) 연쇄효과를 현혹효과(眩惑效果) · 후광효과(後光效果)라고도 한다.
85) 경찰공무원은 1년에 1회 평정하고 있다.
86) 집중화 경향을 중앙화 경향 또는 중심화 경향이라고도 한다.

소도 높게 혹은 낮게 평정하는 경향을 말한다. 예 기억력이 높으면 지식이 높다든가, 작업량이 많으면 숙련도가 높다고 평정하는 경향

⑨ 유사성 착오(similar-to-me error): 평정자가 자기와 유사한 사람에게 후한 평정을 주는 경향이다.

⑩ 대비적 착오(對比的 錯誤: contrast error): 가장 우수한 사람을 먼저 평정하게 되면 뒤에 평정받는 사람에게 낮은 평정을 하게 되고, 가장 열등한 사람을 먼저 평정하게 되면 뒤에 평정받는 사람에게 비교적 높은 평점을 주게 되는 경향이다.

3. 근무성적평정에 대한 비판과 방향

- 근무성적평정제도에 대한 비판 내지 문제점으로는 i) 근무성정평정의 타당도와 신뢰도가 낮으며, ii) 공정한 평정자도 드물며, iii) 관대화 경향, 집중화 경향 및 연쇄효과(halo effect)가 심하게 나타나며, iv) 근무성적평정으로는 장래예측이 어려우며, v) 부처 · 국 · 과에 따라 평정결과의 차이가 심하여 평정의 표준화가 곤란하다는 등이 지적되고 있다.
- 근무성적평정제도의 발전을 위해서는 i) 평정자인 감독자와 피평정자인 부하직원은 근무성적평정제도의 의의와 목적을 올바르게 인식하고, ii) 평정의 정실성 · 불공정성 및 역산제[87]를 배제하고, iii) 근무성적평정의 구체적인 목적에 따라 적절한 평정방법을 활용하며, iv) 직원의 자질 · 특성에 중점을 두는 기준평정보다 구체적으로 파악할 수 있는 실제의 업적 · 성과를 평정하는 데 중점을 두는 방향으로 나아가야 할 것이다.

4. 평정방법과 항목

근무성적은 제1평정요소에 의한 평정(객관평가: 경찰업무발전기여도, 포상, 직장훈련, 첩보제출, 근태)과 제2평정요소(주관평가: 근무실적, 직무수행능력, 직무수행태도)에 의한 평정을 종합하여 평가한다.

1) 총경

총경의 근무성적은 주관적 평가(제2평정요소)만 하되, 그 점수는 50점 만점으로 하고 분포 비율은 수(20%: 47점 이상), 우(40%: 47점 미만~40점 이상), 양(30%: 40점 미만~25점 이상), 가(10%: 25점 미만)로 한다. 2004 경장

87) 역산제(逆算制)란 근무실적보다 경력 및 고참순위에 따라 또는 학벌, 정실, 인간관계, 외부압력의 작용으로 먼저 실질적인 평정을 한 다음 형식적인 평정을 하는 경향을 말한다.

2) 경정 이하

경정 이하는 객관적 평가 30점과 주관적 평가 20점, 합계 50점을 만점으로 하여 평정되는데, 주관적 평가의 분포비율은 수(20%: 19점 이상), 우(40%: 19점 미만~16점 이상), 양(30%: 19점 미만~16점 이상), 가(10%: 10점 미만)로 한다.

5. 객관적 평정항목의 종류와 배점

• 경찰업무발전기여도	15점	• 중요범죄 등 검거실적, 홍보 및 제안실적, 경비업무 등 근무실적, 업무기획 수립 및 민원업무 등 수행, 경찰경비정, 항공기운전 및 정비업무수행, 통신기기 수리 및 근무실적, 기타 근무실적
• 포 상 평 가	5점	• 상, 벌(정직, 감봉, 견책, 계고 및 특별교양)
• 직 장 훈 련 평 가	5점	• 사격, 무도, 교양참석
• 첩 보 제 출	3점	• 기본점수, 능력점수, 근태평가(2점)

6. 파견, 휴직, 국외교류자 등의 평정

휴직, 파견 시의 평가와 전보 시의 평가가 있으며, 신규채용 또는 승진임용된 경찰공무원에 대해서는 2월이 경과한 후에 평정해야 한다.

7. 근무성적평정 결과의 비공개

근무성적평정의 결과는 공개하지 아니한다(경찰공무원 승진임용 규정 제7조 제5항).

8. 평정결과의 활용

- 평정결과는 상벌의 기준, 시험의 타당도 측정, 공무원의 능력발전 등에 활용된다.
- 경찰은 승진, 전보, 표창 등에 크게 작용하며, 심사승진대상자 명부작성에서 50%, 시험승진의 경우에는 25%의 비율을 차지한다.

제10절 다면평가

1. 의의

1) 다면평가제도의 의의

- 다면평가제(多面評價制)란 어느 개인을 평가할 경우 직속상사 한 사람이 평가하는 것이 아니라 다수의 평가자가 여러 각도에서 평가하는 것으로써 대각선(관련 상사), 옆(동료), 아래(부하) 및 본인에 의한 평가가 포함된다.[88)]
- 다면평가는 상사 1~2명이 부하직원을 평가하는 단일평가의 폐해를 시정하기 때문에 상사에 대해서만 책임지고 복종하는 폐단을 시정할 수 있을 뿐만 아니라, 평가의 다면화·입체화로 인사평정의 객관성 및 신뢰성을 제고하고, 평가결과의 익명성으로 인해 평가대상에 대한 객관성 제고와 공정하고 합리적인 평가를 가능하게 한다.[89)]

2) 다면평가제의 필요성

- 개인을 평가할 경우, 기존의 일방적인 하향적 평가패턴을 벗어나 동시에 여러 사람이 피평정자를 평가하여 평균치를 활용하게 되면, 심한 편견을 가진 특정개인의 평가영향력을 감소시킬 수 있을 뿐만 아니라 여타 오류도 올바로 시정할 수 있어 오류확률이 적어지며, 피평정자도 여러 사람의 평가결과나 지적사항에 대해서 비교적 저항 없이 받아들이기 쉽다.
- 피평정자를 가까이서 정확하게 관찰할 수 있는 많은 사람들로부터 강·약점을 정확하게 진단받아 당사자에게 알려준다면 자기개발에도 효율적이며, 정확하고 공정한 평가결과를 얻는 등 인사고과의 객관성을 제고할 수 있다.

---

88) 다면평가제는 360도 평가라고도 하는데 그 이유는 피평정자를 원(圓)의 가운데 두고 그와 연결된 전(全) 방향에서 그에 대한 평가자료가 수집되기 때문이다. 이창로·신택현, 다면평가제도의 효율적 운영방안: 조직의 사례를 중심으로, 한국철도학회 학술발표논문집, 2004.

89) 조임곤, "경찰공무원 다면평가제 도입에 관한 실증 분석", 한국사회와 행정연구, 제14권 제3호, 2003: 369-388.

3) 다면평가제도의 도입 필요성

(1) 조직구조의 변화 측면

과거의 조직은 피라미드(pyramid)조직으로서 한 사람의 상사가 2~3명 혹은 그 이상의 부하를 통솔하는 것이 일반적이었다. 그러나 점차 중간관리계층이 축소되고 조직구조도 팀(team)제로 전환됨에 따라 통솔범위가 늘어나게 되었으며, 기술 또는 지식노동자의 증가로 상사 혼자서 부하의 직무성과를 완전히 파악하기가 더욱 어려워졌다. 따라서 상사 혼자만의 평가보다는 동료 등 여러 사람에 의한 평가가 더욱 필요하게 되었다.

(2) 조직문화의 변화 측변

과거 수직적 위계구조에 입각한 권위주의적 경영풍토에서 수평적 민주주의 풍토로 조직문화가 전환되면서, 부하사원들의 발언권이 늘고 고객중시의 필요성이 강조됨에 따라 고객, 동료, 협력업체로부터의 평가도 중요하게 되었다.

(3) 구성원 개개인의 변화 측면

과거에는 평가결과를 비공개하고 피드백(feedback)조차 실시하지 않았으나 현재는 공정한 보상요구, 차별대우 개선 및 법적 보호 등을 위해서 평가결과를 공개하고 본인에게 피드백하는 방향으로 전환되어 가고 있다. 이러한 변화는 상사단일평가에 따른 평가부담을 가중시켜 점차 평가자 다원화의 방향으로 나아가고 있다.

2. 다면평가제의 도입현황

1) 다면평가제의 도입

- 2003년의 경우, IBM, GE, Johnson & Johnson, Bellcore, BMW, Chrysler 등이 다면평가를 시행하여 좋은 효과를 거두었으며, 국내에서도 다면평가를 LG, 삼성, 현대, 신세계백화점, 하나은행 등에서 활용하였으며, 중앙행정기관의 경력직공무원들을 대상으로 다면평가가 시행되고 있다.
- 2001년 공무원임용령을 개정하여 다면평가의 결과를 승진임용뿐만 아니라 특별승급, 성과상여금 지급, 교육훈련, 보직관리 등 각종 인사관리에 반영할 수 있는 근거를 마련하였다.

- 경찰조직과 군대조직에서도 시범적으로 적용되고 있다.[90] 서울경찰청은 2003년 3월에 경정, 총경급 전보인사부터 다면평가제도를 도입한 이래, 단계적으로 다면평가제도를 확대하여 실시하고 있다.
- 경무관, 총경, 경감까지는 다면평가를 실시하고 있으며, 경위 이하는 지방청에서 자율적으로 시행여부를 결정하여 실시하고 있다.
- 다면평가의 결과는 승진 및 보직인사의 자료로 활용되고 있으며, 평가결과의 개인별 열람통보로 자기성찰 및 발전의 계기를 부여하고 있다.

2) 다면평가의 운용

2002년 제정된 중앙인사위원회의 "다면평가 운영요령(중앙인사위원회 직무(12113-101)"[91]의 내용은 다음과 같다.

(1) 다면평가는 중앙행정기관(대통령 및 국무총리 직속기관을 포함)의 경력직공무원 또는 별정직, 계약직 공무원을 대상으로 실시한다. 특정직공무원은 해당기관의 자체 실정에 맞게 소성하여 운영이 가능하다.

(2) 평가자의 구성에 있어서는 피평정자를 공정하고 객관적으로 평가할 수 있는 업무유관자를 선정하되, 평가자에 대한 익명성을 절대적으로 보장하도록 하였으며, 평가일 현재 일정기간 근무하지 않은 자를 배제할 수 있도록 하였다. 업무유관자는 7~15명으로 선정하는 것을 권장하고 있다.[92]

---

90) • 2003년 3월에 임명된 서울경찰청장의 경우도 다면평가에서 직원들로부터 가장 좋은 평가를 받았다는 후문이 있을 정도이고, 엄정한 군기 확립과 상명하복이 요구되는 육군에서도 2003년 7월에 사상 처음으로 다면평가제를 도입하였다.
• 서울경찰청의 경우, 2003년 3월 보직인사에서의 다면평가제는 일단 부서장 추천자, 해당 보직희망자를 대상으로 하여, 같은 부서의 상사, 동료, 하급자, 전임부서원, 업무 유관기관 하급자 중에서 출신, 지역, 기능 등을 안배하여 7~9개의 부별 평가단을 구성, 평가가 이루어졌다. 평가단 구성인원은 20인 이내이며, 상사 40%(8명 이내), 동료 30%(6명 이내), 하급자 30%(6명 이내)로 구성되고 평가단 다면평가 결과, 일정 인원인 3배수를 추천하고 인사위원회에서 보직 대상자를 최종 결정하였다.

91) 중앙인사위원회(2002), 다면평가운영요령, 중앙인사위원회(2003), 각급 행정기관 인사운영 우수사례집.

92) i) 상급자의 경우 직속 상위 감독자와 업무연관성이 높은 실·국장 등 상급자를, ii) 동료 및 하급자의 경우 소속과 직원, 동일 실·국 소속 부서 직원, 유관부서 직원 및 전임자 그리고 인사, 심사평가, 국정과제 점검 등을 통해 피평가자의 업무실적 등을 파악할 수 있는 직원을, iii) 고객의 경우 외부고객으로 업무관련 민원인을, 내부고객으로 실, 국, 과 간 유관부서직원 등을 선정할 것을 권장하고 있다. 또한 기관사정이나 업무특성에 따라 고객평가단 구성여부를 결정할 수 있다.

(3) 평가요소는 평가의 목적, 피평정자의 직급, 부서별 특성 등을 고려하여 실적, 능력 등으로 구성하며, 조직의 업무특성 또는 당해 직급의 필요역량 등을 고려하여 평정요소를 달리 정할 수 있도록 하였다.

(4) 평가척도는 평가점수의 변별력 확보를 위해 1-10점 척도를 사용하되, 평가활용목적에 따라 5점, 7점, 10점 척도 중 선택하여 사용할 수 있도록 하였으며, 서술형 척도(탁월, 우수, 보통, 미흡, 불량)의 사용도 가능하도록 하였다. 또한 다면평가 시 평가척도에 대한 설명을 평가자에게 반드시 제시하여야 한다.

(5) 다면평가 실시 후 담당부서는 '다면평가 운영요령'에 따라 최고점과 최저점을 제외하는 등의 기술적인 조정을 할 수 있고, 소속장관은 조직적인 담합, 직렬 간 또는 통합 전 소속 부처 간의 불합리한 평가가 이루어졌다고 판단될 경우 다면평가조정위원회를 두어 평가결과를 조정할 수 있다. 구체적인 조정방법과 절차 등 세부운영사항은 부처에서 정하도록 하고 있다.

3. 다면평가제도의 장단점

1) 다면평가제의 장점[93)]

- 다면평가결과를 수용하는 과정을 통해 상하 간, 부서 간의 원활한 커뮤니케이션으로 인한 조직 활성화
- 평가 결과 피드백을 통한 자신의 역량 강화
- 개인성과에 대한 의견차이 인식
- 팀과 조직차원에서 개발을 위한 요구사항 전달
- 평가결과에 대한 신뢰성 제고를 통하여 궁극적으로 조직문화의 변화

2) 다면평가제의 단점[94)]

- 지역주의에 의한 평가문제

93) 평가조사의 진행을 외부업체에 위탁할 경우 객관성과 신뢰도 향상을 기대할 수 있다. 참여하는 소수인의 개인편차를 줄임으로써 객관성과 공정성을 높일 수 있다. 2004 기출

94) 부서 내 갈등을 유발할 수 있다. 전통적 평가방식에 비하여 다면평가는 근무성적에 따른 뚜렷한 서열 정립이 어렵다. 2004 기출

- 인기투표행태의 평가[95)]
- 인사부서의 개입 및 조작가능성
- 새로운 형태의 인사관련 로비 등장
- 경쟁자 비방으로 인한 공무원사회의 위화감 조성
- 특정부서의 유리(윗사람과 접촉이 많은 부서) 등의 문제점[96)]
- 상명하복과 엄격한 지휘체계를 근간으로 하는 조직에서의 지휘계통의 문란 소지[97)]
- 평가의 일반적 오류[98)]

제11절 경력평정

1. 경력의 의의

- 경력(經歷)이란 어떤 직종이나 직업 또는 어떤 기능에서 실제로 체험한 기간을 의미한

---

95) 인간관계가 좋은 사람은 객관적인 성과가 높은 사람보다 결과가 좋게 나오는 등 온정주의나 업무 외적 요인 때문에 왜곡된 결과가 나오기 쉽다.

96) 조임곤, "경찰공무원 다면평가제 도입에 관한 실증 분석", 한국사회와 행정연구, 제14권 제3호, 2003: 369-388.

97) • 조선일보(2003.7.29). 일반행정기관에서 다면평가 도입에서 나타난 문제점이 군대조직에서도 동일하게 나타났다. 육군의 경우, 중령-소장 진급 대상자들에 대한 다면평가를 실시한 이래 좋은 평가를 받기 위한 상관들의 다양한 '부하 환심사기' 행태가 나타났다.
• 조임곤, "경찰공무원 다면평가제 도입에 관한 실증 분석", 한국사회와 행정연구, 제14권 제3호, 2003: 369-388.

98) • 평가자의 익명성이 보장되지 않음으로 인해 객관적으로 공정하게 평가한 사람이 오히려 원망의 대상으로 부각될 수도 있다. 응답자마다 평가기준이 다르기 때문에 평가의 형평성이 떨어질 수 있다. 응답자에 따라 지나치게 관대하거나 비판적으로 평가하는 경우도 있다.
• 평가기준을 문서화하거나 평가를 위한 교육실시가 바람직하다. 상급자에 대한 하급자의 소신있는 평가를 위해 평가자료의 익명성을 유지해야 한다. [2004 기출]
• 민간기업을 중심으로 확산되어 공기업, 공공기관에서도 지도력과 관리능력이 요구되는 고위직에 적용되는 추세이다. 참여정부 출범 이후 다면평가제 확대실시로 고위직 임용 시 본격적으로 도입되고 있다. [2004 기출]

다. 개인의 직무수행능력은 일반적으로 학력(學歷)과 경력(經歷)에 의해 좌우된다고 할 수 있다.

- 일정한 경찰업무분야의 문제해결이나 직무성취를 위해서는 숙달된 전문지식이나 관리능력을 갖춘 경력이 학력보다 중요한 의미를 가진다.

2. 경력평정의 의의

- 경찰의 경력평정은 어떤 계급에서 상위계급으로 진출하기 위해서 직무상 필요한 경험과 실무지식을 어느 정도 갖추고 있는가의 숙련도를 평가하는 것이기에 상위계급으로의 승진 시에 중요한 의미를 갖는다.
- 경력평정은 심사승진대상자 명부작성 시 35%의 비율을 차지한다.[99)]

3. 경력평정의 방법

1) 경력평정의 대상

승진소요최저근무연수가 경과된 총경 이하의 경찰공무원이다.[100)]

2) 경력평정의 기준

경찰관의 경력평정은 당해 계급의 근무연수를 기준으로 한다.

3) 경력의 종류 및 평정기간

경력은 기본경력과 초과경력으로 구분하되, 기본경력은 평정기준일로부터 최근 4년간으로, 초과경력은 기본경력 전 6년간으로 한다.[101)]

---

99) 심사승진서열 작성 시 102점 중 근무성적이 50점, 교육성적이 15점, 그리고 경력평정이 35점을 차지하고 있으며 가점이 2점이다.

100) 경찰공무원승진임용규정 제9조 제2항.

101) 다만, 경장 및 순경의 기본경력은 평정기준일로부터 최근 3년간으로 하고, 총경・경정 및 순경의 초과경력은 기본경력 전 3년간으로 하며, 경정의 초과경력은 기본경력 전 5년간으로 한다. 경찰공무원승진임용규정 제9조 제4항.

4) 경력의 기간계산

경력평정대상기간 중 휴직, 정직 또는 직위해제기간이 있을 경우 그 기간은 평정에서 제외한다.[102)]

5) 가점평점(2점)

6) 평정자와 확인자

경력평정을 하는 경우 평정자는 피평정자의 소속기관의 인사담당경찰관이 되고, 확인자는 평정자의 상급감독자가 된다.

7) 평정의 시기

경력의 평정은 매년 1회 정기적으로 실시한다.

8) 경력평정표의 제출

경찰기관의 장은 소속경찰관의 경력평정표를 작성일로부터 20일 이내에 소속기관의 장에게 제출하여야 하며, 소속기관의 장은 총경과 경정에 대한 경력평정표를 경찰청장에게 제출하여야 한다.

---

102) 다음 기간은 당해계급의 경력평정 대상기간에 산입한다. ① 공무상 질병·부상으로 인한 휴직, 육아휴직, 병역휴직, 법정 의무수행을 위한 휴직, 고용휴직의 경우에는 전(全) 휴직기간, 유학휴직 기간 중 5할의 기간, ② 직위해제 처분을 받은 자가 그 처분사유가 무효·취소 또는 무죄로 확정된 경우의 그 직위해제 기간 및 처분기간, ③ 퇴직한 경찰공무원으로서 퇴직 당시의 계급 또는 그 이하의 계급에 재임용된 자의 전 재직기간, ④ 시보임용기간, ⑤ 행정·외무고시 출신자로서 채용 전 5급 이상 공무원으로 5년 이상 근무한 경우, 그 기간의 2할에 해당하는 기간, ⑥ 사법연수원의 연수생으로 수습한 기간. 경력평정기간은 경력월수를 단위로 하여 계산하되, 15일 이상은 1월로 하고 15일 미만은 경력에 산입하지 아니한다. 계산은 소수점 두 자리까지 하되 소수점 세 자리에서 반올림한다.

제12절 기타 인사운영제도

1. 대우공무원 2009 기출

- 경찰공무원 승진임용규정의 일부개정(2008.12.3)에 의해 신설한 대우공무원제도(2009.1.1)는 경찰공무원의 사기진작 및 일반직공무원과의 형평성 유지를 위하여 경찰공무원이 동일 계급에서 승진소요 최저근무연수 이상 근무하고 근무실적이 우수한 경우, 대우공무원으로 선발하여 대우공무원수당을 지급할 수 있도록 한 제도이다.
- 대우공무원은 경위 이하 경찰공무원 중 승진소요 최저근무연수가 경과하고 해당 계급에서 5년 이상 근무한 사람 중에서 선발하였으나, "경찰공무원 승진임용규정 시행규칙"이 개정・발효(2011.11.22)되어서 그 대상이 총경계급까지 확대되었다.
- 총경・경정은 근무기간 7년 이상, 경감 이하는 5년 이상 재직 시 매 분기 말 5일 전까지 선발요건에 적합한 대상자를 결정하고 다음 분기 첫 달 1일에 일괄하여 대우공무원으로 발령한다.[103)]
- 대우공무원으로 선발된 경찰공무원에 대하여는 '공무원 수당 등에 관한 규정(제6조의2 제1항)'에 따라 대우공무원 수당(월봉급액의 4.1%)을 지급한다.[104)]
- 징계 또는 직위해제 처분을 받거나 휴직한 경우 감액하여 지급하도록 하며, 대우공무원은 상위계급으로 승진임용되는 경우 및 강등 시 그 자격이 당연 상실된다.[105)]

> **경찰공무원 승진임용규정**
>
> **제43조(대우공무원의 선발 등)** ① 임용권자 또는 임용제청권자는 소속 경찰공무원 중 해당 계급에서 승진소요최저근무연수 이상 근무하고 승진임용의 제한사유가 없으며 근무실적이 우수한 자를 바로 상위계급의 대우공무원(이하 "대우공무원"이라 한다)으로 선발할 수 있다.
> ③ 대우공무원에 대하여는 「공무원수당 등에 관한 규정」에서 정하는 바에 따라 수당을 지급할 수 있다.

103) 총경은 경찰청, 경정 이하는 소속기관별, 경찰공무원 승진임용규정 제43조 및 시행규칙 제35조・제36조.
104) 경위 이하만을 선발할 시에는 4.8%를 지급하였으나, 총경까지 확대하면서 4.1%로 축소되었다.
105) 경찰공무원 승진임용규정 시행규칙 제38조.

경찰공무원 승진임용규정 시행규칙

제35조(대우공무원 선발을 위한 근무기간) ① 영 제43조제1항에 따라 대우공무원으로 선발되기 위해서는 영 제5조제1항에 따른 승진소요최저근무연수를 경과한 총경 이하 경찰공무원으로서 해당 계급에서 다음 각 호의 구분에 따른 기간 동안 근무하여야 한다. 〈개정 2011.12.22〉

1. 총경·경정: 7년 이상
2. 경감 이하: 5년 이상

제36조(대우공무원의 선발 절차 및 시기) ① 임용권자 또는 임용제청권자는 매분기말 5일 전까지 대우공무원 발령일을 기준으로 하여 대우공무원 선발요건에 적합한 대상자를 결정하여야 하고, 그 다음 분기 첫 달 1일(1월 1일, 4월 1일, 7월 1일, 10월 1일)에 일괄하여 대우공무원으로 발령하여야 한다.

제37조(대우공무원수당의 지급) ① 대우공무원으로 선발된 경찰공무원에 대하여는 「공무원 수당 등 에 관한 규정」에 따라 대우공무원수당을 지급한다.

② 대우공무원이 징계 또는 직위해제 처분을 받거나 휴직하여도 대우공무원수당은 계속 지급한다. 다만, 「공무원 수당 등에 관한 규정」으로 정하는 바에 따라 대우공무원수당을 감액하여 지급한다.

제38조(대우공무원의 자격 상실) 대우공무원이 다음 각 호의 어느 하나에 해당하는 경우 그 해당 일자에 대우공무원의 자격은 별도 조치없이 당연히 상실된다.

1. 상위계급으로 승진임용되는 경우: 승진임용일자
2. 강등되는 경우: 강등일자 [전문개정 2011.12.22]

2. 모범공무원

- 모범공무원제도는 공무원으로서 직무를 성실히 수행하여 공적이 탁월한 공무원을 발굴·포상하고 인사상 특전을 부여하기 위한 제도로 전 공무원을 대상으로 시행(1969.12.19)되고 있다.
- 경찰에서는 경감 이하 경찰공무원과 6급 이하 또는 이에 상응하는 일반직공무원으로 5년 이상 재직한 자를 대상으로 모범공무원을 선발·포상하고 있다.
- 모범공무원으로 선발된 공무원은 '모범공무원규정'과 각 정부부처별 인사지침에 의하여 인사상 특전을 부여하며, 경찰에서는 국무총리 표창과 동일한 포창점수를 인정하고, 3년간 매월 5만 원의 모범공무원 수당을 지급하는 한편, 심사승진 시 포상점수를 만점으로 평정하는 등 인사상 특전을 부여하고 있다.

3. 경찰공무원의 정년

경찰공무원법의 개정(2008.12.31)으로 경찰공무원의 연령정년이 연장되었다.[106)]

4. 재직자 직무적성검사

- 신임 경찰관 채용 시 경찰관에게 필요한 직업관과 소양을 파악하기 위하여 실시하는 종합적성검사와 함께, 재직경찰관에 대하여도 과학적인 방법에 의해 환경변화에 따른 성격・적성의 변화 여부를 파악할 수 있도록 '경찰공무원 직무적성검사(NPAT)' 프로그램을 개발하여 2005년부터 시행하고 있다.
- 인성검사와 적성검사로 크게 구분되는 경찰공무원 직무적성검사는 개인별로 매 5년마다 실시하고 그 결과를 소속기관과 수검자에게 통보해 주고 있다.

5. 명예퇴직

- 명예퇴직은 장기근속 근무원에게 경제적 보상을 통하여 명예로운 사회진출 기회를 부여함으로써 공직사회의 신진대사를 촉진하고 조직활성화를 도모하는 제도로, 연금법상 20년 이상 근속하고 정년 잔여기간이 1년 이상 남은 치안정감 이하의 경찰공무원, 일반직 및 기능직공무원을 그 대상으로 한다.[107)]
- 명예퇴직은 연 6회 실시하며, 홀수 달 1일~16일 신청을 받아서 다음(짝수)달 말일자로 퇴직 발령을 하며, 재직 중 특별한 공적이 있을 경우에는 1계급 특별승진 임용함으로써 제도의 실효성을 높이고 있다.

---

106) 경찰공무원의 연령정년에 대하여 경정 이상은 60세, 경감 이하는 57세로 불평등하게 규정되어 있는 것을 연차적으로 60세로 단일화함으로써 헌법상 평등권을 보장하고, 경찰공무원의 사기 진작, 경찰조직의 공동체 복원, 노령인구에 대한 취업기회 확대 등을 도모한 것이다.

107) 다만, 징계의결 요구 중인 자, 징계처분으로 인하여 승진임용 제한기간 중인 자, 다른 법령에 의하여 명예퇴직 수당이나 이에 갈음하는 공로퇴직수당을 지급받은 사실이 있는 자, 수당지급 대상공무원 외의 공무원으로 신분이 변동된 자는 명예퇴직을 할 수 없다.

제13절 경찰공무원의 권리

1. 신분상 권리

1) 신분보유권[108)]

경찰공무원은 법이 정한 사유와 절차에 따르지 않는 한, 공무원의 신분을 박탈당하지 아니할 신분보유권을 갖는다.

헌법

제7조 ② 공무원의 신분과 정치적 중립성은 법률이 정하는 바에 의하여 보장된다.

국가공무원법

제68조(의사에 반한 신분 조치) 공무원은 형의 선고, 징계처분 또는 이 법에서 정하는 사유에 따르지 아니하고는 본인의 의사에 반하여 휴직·강임 또는 면직을 당하지 아니한다. 다만, 1급 공무원과 제23조에 따라 배정된 직무등급이 가장 높은 등급의 직위에 임용된 고위공무원단에 속하는 공무원은 그러하지 아니하다. [전문개정 2010.3.22]

2) 직위보유권

- 경찰공무원은 임용되면 법령에서 따로 정하는 경우를 제외하고는 자신에게 적합한 일정한 직위를 부여받을 권리와 자기에게 부여된 직위가 법이 정한 이유와 절차에 의하지 아니하고는 박탈당하지 않을 권리 즉, 직위보유권을 갖는다.
- 경찰공무원은 직위보유권을 갖는 관계로 당연히 직무를 집행할 권리와 의무를 갖는다. 직무집행권은 직위보유권의 한 내용이 된다.

108) 경찰공무원에게는 "공무원의 노동조합 설립 및 운영 등에 관한 법률"에서 규정된 '노동조합설립권'과 '단체교섭권'이 인정되지 아니하며, "공무원직장협의회의 설립·운영에 관한 법률"에서 규정된 '직장협의회설립권'도 인정되지 아니한다.

국가공무원법

제32조의5(보직관리의 원칙) ① 임용권자나 임용제청권자는 법령으로 따로 정하는 경우 외에는 소속 공무원의 직급과 직류를 고려하여 그 직급에 상응하는 일정한 직위를 부여하여야 한다. 다만, 고위공무원단에 속하는 일반직공무원에 대하여는 자격·경력 등을 고려하여 그에 상응하는 일정한 직위를 부여하여야 한다.

② 소속 공무원을 보직할 때에는 그 공무원의 전공분야·훈련·근무경력·전문성·적성 등을 고려하여 적격한 직위에 임용하여야 한다. 이 경우 보직관리 기준에 필요한 사항은 국회규칙, 대법원규칙, 헌법재판소규칙, 중앙선거관리위원회규칙 또는 대통령령으로 정한다. [전문개정 2008.3.28]

3) 제복착용권과 무기휴대권

- 경찰공무원은 제복을 착용하여야 하며, 제복착용은 의무이자 권리이다. 그리고 경찰공무원은 직무수행을 위하여 필요한 때에는 무기를 휴대할 수 있다.
- 무기사용은 경찰관직무집행법 제10조의4가 정한 바에 따라야 한다.

경찰공무원법

제20조(복제 및 무기 휴대) ① 경찰공무원은 제복을 착용하여야 한다.

② 경찰공무원은 직무 수행을 위하여 필요하면 무기를 휴대할 수 있다.

대법원 19960730 95도2408 판결

【판시사항】

경찰관이 허가 없이 개인적으로 총기 등을 소지할 수 있는지 여부(소극)

【판결요지】

경찰공무원법의 규정 취지는 경찰공무원이 직무수행을 위하여 필요하다고 인정되는 경우에 한하여 무기를 휴대할 수 있다는 것뿐이지, 경찰관이라 하여 허가 없이 개인적으로 총포 등을 구입하여 소지하는 것을 허용하는 것은 아니다.

【이유】 상고이유를 판단한다. 총포·도검·화약류등단속법위반의 점에 대하여 가. 총포·도검·화약류등단속법(1995.12.6. 법률 제4989호로 개정되기 전의 것, 이하 총포등단속법이라 한다) 제10조는 "누구든지 다음 각 호의 1에 해당하는 경우를 제외하고는 허가 없이 총포·도검·화약류·분사기·전자충격기를 소지하여서는 아니된다"고 규정하면서, 그 제1호에서 제외 사유의 하나로 "법령에 의하여 직무

상 총포・도검・화약류・분사기・전자충격기를 소지하는 경우"를 들고 있고, 한편 경찰공무원법 제20조 제2항은 "경찰공무원은 직무수행을 위하여 필요한 때에는 무기를 휴대할 수 있다"고 규정하고 있다. 그런데 위 경찰공무원법의 규정 취지는 경찰공무원이 직무수행을 위하여 필요하다고 인정되는 경우에 한하여 무기를 휴대할 수 있다는 것뿐이지, 경찰관이라 하여 허가 없이 개인적으로 총포 등을 구입하여 소지하는 것을 허용하는 것은 아니라 할 것이다. 그러므로 원심이 피고인의 이 사건 분사기 소지는 개인적으로('개인적으로'라는 말이 무엇을 의미하는지는 분명하지 아니하다) 이루어진 것이라고 보고 경찰공무원법 등에 의하여 허가 없이 소지할 수 있는 경우에 해당되지 아니한다고 판단한 것은 정당하다.

4) 고충심사청구권

- 고충처리제도는 경찰공무원이 갖는 불만이나 어려움을 해소하여 근무의욕을 제고함으로써 직무에 보다 충실을 기하고자 하는 제도이다.
- 행정상 쟁송 또는 국가배상청구의 방법에 비해 보다 포괄적이고 광범위한 행정구제 수단이다. 즉, 경찰공무원이면 누구나 위법한 처분의 존재를 전제로 함이 없이 직무조건・신상문제 등 어떠한 문제에 대해서도 기간의 제약 없이 심사의 청구가 가능한 제도이다.

경찰공무원법

제25조(고충심사위원회) ① 경찰공무원의 인사상담 및 고충을 심사하기 위하여 경찰청, 해양경찰청, 지방경찰청, 대통령령으로 정하는 경찰기관 및 지방해양경찰관서에 경찰공무원 고충심사위원회를 둔다.
② 경찰공무원 고충심사위원회의 심사를 거친 재심청구와 경정 이상의 경찰공무원의 인사상담 및 고충심사는 「국가공무원법」에 따라 설치된 중앙고충심사위원회에서 한다.

5) 처분사유설명서를 교부받을 권리

- 처분사유설명서의 교부는 처분청으로 하여금 처분을 신중하게 하고, 정당한 이유의 제시를 통해 처분의 적법성과 정당성을 확보하고, 이로써 상대방이 처분을 받아들이게 하고, 아울러 상대방으로 하여금 행정쟁송의 제기 여부를 판단할 수 있는 소재를 제공해 주는 등의 의미를 갖는다.[109]

109) • 처분사유설명서를 교부하는 것은 행정청의 단순한 서비스의 제공이 아니며, 처분사유설명서를 교부받는 것은 처분의 상대방이 갖는 개인적 공권(公權)이다.

• 처분사유설명서의 교부를 규정하는 국가공무원법 제75조와 처분의 이유 제시를 규정하는 행정절차법 제23조의 관계는 특별법과 일반법의 관계에 있다.

국가공무원법 제75조

제75조(처분사유 설명서의 교부) 공무원에 대하여 징계처분 등을 할 때나 강임·휴직·직위해제 또는 면직처분을 할 때에는 그 처분권자 또는 처분제청권자는 처분사유를 적은 설명서를 교부(交付)하여야 한다. 다만, 본인의 원(願)에 따른 강임·휴직 또는 면직처분은 그러하지 아니하다. 〈개정 2010.3.22〉 [전문개정 2008.3.28]

6) 소청권 · 행정소송제기권

(1) 소청

국가공무원법

제9조(소청심사위원회의 설치) ① 행정기관 소속 공무원의 징계처분, 그 밖에 그 의사에 반하는 불리한 처분이나 부작위에 대한 소청을 심사·결정하게 하기 위하여 행정안전부에 소청심사위원회를 둔다.

③ 국회사무처, 법원행정처, 헌법재판소사무처 및 중앙선거관리위원회사무처에 설치된 소청심사위원회는 위원장 1명을 포함한 위원 5명 이상 7명 이내의 비상임위원으로 구성하고, 행정안전부에 설치된 소청심사위원회는 위원장 1명을 포함한 5명 이상 7명 이내의 상임위원과 상임위원 수의 2분의 1 이상인 비상임위원으로 구성하되, 위원장은 정무직으로 보한다. 〈개정 2011.5.23〉

④ 제1항에 따라 설치된 소청심사위원회는 다른 법률로 정하는 바에 따라 특정직공무원의 소청을 심사·결정할 수 있다.

	고충처리제도	소청심사제도
• 행정소송과의 관계	• 관계없음	• 관계있음(행정소송의 전심절차)
• 심사의 대상	• 근무조건·처우 등 일상의 모든 신상문제	• 주로 신분상 불이익처분
• 관할행정청	• 복수기관(중앙인사기관의 장, 임용권자 등)	• 소청심사위원회
• 결정의 효력(기속력)	• 법적 기속력이 없음	• 법적 기속력이 있음

• 처분사유설명서의 교부는 처분의 적법요건의 하나이다. 물론 처분문서에 처분사유의 기재가 있다면, 별도의 자세한 처분사유설명서의 교부는 다만 상대방에게 사실상 편익을 제공하는 의미를 갖는다. 그러나 처분문서에 처분사유의 기재가 없다면, 별도의 처분설명서의 교부는 처분의 적법요건의 의미를 갖는다.

(2) 행정소송

국가공무원법

제16조(행정소송과의 관계) ① 제75조에 따른 처분, 그 밖에 본인의 의사에 반한 불리한 처분이나 부작위(不作爲)에 관한 행정소송은 소청심사위원회의 심사·결정을 거치지 아니하면 제기할 수 없다.

② 제1항에 따른 행정소송을 제기할 때에는 대통령의 처분 또는 부작위의 경우에는 소속 장관(대통령령으로 정하는 기관의 장을 포함한다. 이하 같다)을, 중앙선거관리위원회위원장의 처분 또는 부작위의 경우에는 중앙선거관리위원회사무총장을 각각 피고로 한다. [전문개정 2008.3.28]

2. 재산상 권리

1) 보수청구권

공무원보수규정

제4조(정의) 이 영에서 사용하는 용어의 뜻은 다음과 같다.

1. "보수"란 봉급과 그 밖의 각종 수당을 합산한 금액을 말한다. 다만, 연봉제 적용대상 공무원은 연봉과 그 밖의 각종 수당을 합산한 금액을 말한다.
2. "봉급"이란 직무의 곤란성과 책임의 정도에 따라 직책별로 지급되는 기본급여 또는 직무의 곤란성과 책임의 정도 및 재직기간 등에 따라 계급(직무등급이나 직위를 포함한다. 이하 같다)별, 호봉별로 지급되는 기본급여를 말한다.
3. "수당"이란 직무여건 및 생활여건 등에 따라 지급되는 부가급여를 말한다.
4. "승급"이란 일정한 재직기간의 경과나 그 밖에 법령의 규정에 따라 현재의 호봉보다 높은 호봉을 부여하는 것을 말한다.
5. "승격"이란 외무공무원이 현재 임용된 직위의 직무등급보다 높은 직무등급의 직위(고위공무원단 직위는 제외한다)에 임용되는 것을 말한다.
6. "보수의 일할계산"이란 그 달의 보수를 그 달의 일수로 나누어 계산하는 것을 말한다.
7. "연봉"이란 매년 1월 1일부터 12월 31일까지 1년간 지급되는 다음 각 목의 기본연봉과 성과연봉을 합산한 금액을 말한다. 다만, 고정급적 연봉제 적용대상 공무원의 경우에는 해당 직책과 계급을 반영하여 일정액으로 지급되는 금액을 말한다.
   가. 기본연봉은 개인의 경력, 누적성과와 계급 또는 직무의 곤란성 및 책임의 정도를 반영하여 지급되는 기본급여의 연간 금액을 말한다.
   나. 성과연봉은 전년도 업무실적의 평가 결과를 반영하여 지급되는 급여의 연간 금액을 말한다.
8. "연봉월액"이란 연봉에서 매월 지급되는 금액으로서 연봉을 12로 나눈 금액을 말한다.
9. "연봉의 일할계산"이란 연봉월액을 그 달의 일수로 나누어 계산하는 것을 말한다. [전문개정 2009.3.31]

(1) 보수의 의의

공무원은 국가나 지방자치단체에 대하여 보수를 청구할 권리를 가진다.

> **공무원보수규정**
>
> **제31조(수당의 지급)** ① 공무원에게는 예산의 범위에서 봉급 외에 필요한 수당을 지급할 수 있다.

(2) 보수의 성격

보수는 공무원의 노동력에 대한 반대급부의 성격과 공무원의 생활보장을 위한 생활자료의 성격을 가진다.[110)]

(3) 보수청구권의 성질

보수에 관한 분쟁해결 즉, 보수청구권은 공무원법 관계에서 발생하는 것이므로 공법상의 권리가 되어 행정상 쟁송에 의하여야 한다.[111)]

(4) 보수청구권의 압류와 시효

보수는 생활자료의 성격도 갖는 것이므로 임의로 포기할 수 없고, 압류에도 제한이 따른다. 보수청구권의 압류는 원칙적으로 보수금액의 2분의 1을 초과하지 못한다.[112)]

> **민사집행법**
>
> **제246조(압류금지채권)** ① 다음 각 호의 채권은 압류하지 못한다. 〈개정 2005.1.27, 2010.7.23, 2011.4.5〉
>
> 4. 급료·연금·봉급·상여금·퇴직연금, 그 밖에 이와 비슷한 성질을 가진 급여채권의 2분의 1에 해당하는 금액. 다만, 그 금액이 국민기초생활보장법에 의한 최저생계비를 감안하여 대통령령이 정하는 금액에 미치지 못하는 경우 또는 표준적인 가구의 생계비를 감안하여 대통령령이 정하는 금액을 초과하는 경우에는 각각 당해 대통령령이 정하는 금액으로 한다.

110) 왜냐하면 보수의 결정에 표준생계비(생활자료의 의미), 책임의 곤란성(반대급부의 의미) 등도 고려하여야 하기 때문이다. 또한 공무원에게는 청렴의무·영리업무 및 겸직금지의무 등이 부과되는데, 이것은 보수가 생활자료임을 나타내는 간접적인 근거이다.

111) 과거의 판례는 퇴직 후의 보수청구를 금전상의 거래관계문제로 보아 민사소송으로 다룬 적도 있었다.

112) 과거의 판례는 보수청구권의 소멸시효는 3년이라 판시한 바 있었다.

2) 연금청구권

(1) 의의

- 공무원이 질병 · 부상 · 폐질 · 퇴직 · 사망 또는 재해를 입었을 때에는 본인 또는 그 유족에게 법률이 정하는 바에 따라 적절한 급여를 지급한다.
- 공무원연금제도는 공무원 및 그 유족의 생활안정과 복리향상을 목적으로 하는 것으로 사회보장제도의 하나이다.
- 공무원연금제도를 구체화하기 위해 공무원연금법 및 동 시행령 등이 제정되어 있다.
- 연금은 적법하게 임용된 공무원에게만 주어지며, 적법하게 임용된 공무원이 아닌 경우에도 노동에 대한 대가는 지급되어야 한다.

> **국가공무원법**
>
> **제77조(사회보장)** ① 공무원이 질병 · 부상 · 폐질(廢疾) · 퇴직 · 사망 또는 재해를 입으면 본인이나 유족에게 법률로 정하는 바에 따라 적절한 급여를 지급한다.

(2) 종류

연금에는 단기급여와 장기급여가 있다.

(3) 성질

연금청구권의 성질에 관해서는 봉급연불설(俸給延拂說)[113] · 사회보장설(社會保障說)[114] · 은혜설(恩惠說)[115]이 있으나, 공무원이 기여금을 납부한다는 점, 그리고 퇴직뿐만 아니라 질병이나 부상의 경우에도 연금이 주어진다는 점을 고려하면 연금은 양면적인 성격을 갖는다.

---

113) 연금은 지불이 연기된 봉급이라는 견해.
114) 연금은 퇴직공무원이나 공무원의 유족에 대한 사회보장이라는 견해.
115) 연금은 은혜적으로 지급되는 것이라는 견해.

(4) 양도 · 압류 등 금지

> **공무원연금법**
>
> **제32조(권리의 보호)** 급여를 받을 권리는 양도, 압류하거나 담보로 제공할 수 없다. 다만, 연금인 급여를 받을 권리는 대통령령으로 정하는 금융기관에 담보로 제공할 수 있고, 「국세징수법」, 「지방세기본법」, 그 밖의 법률에 따른 체납처분의 대상으로 할 수 있다. 〈개정 2011.8.4〉 [전문개정 2009.12.31]

3) 보훈을 받을 권리

> **경찰공무원법**
>
> **제16조(보훈)** 경찰공무원으로서 전투나 그 밖의 직무 수행 또는 교육훈련 중 사망한 사람(공무상 질병으로 사망한 사람을 포함한다) 및 부상(공무상의 질병을 포함한다)을 입고 퇴직한 사람과 그 유족 또는 가족은 「국가유공자 등 예우 및 지원에 관한 법률」에서 정하는 바에 따라 예우를 받는다. [전문개정 2011.5.30]

4) 실비변상청구권 · 보상청구권

> **국가공무원법**
>
> **제48조(실비 변상 등)** ① 공무원은 보수 외에 국회규칙, 대법원규칙, 헌법재판소규칙, 중앙선거관리위원회규칙 또는 대통령령으로 정하는 바에 따라 직무수행에 필요한 실비(實費) 변상을 받을 수 있다.

> **경찰공무원법**
>
> **제29조(경찰간부후보생의 보수 등)** 교육 중인 경찰간부후보생에게는 대통령령으로 정하는 바에 따라 보수와 그 밖의 실비(實費)를 지급한다. [전문개정 2011.5.30]

제14절 경찰공무원의 의무

1. 의의

1) 개념

국민 전체의 봉사자로서 경찰공무원은 각종의 의무를 진다. 경찰공무원의 의무는 경찰임무수행의 보장이란 목적을 위한 수단이다.

2) 법적 근거

경찰공무원에게 부과되는 의무도 반드시 법적 근거를 요한다. 왜냐하면 경찰공무원 관계도 공법상의 법 관계이고, 그 법 관계는 법치주의 원칙 내에서만 존재하는 것이기 때문이다.

3) 경찰공무원 의무의 분류

• 신분상의 의무	• 비밀엄수, 청렴, 품위유지, 영예 등의 제한, 정치운동금지, 집단행동금지 등
• 직무상의 의무	• 법령준수[116], 복종, 직무전념(직장이탈, 영리, 겸직금지), 친절공정의 의무 등

2. 경찰관련 법령상 의무

1) 국가경찰공무원

(1) 경찰법상 협력의무

경찰법

제24조(직무수행) ① 국가경찰공무원은 상관의 지휘·감독을 받아 직무를 수행하고, 그 직무수행에 관하여 서로 협력하여야 한다.

② 국가경찰공무원은 구체적 사건수사와 관련된 제1항의 지휘·감독의 적법성 또는 정당성에 대하여 이견이 있을 때에는 이의를 제기할 수 있다.

116) 법령준수의 의무는 신분상의 의무가 아니라 직무상의 의무이다. 2006 기출

(2) 경찰공무원법상 의무[117)]

허위보고 금지, 지휘권남용 금지의무는 경찰공무원법에서 규정하고 있다.

① 허위보고 · 직무태만 금지의무

> **경찰공무원법**
>
> **제18조(거짓 보고 등의 금지)** ① 경찰공무원은 직무에 관하여 거짓으로 보고나 통보를 하여서는 아니 된다.
>
> ② 경찰공무원은 직무를 게을리하거나 유기(遺棄)해서는 아니된다. [전문개정 2011.5.30]

② 지휘권 남용 등의 금지의무

> **경찰공무원법**
>
> **제19조(지휘권 남용 등의 금지)** 전시 · 사변, 그 밖에 이에 준하는 비상사태이거나 작전수행 중인 경우 또는 많은 인명 손상이나 국가재산 손실의 우려가 있는 위급한 사태가 발생한 경우, 경찰공무원을 지휘 · 감독하는 사람은 정당한 사유 없이 그 직무수행을 거부 또는 유기하거나 경찰공무원을 지정된 근무지에서 진출 · 퇴각 또는 이탈하게 하여서는 아니된다. [전문개정 2011.5.30]

③ 제복착용 · 무기휴대의 의무

- 제복착용은 의무이자 권리의 성질도 갖는다.
- 경찰공무원은 직무수행을 위하여 필요한 때에는 무기를 휴대할 수 있으며, 휴대명령에 따른 휴대는 의무의 성질을 갖는다.
- 무기휴대 권리는 경찰공무원법에서 규정하고, 무기사용 권리는 경찰관직무집행법에서 규정하고 있다.

> **경찰공무원법**
>
> **제20조(복제 및 무기 휴대)** ① 경찰공무원은 제복을 착용하여야 한다.
>
> ② 경찰공무원은 직무수행을 위하여 필요하면 무기를 휴대할 수 있다.

117) 허위보고 금지의무는 국가공무원법상의 의무가 아니라, 경찰공무원법상의 의무이다. [2008 기출]

경찰관직무집행법

제10조의4(무기의 사용) ① 경찰관은 범인의 체포·도주의 방지, 자기 또는 타인의 생명·신체에 대한 방호, 공무집행에 대한 항거의 억제를 위하여 필요하다고 인정되는 상당한 이유가 있을 때에는 그 사태를 합리적으로 판단하여 필요한 한도 내에서 무기를 사용할 수 있다. 다만, 형법에 규정한 정당방위와 긴급피난에 해당하는 때 또는 다음 각 호의 1에 해당하는 때를 제외하고는 사람에게 위해를 주어서는 아니된다. 〈개정 1988.12.31, 1999.5.24〉

(3) 경찰공무원 복무규정상 의무

① 근무시간 중 음주금지의무

경찰공무원 복무규정

제9조(근무시간중 음주금지) 경찰공무원은 근무시간중 음주를 하여서는 아니된다. 다만, 특별한 사정이 있는 경우에는 예외로 하되, 이 경우 주기가 있는 상태에서 직무를 수행하여서는 아니된다.

② 민사분쟁에의 부당개입금지의무

경찰공무원 복무규정

제10조(민사분쟁에의 부당개입금지) 경찰공무원은 직위 또는 직권을 이용하여 부당하게 타인의 민사분쟁에 개입하여서는 아니된다.

③ 상관에 대한 신고의무

경찰공무원 복무규정

제11조 (상관에 대한 신고) 경찰공무원은 신규채용·승진·전보·파견·출장·연가·교육훈련기관에의 입교, 기타 신분관계 또는 근무관계 또는 근무관계의 변동이 있는 때에는 소속상관에게 신고를 하여야 한다.

④ 지정장소 외에서의 직무수행금지의무와 비상대기

경찰공무원 복무규정

제8조(지정장소외에서의 직무수행금지) 경찰공무원은 상사의 허가를 받거나 그 명령에 의한 경우를 제외하고는 직무와 관계없는 장소에서 직무수행을 하여서는 아니된다.

제14조(비상소집) ① 경찰기관의 장은 비상사태에 대처하기 위하여 필요하다고 인정할 때에는 소속경찰공무원을 긴급히 소집(이하 "비상소집"이라 한다)하거나 일정한 장소에 대기하게 할 수 있다.

⑤ 여행제한의무

경찰공무원 복무규정
제13조(여행의 제한) 경찰공무원은 휴무일 또는 근무시간외에 2시간 이내에 직무에 복귀하기 어려운 지역으로 여행을 하고자 할 때에는 소속 경찰기관의 장에게 신고를 하여야 한다. 다만, 치안상 특별한 사정이 있어 경찰청장 또는 경찰기관의 장이 지정하는 기간중에는 소속경찰기관의 장의 허가를 받아야 한다. 〈개정 1991.7.30, 2008.11.11〉

2) 제주자치도 자치경찰공무원

지휘권 남용 등의 금지에 대해서도 경찰공무원법 제19조가 준용된다.

제국법
제118조(복제) 자치경찰공무원은 도조례가 정하는 바에 따라 제복을 착용하되, 국가경찰공무원의 제복과 구별될 수 있도록 하여야 한다.

3. 국가공무원법상 의무

1) 선서의무

국가공무원법
제55조(선서) 공무원은 취임할 때에 소속 기관장 앞에서 국회규칙, 대법원규칙, 헌법재판소규칙, 중앙선거관리위원회규칙 또는 대통령령으로 정하는 바에 따라 선서(宣誓)하여야 한다. 다만, 불가피한 사유가 있으면 취임 후에 선서하게 할 수 있다. [전문개정 2008.3.28]

2) 법령준수의무

국가공무원법
제56조(성실의무) 모든 공무원은 법령을 준수하며 성실히 직무를 수행하여야 한다. [전문개정 2008.3.28]

법령[118]준수의무는 법치국가에서 공무원의 의무 중 하나이며, 공무원의 법령위반행위

118) 법령이란 행정법의 법원이 되는 모든 법을 말한다. 여기에는 법규명령 외에 행정규칙도 포함된다.

는 그 행위의 무효 · 취소, 손해배상, 공무원 개인의 책임의 문제를 야기시킨다.

3) 성실의무

성실의 의무는 공무원의 기본적인 의무 중 하나이다. 그러나 무한정의 희생 · 헌신 · 충성을 요구하는 것은 아니지만, 정치적 · 윤리적 의무에 불과한 것이 아니라 법적 의무이다.

> **국가공무원법**
>
> **제56조(성실의무)** 모든 공무원은 법령을 준수하며 성실히 직무를 수행하여야 한다. [전문개정 2008.3.28]

> **대법원 19970211 96누2125 판결 【파면처분취소】**
>
> 【판시사항】
> 공무원의 성실의무가 미치는 범위
> 【판결요지】
> 국가공무원법상 공무원의 성실의무는 경우에 따라 근무시간 외에 근무지 밖에까지 미칠 수도 있다.

4) 복종의무

(1) 의의

> **국가공무원법**
>
> **제57조(복종의 의무)** 공무원은 직무를 수행할 때 소속 상관의 직무상 명령에 복종하여야 한다. [전문개정 2008.3.28]

(2) 소속상관

- 소속상관이란 당해 공무원의 직무에 관해 지휘 · 감독할 수 있는 권한을 가진 기관을 말한다. 즉, 신분상 소속상관이 아니라 직무상 소속상관을 뜻한다.
- 소속상관은 언제나 1인만을 의미하는 것은 아니며, 행정관청일 수도 있고, 보조기관일 수도 있다.

(3) 직무상 명령

① 의의와 성질

- 직무상의 명령 또는 직무명령이란 상급공무원이 부하공무원에 대해 직무상 발하는 명령을 총칭하는 개념이다. 그 내용은 개별·구체적일 수도 있고, 일반적·추상적일 수도 있다.
- 하급관청에 대한 훈령은 하급기관의 구성자인 공무원에게도 미치므로 훈령은 직무명령의 성질을 갖기도 한다.
- 직무상 명령은 하급공무원을 구속할 뿐 일반국민을 구속하는 것은 아니다. 즉, 직무상 명령은 법규가 아니며, 직무상 명령위반은 징계사유가 된다.

〈표 1-12〉 직무상 명령과 훈령

	직무상 명령	훈령
• 규율관계자	• 상하급 공무원 간의 규율	• 상하급 관청 간의 규율
• 신분변동	• 상하공무원의 신분의 변동에 따라 효력이 상실	• 상급관청이 폐지하지 않는 한 기관구성자의 변동에 관계없이 효력을 지속

② 명령사항과 형식

- 직무상 명령의 대상이 될 수 있는 사항은 i) 상관의 권한에 속하고, ii) 부하공무원의 권한에 속하는 직무에 관련 있는 사항이고, iii) 부하공무원에게 직무상 독립이 인정되는 사항이 아니어야 하며, iv) 헌법, 법률 또는 상급의 명령에 반하는 것이 아니어야 한다.
- 법령상 특별한 규정이 없는 한 직무상 명령의 형식에는 제한이 없기에, 구술(口述)이나 서면(書面)으로 가능하다.

③ 경합

둘 이상의 상관으로부터 내용이 모순되는 직무명령이 있는 경우에는 상관 사이에 우열이 없다면 공무원 자신의 판단에 의할 것이나, 우열이 있다면 직근상관의 직무명령에 따라야 할 것이다.

(4) 복종

① 의의

적법한 직무상 명령이 있으면 공무원은 그 명령에 복종하여야 한다. 즉, 직무상 명령을 받은 공무원은 그 명령의 내용에 따라 작위의무・부작위의무・수인의무・급부의무를 이행하여야 한다.

② 형식적 요건

직무상 명령이 상관 및 자기의 권한에 속하는가, 법정의 형식과 절차를 거쳤는가의 판단은 외관상 명백하므로 부하공무원이 이를 심사할 수 있다. 따라서 만약 그 요건이 결여되었다면 부하공무원이 복종을 거부할 수 있다.

③ 실질적 요건

직무상 명령의 내용이 명백히 당연무효인 경우에는 심사할 수 있다. 그러나 단순위법 또는 부당의 문제가 있는 경우에는 심사할 수 없다.[119]

대법원 19880223 87도2358 판결 【특정범죄가중처벌등에관한법률위반】

【판시사항】

가. 상관의 위법 내지 불법한 명령과 하관의 복종의무

나. 상관명령에의 절대 복종이 불문율로 되어 있는 경우 위법명령에 따른 행위가 정당행위 내지 강요된 행위에 해당하는지 여부

【판결요지】

가. 공무원이 그 직무를 수행함에 있어 상관은 하관에 대하여 범죄행위 등 위법한 행위를 하도록 명령할 직권이 없는 것이고, 하관은 소속상관의 적법한 명령에 복종할 의무는 있으나 그 명령이 참고인으로 소환된 사람에게 가혹행위를 가하라는 등과 같이 명백한 위법 내지 불법한 명령인 때에는 이는 벌써 직무상의 지시명령이라 할 수 없으므로 이에 따라야 할 의무는 없다.

나. 설령 대공수사단 직원은 상관의 명령에 절대 복종하여야 한다는 것이 불문율로 되어 있다 할지라도 국민의 기본권인 신체의 자유를 침해하는 고문행위 등이 금지되어 있는 우리의 국법질서에 비

119) 단순위법 또는 부당의 문제가 있는 경우에도 심사할 수 있다면 법령해석에서 부하가 상관을 극복하는 권한을 갖게 되어 행정의 계층적 질서는 무너지게 될 것이기 때문이다. 또한 직무상 독립이 보장되는 공무원, 예컨대 법관・감사위원・교수와 같이 직무수행에 독립성이 인정되는 공무원의 경우에는 그 직무의 성질상 복종의무는 문제되지 아니한다.

> 추어볼 때 그와 같은 불문율이 있다는 것만으로는 고문치사와 같이 중대하고도 명백한 위법명령에 따른 행위가 정당한 행위에 해당하거나 강요된 행위로서 적법행위에 대한 기대가능성이 없는 경우에 해당하게 되는 것이라고는 볼 수 없다.

④ 불복종

- 적법한 직무상 명령, 단순위법한 직무상 명령 또는 단순히 내용상 부당한 명령에 대해서는 복종하여야 하며, 만약 이에 불복종하면 징계가 가해질 수 있다. 왜냐하면 공무원법상 공무원의 의무위반은 징계사유로 규정되고 있기 때문이다.
- 당연무효의 직무상 명령에 대해서는 복종을 거부하여야 하며, 만약 이에 복종하면 그 명령을 한 상관은 물론이고 그 명령을 집행한 공무원도 책임을 면할 수 없다.

> **국가공무원법**
>
> **제78조(징계 사유)** ① 공무원이 다음 각 호의 어느 하나에 해당하면 징계 의결을 요구하여야 하고 그 징계 의결의 결과에 따라 징계처분을 하여야 한다.
> 1. 이 법 및 이 법에 따른 명령을 위반한 경우
> 2. 직무상의 의무(다른 법령에서 공무원의 신분으로 인하여 부과된 의무를 포함한다)를 위반하거나 직무를 태만히 한 때
> 3. 직무의 내외를 불문하고 그 체면 또는 위신을 손상하는 행위를 한 때

5) 직장이탈금지의무

- 공무원은 소속상관의 허가 또는 정당한 이유 없이 직장을 이탈하지 못한다. 이러한 의무는 근무시간뿐만 아니라 경찰행정기관의 장이 시간외 근무를 명한 경우에도 존재한다. 그러나 공휴일・휴가 중・휴직 중・직위해제 중에는 이러한 의무는 인정되지 않는다. 그러나 행정기관의 장이 공휴일 근무를 명한 경우는 사정이 다르다.
- 직장이탈 금지의무는 휴가를 신청한 것만으로 면(免)해지는 것이 아니라, 그것은 휴가신청에 대한 권한행정청의 휴가명령이 있을 때부터 면(免)해진다. 물론 이러한 의무는 소속상관의 허가가 있거나 또는 정당한 이유가 있으면 문제되지 아니한다.

국가공무원법

제58조(직장 이탈 금지) ① 공무원은 소속 상관의 허가 또는 정당한 사유가 없으면 직장을 이탈하지 못한다.

② 수사기관이 공무원을 구속하려면 그 소속기관의 장에게 미리 통보하여야 한다. 다만, 현행범은 그러하지 아니하다. [전문개정 2008.3.28]

대법원 19980227 97누18172 판결【해임처분취소】

【판시사항】
공무원이 출장 중 점심시간대를 훨씬 지난 시각에 근무장소가 아닌 유원지에 들어가 함께 출장근무 중이던 동료 여직원에게 성관계를 요구한 것이 직장 이탈금지에 해당한다고 한 사례

6) 친절 · 공정의 의무

- 친절의 의무는 공무원이 국민에 군림하는 자가 아니라 봉사하는 자라는 지위에서 나오는 것이며, 공정의 의무는 공무원이 특정 국민이 아니라 모든 국민을 위한다는 지위에서 나온다.
- 친절 · 공정의 의무 역시 법적 의무이다.

국가공무원법

제59조(친절 · 공정의 의무) 공무원은 국민 전체의 봉사자로서 친절하고 공정하게 직무를 수행하여야 한다. [전문개정 2008.3.28]

7) 종교중립의 의무

종교에 따른 차별 없이 직무를 수행해야 할 의무는 국가공무원법에서 규정하고 있다.

국가공무원법

제59조의2(종교중립의 의무) ① 공무원은 종교에 따른 차별 없이 직무를 수행하여야 한다.

② 공무원은 소속 상관이 제1항에 위배되는 직무상 명령을 한 경우에는 이에 따르지 아니할 수 있다. [본조신설 2009.2.6]

8) 비밀엄수의무

(1) 의의

- 공무원의 비밀엄수의무는 공무원이 직무상 지득한 비밀을 엄수함으로써 행정상 비밀을 보호하고 이로써 행정상 질서를 확보함을 목적으로 한다.
- 공무원의 비밀엄수의무로 인해 보호되는 이익은 특정한 개인의 이익이 아니라 국민 전체의 이익이다.

> **국가공무원법**
>
> **제60조(비밀 엄수의 의무)** 공무원은 재직 중은 물론 퇴직 후에도 직무상 알게 된 비밀을 엄수(嚴守)하여야 한다. [전문개정 2008.3.28]

(2) 직무상 비밀

- 직무상 비밀사항이란 폐쇄된 또는 일정한 범위의 사람에게만 알려진 사실로서 그에 대한 인식이 공무수행에 요구되는 사항을 말한다.
- 직무상 비밀사항에는 '법률이 직무상 비밀로 정한 사항'[120]과 '법률이 비밀로 정한 것은 아니지만 비밀인 사항'이 있다.[121]

> **대법원 19961011 94누7171 판결 【파면처분취소】**
>
> 【판시사항】
> 국가공무원법상 '직무상 비밀'의 의미 및 그 판단기준
>
> 【판결요지】
> 국가공무원법상 직무상 비밀이라 함은 국가 공무의 민주적, 능률적 운영을 확보하여야 한다는 이념에 비추어 볼 때 당해 사실이 일반에 알려질 경우 그러한 행정의 목적을 해할 우려가 있는지 여부를

120) 군사기밀보호법 제2조 제2조 (정의) 이 법에서 '군사기밀'이라 함은 일반인에게 알려지지 아니한 것으로서 그 내용이 누설되는 경우 국가안전보장에 명백한 위험을 초래할 우려가 있는 군관련 문서·도화·전자기록 등 특수매체기록 또는 물건으로서 군사기밀이라는 뜻이 표시 또는 고지되거나 보호에 필요한 조치가 행하여진 것과 그 내용을 말한다.

121) '법률이 비밀로 정한 것은 아니지만 비밀인 사항'과 관련하여 직무상 비밀사항의 판단기준으로 행정기관이 비밀로 취급하는 사항은 모두 비밀이라는 형식설과 객관적·실질적으로 보호할 가치가 있는 것인가의 여부를 기준으로 비밀성을 판단하는 실질설로 나뉜다. 국민의 알권리의 보장 및 정부공개의 원칙에 비추어 실질설이 타당하며, 판례도 실질설을 취하고 있다.

기준으로 판단하여야 하며, 구체적으로는 행정기관이 비밀이라고 형식적으로 정한 것에 따를 것이 아니라 실질적으로 비밀로서 보호할 가치가 있는지, 즉 그것이 통상의 지식과 경험을 가진 다수인에게 알려지지 아니한 비밀성을 가졌는지, 또한 정부나 국민의 이익 또는 행정목적 달성을 위하여 비밀로서 보호할 필요성이 있는지 등이 객관적으로 검토되어야 한다고 한 원심판결을 수긍한 사례

(3) 비밀의 엄수

① 엄수의 의미

비밀을 엄수하여야 한다는 것은 비밀을 누설하지 말아야 함을 의미한다. 다만 공무원 또는 공무원이었던 자가 그 직무에 관하여 알게 된 사실에 관하여 증인이나 감정인으로서 심문을 받을 경우에는 소속기관의 장의 승인을 받은 사항에 관해서만 진술할 수 있다.

형사소송법

제147조(공무상비밀과 증인자격) ① 공무원 또는 공무원이었던 자가 그 직무에 관하여 알게 된 사실에 관하여 본인 또는 당해공무소가 직무상 비밀에 속한 사항임을 신고한 때에는 그 소속공무소 또는 감독관공서의 승낙없이는 증인으로 신문하지 못한다.
② 그 소속공무소 또는 당해감독관공서는 국가에 중대한 이익을 해하는 경우를 제외하고는 승낙을 거부하지 못한다.

민사소송법

제306조(공무원의 신문) 제304조와 제305조에 규정한 사람 외의 공무원 또는 공무원이었던 사람을 증인으로 하여 직무상 비밀에 관한 사항을 신문할 경우에 법원은 그 소속 관청 또는 감독 관청의 동의를 받아야 한다.

② 국회에서 증언의 경우

국회에서의 증언 · 감정등에관한 법률

제4조(공무상 비밀에 관한 증언 · 서류의 제출) ① 국회로부터 공무원 또는 공무원이었던 자가 증언의 요구를 받거나, 국가기관이 서류제출을 요구받은 경우에 증언할 사실이나 제출할 서류의 내용이 직무상 비밀에 속한다는 이유로 증언이나 서류제출을 거부할 수 없다. 다만, 군사 · 외교 · 대북관계의 국가기밀에 관한 사항으로서 그 발표로 말미암아 국가안위에 중대한 영향을 미친다는 주무부장관(대통령 및 국무총리의 소속기관에서는 당해 관서의 장)의 소명이 증언 등의 요구를 받은 날로부터 5일 이내에 있는 경우에는 그러하지 아니하다.

대법원 19950630 93추83 판결 【경상북도의회에서의증언 · 감정등에관한조례(안)무효확인청구의소】

【판시사항】

공무원 등이 직무상 비밀에 속한다는 이유로 지방의회의 증언 또는 서류제출 요구 등을 예외 없이 거부할 수 없도록 규정한 조례안이 상위 법령에 위반되는지 여부

【판결요지】

공무원 또는 공무원이었던 자가 직무상 비밀에 속한다는 이유로 지방의회의 증언 또는 서류제출 요구 등을 거부할 수 없도록 규정한 조례안의 경우, 언제나 국가기밀을 공개하여야 한다는 것은 부당하고 국민의 알권리도 헌법 제37조 제2항에 의하여 국가안전보장 · 질서유지 · 공공복리를 이유로 제한될 수 있다는 점에서 절대적인 권리는 아니므로, 그 규정이 목적하는 바가 국가기밀을 빙자하여 자료제출, 증언을 거부하려는 것을 막는 데 있다면, 국회에서의증언 · 감정등에관한법률과 같이 그것이 공개됨으로써 국가의 안전보장 등에 중대한 위험을 초래할 국가기밀의 경우에는 공개를 거부할 수 있는 예외를 합리적으로 인정하였어야 함에도, 이러한 예외를 인정함이 없이 그것이 공개됨으로써 국가의 안전보장에 중대한 영향을 미칠 국가기밀의 경우까지도 반드시 공개하도록 규정된 조례안은 이런 점에서 공무원의 비밀유지의무를 규정한 국가공무원법 제60조, 지방공무원법 제52조, 형법 제127조, 보안업무규정 제24조와 지방자치법 제36조 제7항, 같은법시행령 제17조의4 제3항에 위반된다고 볼 수밖에 없다.

③ 엄수의 시기

비밀엄수의 시기는 재직 중(中)인가 또는 퇴직 후(後)인가를 가리지 않는다.

(4) 의무의 위반

- 비밀엄수의무를 위반하면 징계처분을 받을 뿐만 아니라 형사처벌을 받게 된다.[122] 다만 퇴직 후에 누설하면 징계처분은 성질상 불가할 것이다.
- “공공기관의 정보공개에 관한 법률”에 따른 비밀의 공개는 비밀엄수의무의 위반에 해당하지 아니한다.
- 실질적으로는 비밀사항이 아니어도 행정기관이 비밀로 정한 사항을 누설하면, 누설한 공무원은 형사처벌을 받지 아니하지만, 직무명령위반으로 징계처분을 받을 수는 있다.

(5) 의무의 한계

- 공무원의 비밀엄수의무는 언론기관이나 국민에 대한 행정정보의 공개를 제약하기에, 국민의 알권리와 표현의 자유에 대한 제한이 따른다. 공무원의 비밀엄수의무와 국민

122) 형법 제126조 피의사실공표죄, 제127조 공무상 비밀의 누설죄.

의 알권리 사이의 조화가 요구된다.

- "공공기관의 정보공개에 관한 법률"에 따른 정보공개는 공무원의 비밀엄수의무의 위반에 해당하지 아니한다.
- 공무원은 그 직무를 행함에 있어 범죄가 있다고 사료하는 때에는 고발하여야 하는바, 공무원의 고발의무와 비밀엄수의무 사이의 조화가 요구된다.

> **형사소송법**
>
> **제234조(고발)** ② 공무원은 그 직무를 행함에 있어 범죄가 있다고 사료하는 때에는 고발하여야 한다.

9) 청렴의무

- 청렴의무도 넓게는 품위유지의무의 내용이 되나 현행 공무원법은 이를 별도로 규정하고 있다.
- 청렴의무 위반은 징계사유가 될 뿐만 아니라 경우에 따라서는 형법상 '뇌물에 관한 죄'를 구성할 수도 있다.

> **국가공무원법**
>
> **제61조(청렴의 의무)** ① 공무원은 직무와 관련하여 직접적이든 간접적이든 사례·증여 또는 향응을 주거나 받을 수 없다.
>
> ② 공무원은 직무상의 관계가 있든 없든 그 소속 상관에게 증여하거나 소속 공무원으로부터 증여를 받아서는 아니된다. [전문개정 2008.3.28]

> **대법원 19990309 98두18145 판결 【해임처분취소】**
>
> 【판시사항】
>
> 설날 며칠 뒤 부하 경찰관을 통하여 관내 업소 경영자로부터 금 80만 원을 교부받은 파출소장에 대한 해임처분이 재량권을 일탈·남용한 것이 아니라고 본 사례

> **대법원 19981110 98두12017 판결 【해임처분취소】**
>
> 【판시사항】
>
> 교도소 수용자에게 반입이 금지된 일용품 등을 전달하여 주고 그 가족 등으로부터 금품 및 향응을 제공받은 교도관에 대한 해임처분이 적법하다고 본 사례

10) 영예의 제한

> **국가공무원법**
>
> **제62조(외국 정부의 영예 등을 받을 경우)** 공무원이 외국 정부로부터 영예나 증여를 받을 경우에는 대통령의 허가를 받아야 한다. [전문개정 2008.3.28]

11) 품위유지의무

- 품위손상행위란 국가의 권위 · 위신 · 체면 · 신용 등에 영향을 미칠 수 있는 공무원의 불량하거나 불건전한 행위를 말한다.[123]

> **국가공무원법**
>
> **제63조(품위 유지의 의무)** 공무원은 직무의 내외를 불문하고 그 품위가 손상되는 행위를 하여서는 아니된다. [전문개정 2008.3.28]

> **대법원 20020927 2000두2969 판결 【파면처분취소】**
>
> 【판시사항】
>
> 감사원 공무원이 허위의 사실을 기자회견을 통하여 공표한 것이 국가공무원법이 정하는 징계사유에 해당된다고 한 사례
>
> 【판결요지】
>
> 감사원 공무원이 허위의 사실을 기자회견을 통하여 공표한 것이 감사원의 명예를 실추시키고 공무원으로서 품위를 손상한 행위로서 국가공무원법이 정하는 징계사유에 해당된다고 한 사례

> **대법원 19960712 96누3302 판결 【해임처분취소】**
>
> 【판시사항】
>
> 도박행위를 묵인하여 준 뒤 금 200,000원을 수수한 경찰관에 대한 해임처분을 정당하다고 본 사례
>
> 【판결요지】
>
> 도박행위를 묵인하여 준 뒤 금 200,000원을 수수한 경찰관에 대한 해임처분을 정당하다고 본 원심

123) 축첩, 도박, 마약이나 알코올중독 등.

판결을 수긍한 사례

【이유】 원고의 상고이유를 본다. 1. 원심판결 이유에 의하면 원심은, 원고는 광주 동부경찰서 대의파출소 소속 경찰관으로서 1994.9.9. 02:00경부터 03:00경까지 사이에 소외 1과 함께 112 순찰차 근무 중 도박현장에 출동하라는 무선통보를 받고 광주 동구 궁동에 있는 해태호프라는 술집에 출동하여 소외 2 등이 화투로 도박을 한 사실을 인지하고서도 이를 묵인하여 준 뒤 위 소외 2가 위 소외 1에게 건네주는 돈 200,000원을 위 소외 1과 함께 수수한 사실을 인정한 다음 원고가 위와 같이 직무와 관련하여 금품을 수수한 것은 국가공무원법 제78조 제1항 제1, 2호 소정의 징계사유에 해당한다고 판단하였는바, 기록에 비추어보면 원심의 위와 같은 사실인정과 판단은 정당한 것으로 수긍이 가고 거기에 소론과 같은 채증법칙 위배나 증거 없이 사실을 인정한 위법이 없으므로 이 점에 관한 논지는 이유 없다.

대법원 19990427 99두1458 판결 【해임처분취소】

【판시사항】

아무런 변제 대책도 없이 과다채무를 부담한 경찰공무원에 대한 해임처분이 재량권의 범위를 일탈·남용한 것이라고 할 수 없다고 본 사례

【이유】

징계처분의 재량권에 관한 법리오해의 주장에 대하여 공무원인 피징계자에게 징계사유가 있어서 징계처분을 하는 경우, 어떠한 처분을 할 것인가 하는 것은 징계권자의 재량에 맡겨진 것이고, 다만 징계권자가 재량권의 행사로서 한 징계처분이 사회통념상 현저하게 타당성을 잃어 징계권자에게 맡겨진 재량권을 일탈하였거나 남용한 것이라고 인정되는 경우에 한하여 그 처분을 위법하다고 할 수 있고, 그 징계처분이 사회통념상 현저하게 타당성을 잃어 재량권의 범위를 벗어난 위법한 처분이라고 할 수 있으려면 구체적인 사례에 따라 수행직무의 특성, 징계의 원인이 된 비위사실의 내용과 성질, 징계에 의하여 달성하려는 행정목적, 징계양정의 기준 등 여러 가지 요소를 종합하여 판단할 때에 그 징계 내용이 객관적으로 명백히 부당하다고 인정할 수 있는 경우라야 한다(대법원 1998. 12. 8. 선고 98두1475 판결, 1997. 11. 25. 선고 97누14637 판결 등 참조).

원심판결 이유에 의하면 원심은, 원고는 아무런 변제 대책도 없이 위와 같이 과다한 채무를 부담하였고, 대출금의 상당 부분을 자녀의 해외 어학연수비 등 교육비와 생활비 등에 무절제하게 소비하였으며, 동료경찰관에게 위와 같은 채무 부담 사실을 알리지도 않고 대출보증을 하도록 하거나 대출을 받아 자신에게 대출금을 빌려주도록 하여 그들의 월급이 압류되게 하는 등 피해를 입히고 있고, 원고가 위 채무에 대한 변제능력이 없으며, 기타 경찰관의 공익적 지위와 위와 같은 과다 채무를 부담한 상태에서는 정상적인 복무를 기대하기 어려운 점 등 제반 사정을 종합하여 볼 때, 원고가 22년간 경찰관으로 근무하면서 수회 표창을 받았고, 형사처벌이나 징계처분을 받은 사실이 없이 근무하여 온 점과 채무의 일부를 변제한 사정 등 원고 주장의 제반 정상을 참작하더라도, 이 사건 해임처분이 원고의 직무의 특성과 비위의 내용 및 성질, 징계의 목적 등에 비추어 객관적으로 명백하게 부당한 것으로 사회통

념상 현저하게 타당성을 잃어 징계 재량권의 범위를 일탈하였거나 남용한 것이라고 할 수 없다고 판단하였는바, 기록에 비추어 살펴보면 원심의 위와 같은 판단은 정당하고, 거기에 국가공무원법상의 품위유지 의무위반으로 인한 징계처분의 재량권의 범위에 관한 법리오해의 위법이 있다고 할 수 없다. 논지도 이유 없다.

경찰공무원은 근무시간 중 음주를 하여서는 아니된다. 다만, 특별한 사정이 있는 경우에는 예외로 하되, 이 경우 주기(酒氣)가 있는 상태에서 직무를 수행하여서는 아니된다.

경찰공무원복무규정

제9조 (근무시간중 음주금지) 경찰공무원은 근무시간중 음주를 하여서는 아니된다. 다만, 특별한 사정이 있는 경우에는 예외로 하되, 이 경우 주기가 있는 상태에서 직무를 수행하여서는 아니된다.

품위유지의무는 직무집행 중뿐만 아니라 직무집행과 관계없이도 존재하며, 만약 이를 위반하면 역시 징계사유가 된다.

국가공무원법

제78조(징계 사유) ① 공무원이 다음 각 호의 어느 하나에 해당하면 징계 의결을 요구하여야 하고 그 징계 의결의 결과에 따라 징계처분을 하여야 한다.

3. 직무의 내외를 불문하고 그 체면 또는 위신을 손상하는 행위를 한 때

대법원 19971125 97누14637 판결 【해임처분취소】

【판시사항】

휴게근무시간 중 혈중알콜농도 0.10%의 상태에서 음주운전을 하다가 교통사고를 야기한 경찰관에 대한 해임처분이 재량권을 일탈·남용하였다고 본 원심을 파기한 사례

【판결요지】

휴게근무시간 중 인근 식당에서 음주하고 혈중알콜농도 0.10%의 음주상태에서 자기 소유 승용차를 운전하고 가다가 교차로에서 택시와 충돌하여 여러 명을 사상케 한 경찰관에 대한 징계 해임처분이 재량권의 범위를 일탈·남용하였다고 본 원심을 파기한 사례

대법원 19971114 97누7325 판결 【정직처분취소】

【판시사항】

경찰공무원이 혈중알콜농도 0.27%의 주취상태에서 운전하다가 승용차 2대를 들이받고 그 차에 타고 있던 사람 4명에게 상해를 입히는 사고를 낸 데 대한 정직 2월의 징계처분이 재량권의 일탈·남용이 아니라고 한 사례

【판결요지】

경찰공무원이 혈중알콜농도 0.27%의 주취상태에서 승용차를 운전하다가 승용차 2대를 들이받고 그 차에 타고 있던 사람 4명에게 상해를 입히는 사고를 내어 벌금 3,000,000원의 약식명령을 받은 비위사실에 대하여, 그 비위의 내용과 성질 및 징계처분의 목적, 경찰공무원이 주장하는 여러 정상들을 종합하여 보면, 당해 경찰공무원에 대한 정직 2월의 징계처분은 적정하고 그것이 재량권의 범위를 일탈하거나 남용한 것이라고 볼 수 없다고 한 사례

대법원 19980227 97누18172 판결 【해임처분취소】

【판시사항】

1. 공무원의 품위유지의무의 적용 범위와 '품위'의 의미
2. 공무원이 출장근무 중 근무장소를 벗어나 유원지에 가서 동료 여직원의 의사에 반하여 성관계를 요구하다가 그 직원에게 상해를 입힌 경우, 공무원의 품위손상행위에 해당한다고 본 사례

【판결요지】

국민으로부터 널리 공무를 수탁하여 국민 전체를 위해 근무하는 공무원의 지위를 고려할 때 공무원의 품위손상행위는 본인은 물론 공직사회에 대한 국민의 신뢰를 실추시킬 우려가 있으므로 지방공무원법 제55조는 국가공무원법 제63조와 함께 공무원에게 직무와 관련된 부분은 물론 사적인 부분에 있어서도 건실한 생활을 할 것을 요구하는 '품위유지의무'를 규정하고 있고, 여기에서 '품위'라 함은 주권자인 국민의 수임자로서의 직책을 맡아 수행해 나가기에 손색이 없는 인품을 말한다.

12) 영리업무금지의무 및 겸직금지의무

공무원은 공무 이외의 영리를 목적으로 하는 업무에 종사하지 못하며, 소속기관의 장의 허가 없이 다른 직무를 겸할 수 없다.[124]

---

124) 공무원의 직무상의 능률 저하, 공무에 대한 부당한 영향, 국가의 이익과 상반되는 이득의 취득 또는 정부에 대한 불명예스러운 영향의 초래 등을 방지하기 위해 공무원에게 영리업무의 종사가 금지된다.

> **국가공무원법**
>
> **제64조(영리 업무 및 겸직 금지)** ① 공무원은 공무 외에 영리를 목적으로 하는 업무에 종사하지 못하며 소속 기관장의 허가 없이 다른 직무를 겸할 수 없다.

> **대법원 19820914 82누46 판결 【파면처분취소】**
>
> 【판시사항】
>
> 공무원이 여관을 매수하여 임대한 행위가 공무원으로서 겸직이 금지되는 영리업무에 해당하는지 여부(소극)
>
> 【판결요지】
>
> 지방공무원법 제56조 및 영리업무의 한계 및 사실상 노무에 종사하는 지방공무원의 범위에 관한 건 제2조 제1호에 의하면 공무원으로서 겸직이 금지되는 영리업무는 영리적인 업무를 공무원이 스스로 경영하여 영리를 추구함이 현저한 업무를 의미하고 공무원이 여관을 매수하여 임대하는 행위는 영리업무에 종사하는 경우라고 할 수 없다.

13) 정치운동금지의무

(1) 의의

국민 전체의 봉사자로서 공무원은 정치적 중립성을 지켜야 하는바, 공무원에게는 정치운동이 금지된다. 물론 예외적으로 정치운동이 허용되는 공무원(정치적 공무원)이 있다.

> **헌법**
>
> **제7조** ① 공무원은 국민전체에 대한 봉사자이며, 국민에 대하여 책임을 진다.
> ② 공무원의 신분과 정치적 중립성은 법률이 정하는 바에 의하여 보장된다.

(2) 정당결성 등 금지

경찰공무원은 정당, 기타 정치단체의 결성에 관여하거나 이에 가입할 수 없다.

> **국가공무원법**
>
> **제65조(정치 운동의 금지)** ① 공무원은 정당이나 그 밖의 정치단체의 결성에 관여하거나 이에 가입할 수 없다.

> ② 공무원은 선거에서 특정 정당 또는 특정인을 지지 또는 반대하기 위한 다음의 행위를 하여서는 아니된다.
> 1. 투표를 하거나 하지 아니하도록 권유 운동을 하는 것
> 2. 서명 운동을 기도(企圖)·주재(主宰)하거나 권유하는 것
> 3. 문서나 도서를 공공시설 등에 게시하거나 게시하게 하는 것
> 4. 기부금을 모집 또는 모집하게 하거나, 공공자금을 이용 또는 이용하게 하는 것
> 5. 타인에게 정당이나 그 밖의 정치단체에 가입하게 하거나 가입하지 아니하도록 권유 운동을 하는 것
>
> ③ 공무원은 다른 공무원에게 제1항과 제2항에 위배되는 행위를 하도록 요구하거나, 정치적 행위에 대한 보상 또는 보복으로서 이익 또는 불이익을 약속하여서는 아니된다.

(3) 선거운동금지 및 다른 공무원에 대한 정치적 운동금지

공무원은 선거에 있어서 특정 정당 또는 특정인의 지지나 반대를 하기 위하여 다음의 행위를 할 수 없다. 그 한계는 국회규칙, 대법원규칙, 헌법재판소규칙, 중앙선거관리위원회 규칙 또는 대통령령으로 정한다.

> **(2004.5.14. 2004헌나1 전원재판부)**
>
> 【판시사항】
>
> 선거에서의 공무원의 정치적 중립의무의 헌법적 근거
>
> 선거에서의 공무원의 정치적 중립의무는 '국민 전체에 대한 봉사자'로서의 공무원의 지위를 규정하는 헌법 제7조 제1항, 자유선거원칙을 규정하는 헌법 제41조 제1항 및 제67조 제1항 및 정당의 기회균등을 보장하는 헌법 제116조 제1항으로부터 나오는 헌법적 요청이다. 공선법 제9조는 이러한 헌법적 요청을 구체화하고 실현하는 법규정이다.

(4) 벌칙

> **국가공무원법**
>
> **第84조(벌칙)** 제44조·제45조·제65조 또는 제66조를 위반한 자는 다른 법률에 특별히 규정된 경우 외에는 1년 이하의 징역 또는 500만원 이하의 벌금에 처한다. 〈개정 2010.3.22〉 [전문개정 2008.3.28]

14) 집단행위의 금지

(1) 의의

- 공무원은 국민 전체의 이익을 위해 봉사하는 자이므로 공무원 자신의 개인적 이익을 위한 집단행동은 금지된다.
- 집단행위의 금지는 헌법에 위반되지 아니한다. 다만 사실상 노무에 종사하는 공무원은 예외이다. 아울러 대통령령으로 정하는 공무원에게도 이러한 의무는 없다.

헌법

제33조 ② 공무원인 근로자는 법률이 정하는 자에 한하여 단결권·단체교섭권 및 단체행동권을 가진다.

국가공무원법

제66조(집단 행위의 금지) ① 공무원은 노동운동이나 그 밖에 공무 외의 일을 위한 집단 행위를 하여서는 아니된다. 다만, 사실상 노무에 종사하는 공무원은 예외로 한다.

대법원 20050415 2003도2960 판결 【폭력행위등처벌에관한법률위반·직무유기·국가공무원법위반·지방공무원법위반·집회및시위에관한법률위반】

【판시사항】

국가공무원법 제66조에서 공무원에게 금지한 '노동운동'과 '공무 이외의 일을 위한 집단적 행위'의 의미

【판결요지】

국가공무원법 제66조에서 금지한 '노동운동'은 헌법과 국가공무원법과의 관계 및 우리 헌법이 근로삼권을 집회, 결사의 자유와 구분하여 보장하면서도 근로삼권에 한하여 공무원에 대한 헌법적 제한규정을 두고 있는 점에 비추어 헌법 및 노동법적 개념으로서의 근로삼권, 즉 단결권, 단체교섭권, 단체행동권을 의미한다고 해석하여야 할 것이고, 제한되는 단결권은 종속근로자들이 사용자에 대하여 근로조건의 유지, 개선 등을 목적으로 조직한 경제적 결사인 노동조합을 결성하고 그에 가입, 활동하는 권리를 말한다고 할 것이며, 또한 같은 법상의 '공무 이외의 일을 위한 집단적 행위'는 공무가 아닌 어떤 일을 위하여 공무원들이 하는 모든 집단적 행위를 의미하는 것은 아니고 언론, 출판, 집회, 결사의 자유를 보장하고 있는 헌법 제21조 제1항, 헌법상의 원리, 국가공무원법의 취지, 국가공무원법상의 성실의무 및 직무전념의무 등을 종합적으로 고려하여 '공익에 반하는 목적을 위하여 직무전념의무를 해태하는 등의 영향을 가져오는 집단적 행위'라고 축소 해석하여야 한다.

(2005.10.27. 2003헌바50 · 62, 2004헌바96, 2005헌바49(병합) 전원재판부)

【판시사항】

사실상 노무에 종사하는 공무원을 제외한 나머지 공무원의 노동운동과 공무 이외의 일을 위한 집단행위를 금지하는 지방공무원법 제58조 제1항의 규정 중 '노동운동', '공무 이외의 일을 위한 집단행위', '사실상 노무에 종사하는 공무원'의 개념이 불명확하여 명확성의 원칙에 위반되는지 여부(소극)

【결정요지】

- 지방공무원법(이하 '법'이라 한다) 제58조 제1항에서 규정하고 있는 '노동운동'의 개념은 그 근거가 되는 헌법 제33조 제2항의 취지에 비추어 근로자의 근로조건의 향상을 위한 단결권 · 단체교섭권 · 단체행동권 등 근로 3권을 기초로 하여 이에 직접 관련된 행위를 의미하는 것으로 좁게 해석하여야 하고, '공무 이외의 일을 위한 집단행위'의 개념도 헌법상의 집회 · 결사의 자유와 관련시켜 살펴보면 모든 집단행위를 의미하는 것이 아니라 공무 이외의 일을 위한 집단행위 중 공익에 반하는 행위로 축소하여 해석하여야 하며, 법원도 위 개념들을 해석 · 적용함에 있어서 위와 유사한 뜻으로 명백히 한정해석하고 있다. 아울러 '사실상 노무에 종사하는 공무원'의 개념은 공무원의 주된 직무를 정신활동으로 보고 이에 대비되는 신체활동에 종사하는 공무원으로 명확하게 해석된다. 그렇다면 위 개념들은 집행당국에 의한 자의적 해석의 여지를 주거나 수범자의 예견가능성을 해할 정도로 불명확하다고 볼 여지가 없다.

대법원 19901226 90다8916 판결 【해임결정효력정지가처분】

【판시사항】

국가공무원법 제66조 제1항의 위헌 여부(소극)

【판결요지】

공무원의 집단행위를 금지한 국가공무원법 제66조 제1항이 헌법 제11조의 평등권조항, 제21조의 언론, 출판, 집회, 결사의 자유조항, 제31조 제4항의 교육의 자주성 등의 보장조항, 제33조의 근로자의 단결권 등 조항이나 제37조 제2항의 국민의 자유와 권리의 제한조항에 위배된 위헌규정이라고 할 수 없다.

(2) 소속장관의 허가

국가공무원법

제66조(집단 행위의 금지) ① 공무원은 노동운동이나 그 밖에 공무 외의 일을 위한 집단 행위를 하여서는 아니 된다. 다만, 사실상 노무에 종사하는 공무원은 예외로 한다.

③ 제1항 단서에 규정된 공무원으로서 노동조합에 가입된 자가 조합 업무에 전임하려면 소속 장관의 허가를 받아야 한다.

④ 제3항에 따른 허가에는 필요한 조건을 붙일 수 있다. [전문개정 2008.3.28]

4. 공직자윤리법상 의무

1) 공직자의 재산등록의무

대통령 · 국무총리 · 국무위원 · 국회의원 등 국가의 정무직공무원, 지방자치단체의 장 등 지방자치단체의 정무직공무원과 지방의회의원 등 일정 공무원은 1. 본인, 2. 배우자, 3. 본인의 직계존비속의 일정한 재산을 등록하여야 한다.

공직자윤리법

제3조(등록의무자) ① 다음 각 호의 어느 하나에 해당하는 공직자(이하 "등록의무자"라 한다)는 이 법에서 정하는 바에 따라 재산을 등록하여야 한다. 〈개정 2009.2.3, 2011.7.29〉

9. 총경(자치총경을 포함한다) 이상의 경찰공무원과 소방정 및 지방소방정 이상의 소방공무원

제4조(등록대상재산) ① 등록의무자가 등록할 재산은 다음 각 호의 어느 하나에 해당하는 사람의 재산(소유 명의와 관계없이 사실상 소유하는 재산, 비영리법인에 출연한 재산과 외국에 있는 재산을 포함한다. 이하 같다)으로 한다. 〈개정 2011.7.29〉

1. 본인
2. 배우자(사실상의 혼인관계에 있는 사람을 포함한다. 이하 같다)
3. 본인의 직계존속 · 직계비속. 다만, 혼인한 직계비속인 여성과 외증조부모, 외조부모, 외손자녀 및 외증손자녀는 제외한다.

2) 선물신고의무

공직자윤리법

제15조(외국 정부 등으로부터 받은 선물의 신고) ① 공무원(지방의회의원 및 교육위원을 포함한다. 이하 제22조에서 같다) 또는 공직유관단체의 임직원은 외국으로부터 선물을 받거나 그 직무와 관련하여 외국인(외국단체를 포함한다. 이하 같다)에게 선물을 받으면 지체 없이 소속 기관 · 단체의 장에게 신고하고 그 선물을 인도하여야 한다. 이들의 가족이 외국으로부터 선물을 받거나 그 공무원이나 공직유관단체 임직원의 직무와 관련하여 외국인에게 선물을 받은 경우에도 또한 같다.

3) 취업금지의무

(1) 퇴직공직자의 취업제한

> **공직자윤리법**
>
> **제17조(퇴직공직자의 관련 사기업체 등 취업제한)** ① 대통령령으로 정하는 직급이나 직무분야에 종사한 공무원과 공직유관단체의 임직원(이하 "취업심사대상자"라 한다)은 퇴직일부터 2년간 퇴직 전 5년 동안 소속하였던 부서의 업무와 밀접한 관련이 있는 다음 각 호의 어느 하나에 해당하는 사기업체 등(이하 "사기업체등"이라 한다)에 취업할 수 없다. 다만, 관할 공직자윤리위원회의 승인을 받은 때에는 그러하지 아니하다.

(2) 취업자의 해임요구

> **공직자윤리법**
>
> **제19조(취업자의 해임 요구 등)** ① 관할 공직자윤리위원회는 제17조제1항을 위반하여 취업한 사람이 있는 때에는 국가기관의 장(국회는 국회사무총장, 법원은 법원행정처장, 헌법재판소는 헌법재판소사무처장, 중앙선거관리위원회는 중앙선거관리위원회사무총장, 이하 같다), 지방자치단체의 장에게 해당인에 대한 취업해제조치를 하도록 요청하여야 하며, 요청을 받은 국가기관의 장 또는 지방자치단체의 장은 해당인이 취업하고 있는 사기업체등의 장에게 해당인의 해임을 요구하여야 한다. 〈개정 2011.7.29〉

5. 기타

총경(자치총경 포함) 이상의 경찰공무원과 소방정(지방소방정 포함) 이상의 소방공무원은 「공직자 등의 병역사항 신고 및 공개에 관한 법률」에 따라 병역사항신고의무를 부담한다.

> **공직자 등의 병역사항 신고 및 공개에 관한 법률**
>
> **제2조(신고의무자)** 다음 각 호의 어느 하나에 해당하는 공직자(이하 "신고의무자"라 한다)는 제3조에 따른 신고대상자의 병역사항을 신고(「정보통신망 이용촉진 및 정보보호 등에 관한 법률」에 따른 정보통신망을 이용하여 신고하는 경우를 포함한다. 이하 같다)하여야 한다. 〈개정 2008.2.29, 2009.2.3〉
>
> 9. 총경(자치총경을 포함한다) 이상의 경찰공무원과 소방정(지방소방정을 포함한다) 이상의 소방공무원

부패방지 및 국민권익위원회의 설치와 운영에 관한 법률

제7조(공직자의 청렴의무) 공직자는 법령을 준수하고 친절하고 공정하게 집무하여야 하며 일체의 부패행위와 품위를 손상하는 행위를 하여서는 아니된다.

제15절 경찰공무원의 책임

1. 징계책임(징계벌)

1) 징계벌의 관념

(1) 징계벌의 의의

- 징계(懲戒)란 법령·규칙·명령의 위반에 대한 처벌로서 공무원의 신분을 변경하거나 상실케 하는 것을 말한다. 이는 공무원이 직무를 충실히 수행하고 행동규범을 준수하도록 하려는 데 있다.
- 경찰공무원에게 징계를 가하는 직접적인 목적은 경찰조직 내부의 질서유지를 위해서이다.[125)]

(2) 법적 근거

- 징계는 기본권으로 보장되는 공무담임권에 대한 제한을 가져오는 것이므로 헌법 제

125) • 현행 국가공무원법에서는 수사기관에서 수사 중인 사건에 대해서도 징계절차를 개시할 수 있다.
• 법령에 의한 명령에 위반한 때에도 징계사유가 되며, 직무를 태만히 한 경우에도 징계사유가 된다.
• 징계위원회는 징계요구서를 받은 날로부터 30일 이내에 의결하여야 하며, 부득이한 사유가 있을 때에는 징계의결을 요구한 자의 승인을 얻어 30일 이내의 범위 안에서 그 기간을 연장할 수 있다.
• 징계사유가 발생한 날로부터 2년(단, 금품 및 향응수수, 공금횡령 혹은 유용의 경우에는 5년)이 경과한 때에는 징계요구를 하지 못한다.
• 징계요구권자는 경징계 의결을 통고받은 날로부터 10일 이내에 집행하여야 한다. 2008 기출

37조 제2항 및 헌법 제7조 제2항에 따라서 법률의 근거가 필요하다.

- 징계벌에 관한 근거로 국가공무원법과 공무원징계령 등이 있다.

헌법

제7조 ② 공무원의 신분과 정치적 중립성은 법률이 정하는 바에 의하여 보장된다.

제37조 ② 국민의 모든 자유와 권리는 국가안전보장·질서유지 또는 공공복리를 위하여 필요한 경우에 한하여 법률로써 제한할 수 있으며, 제한하는 경우에도 자유와 권리의 본질적인 내용을 침해할 수 없다.

(3) 징계벌과 형벌의 비교

기 준	형 벌	징계벌
• 목적	• 국가와 일반사회공공의 질서유지	• 행정조직 내부에서 공무원관계의 질서유지
• 대상	• 일반국민	• 공무원
• 내용	• 인간의 신체상의 자유와 재산권의 박탈	• 공무원의 신분상 이익의 전부 또는 일부의 박탈
• 공무원의 퇴직 여부	• 공무원의 퇴직 여부와 무관	• 퇴직 후에는 문제되지 아니함

(4) 징계벌과 형벌의 병과

- 징계벌과 형벌은 목적·내용 등에 있어서 상이하므로, 하나의 행위에 대하여 징계벌과 형벌 양자를 병과(竝科)할 수 있다. 즉, 양자의 병과는 일사부재리(一事不再理)의 원칙에 반(反)하는 것이 아니다.
- 형사재판의 결과 금고 이상의 형을 받으면 당연퇴직이 되는바, 징계벌은 무의미하다. 그러나 벌금형이나 면소 또는 무죄판결을 받는 경우에는 따로 징계절차를 개시할 수도 있다.

국가공무원법

제83조(감사원의 조사와의 관계 등) ① 감사원에서 조사 중인 사건에 대하여는 제3항에 따른 조사개시 통보를 받은 날부터 징계 의결의 요구나 그 밖의 징계 절차를 진행하지 못한다.

② 검찰·경찰, 그 밖의 수사기관에서 수사 중인 사건에 대하여는 제3항에 따른 수사개시 통보를 받은 날부터 징계 의결의 요구나 그 밖의 징계 절차를 진행하지 아니할 수 있다.

> ③ 감사원과 검찰・경찰, 그 밖의 수사기관은 조사나 수사를 시작한 때와 이를 마친 때에는 10일 내에 소속 기관의 장에게 그 사실을 통보하여야 한다. [전문개정 2008.3.28]

> **대법원 19861111 86누59 판결 【파면처분취소】**
>
> 【판시사항】
> 관련형사사건의 유죄확정전에도 비위공무원에 대하여 징계처분을 할 수 있는지 여부
>
> 【판결요지】
> 공무원에게 징계사유가 인정되는 이상, 관련된 형사사건이 아직 유죄로 확정되지 아니하였다 하더라도 징계처분을 할 수 있음은 물론, 그 징계처분에 대한 행정소송을 진행함에도 아무런 소장이 있을 수 없다.

(5) 징계와 일사부재리(一事不再理)

동일한 징계원인으로 거듭 징계될 수 없다는 의미에서 일사부재리의 원칙은 징계벌에도 적용된다. 다만 징계처분과 직위해제는 그 성질이 상이하므로 직위해제의 사유로 징계처분을 할 수도 있다.

> **대법원 19831025 83누184 판결 【감봉처분취소】**
>
> 【판시사항】
> 동일사유로 직위해제처분하고 다시 감봉처분을 한 경우와 일사부재리원칙
>
> 【판결요지】
> 직위해제처분이 공무원에 대한 불이익한 처분이긴 하나 징계처분과 같은 성질의 처분이라 할 수 없으므로 동일한 사유로 직위해제처분을 하고 다시 감봉처분을 하였다 하여 일사부재리원칙에 위배된다 할 수 없다.

2) 징계의 원인

(1) 원인의 유형

• 징계의 원인은 i) 경찰공무원법과 국가공무원법 및 이러한 법률들에 의거한 명령위반,[126] ii) 직무상 의무의 위반 또는 직무태만, iii) 직무의 내외를 불문하고 그 체면 또

126) 지방공무원법, 조례, 규칙을 위반하는 경우를 말한다.

는 위신을 손상하는 행위 등이다.

• 행위에 반드시 고의나 과실이 있을 것을 요하는 것은 아니지만, 공무원의 무과실책임을 의미하는 것은 아니다.

• 징계사유가 만약 불가항력에 기인하는 것이라면 공무원의 책임은 면제된다.

〈표 1-13〉 경찰공무원의 징계사유와 직위해제사유

징계사유(국가공무원법 §78①, 경찰공무원법 §30)	직위해제사유(국가공무원법 §73의3)
• 국가공무원법 및 경찰공무원법에 의한 명령에 위반하였을 때 • 직무상의 의무(다른 법령에서 공무원의 신분으로 인하여 부과된 의무를 포함)를 위반하거나 직무를 태만히 한 때 • 직무의 내외를 불문하고 그 체면 또는 위신을 손상하는 행위를 한 때	• 직무수행능력이 부족하거나 근무성적이 극히 불량한 자 • 파면·해임 또는 정직에 해당하는 징계의결이 요구 중인 자 • 형사사건으로 기소된 자(약식명령이 청구된 자는 제외)

(2) 원인의 발생시점

국가공무원법 제78조 제2항과 3항의 경우를 제외하면 징계사유는 원칙적으로 재직 중에 발생한 것이어야 한다.

국가공무원법

제78조(징계 사유) ② 징계에 관하여 다른 법률의 적용을 받는 공무원이 이 법의 징계에 관한 규정을 적용받는 공무원으로 임용된 경우에 임용 이전의 다른 법률에 따른 징계 사유는 그 사유가 발생한 날부터 이 법에 따른 징계 사유가 발생한 것으로 본다.

③ 특수경력직공무원이 경력직공무원으로 임용된 경우에 임용 전의 해당 특수경력직공무원의 징계를 규율하는 법령상의 징계 사유는 그 사유가 발생한 날부터 이 장(章)에 따른 징계 사유가 발생한 것으로 본다.

대법원 19900522 89누7368 판결 【파면처분취소】

【판시사항】

공립학교 교사로 임용되기 전의 뇌물공여행위가 교사로서의 위신 또는 체면을 손상시켰다는 것을 사유로 한 징계처분이 적법하다고 본 사례

【판결요지】
국가공무원으로 임용되기 전의 행위는 국가공무원법 제78조 제2항, 제3항의 경우 외에는 원칙적으로 재직 중의 징계사유로 삼을 수 없다 할 것이나, 비록 임용 전의 행위라 하더라도 이로 인하여 임용 후의 공무원의 체면 또는 위신을 손상하게 된 경우에는 위 제1항 제3호의 징계사유로 삼을 수 있다고 보아야 할 것인바, 원고가 장학사 또는 공립학교 교사로 임용해 달라는 등의 인사청탁과 함께 금 1,000만 원을 제3자를 통하여 서울시 교육감에게 전달함으로써 뇌물을 공여하였고, 그 후 공립학교 교사로 임용되어 재직 중 검찰에 의하여 위 뇌물공여죄로 수사를 받다가 기소되기에 이르렀으며 그와 같은 사실이 언론기관을 통하여 널리 알려졌다면, 비록 위와 같은 뇌물을 공여한 행위는 공립학교 교사로 임용되기 전이었더라도 그 때문에 임용 후의 공립학교 교사로서의 체면과 위신이 크게 손상되었다고 하지 않을 수 없으므로 이를 징계사유로 삼은 것은 정당하다.

3) 징계의 종류[127)]

〈표 1-14〉 경찰공무원의 징계

• 파면(罷免)	• 경찰공무원으로서 신분이 박탈되고 다시 경찰공무원으로 채용되지 못함 • 파면된 자는 퇴직급여의 2분의 1을 감액당함 • 파면당한 자는 향후 5년간 공무원에 임용될 수 없음
• 해임(解任)	• 해임된 자는 경찰공무원으로 다시 채용될 수 없음 • 퇴직급여에는 전혀 제한을 받지 않고 전액이 지급됨 • 해임된 자는 향후 3년간 공무원 임용의 제한을 받음
• 강등(降等)	• 1계급 아래로 직급을 내림 • 공무원신분은 보유 • 3개월간 직무에 종사하지 못하며 그 기간 중 보수의 3분의 2를 감함[128)]
• 정직(停職)	• 공무원의 신분은 보유하되 그 직무에 종사하지 못하게 하는 징계처분 • 정직의 기간은 1월 이상 3월 이하 • 정직기간 중에는 보수의 3분의 2를 감액(1/3을 지급받음)
• 감봉(減俸)	• 감봉은 1월 이상 3월 이하의 기간 • 보수의 3분의 1을 감액(2/3를 지급받음)
• 견책(譴責)	• 과오에 대해 훈계(訓戒)하고 회개(悔改)하는 것이며 공식절차에 의하고 인사기록에 남는다.

127) • 경찰공무원징계령에 의할 때 감봉과 견책은 경징계에 속하고, 파면・해임・정직은 중징계에 속한다.
• 청원경찰에 대한 징계의 종류는 파면・감봉・견책으로 하며, 감봉은 1월 이상 6월 이하로 하되, 봉급의 3분의 1을 감한다(청원경찰법시행령 제17조).

128) 강등징계 시 3개월간 직무에 종사하지 못하며 그 기간 중 보수의 3분의 2를 감한다. 2011 기출

국가공무원법

제79조(징계의 종류) 징계는 파면·해임·강등·정직(停職)·감봉·견책(譴責)으로 구분한다. 〈개정 2008.12.31〉 [전문개정 2008.3.28]

제80조(징계의 효력) ① 강등은 1계급 아래로 직급을 내리고(고위공무원단에 속하는 공무원은 3급으로 임용하고, 연구관 및 지도관은 연구사 및 지도사로 한다) 공무원신분은 보유하나 3개월간 직무에 종사하지 못하며 그 기간 중 보수의 3분의 2를 감한다. 〈신설 2008.12.31〉

② 제1항에도 불구하고 이 법의 적용을 받는 특정직공무원 중 외무공무원과 교육공무원의 강등의 효력은 다음 각 호와 같다. 〈신설 2008.12.31〉

1. 외무공무원의 강등은 「외무공무원법」 제20조의2에 따라 배정받은 직무등급을 1등급 아래로 내리고(14등급 외무공무원은 고위공무원단 직위로 임용하고, 고위공무원단에 속하는 외무공무원은 9등급으로 임용한다) 공무원신분은 보유하나 3개월간 직무에 종사하지 못하며 그 기간 중 보수의 3분의 2를 감한다.
2. 교육공무원의 강등은 「교육공무원법」 제2조제10항에 따라 동종의 직무 내에서 하위의 직위에 임명하고, 공무원신분은 보유하나 3개월간 직무에 종사하지 못하며 그 기간 중 보수의 3분의 2를 감한다. 다만, 「고등교육법」 제14조에 해당하는 교원 및 조교에 대하여는 강등을 적용하지 아니한다.

③ 정직은 1개월 이상 3개월 이하의 기간으로 하고, 정직 처분을 받은 자는 그 기간 중 공무원의 신분은 보유하나 직무에 종사하지 못하며 보수의 3분의 2를 감한다. 〈개정 2008.3.28, 2008.12.31〉

④ 감봉은 1개월 이상 3개월 이하의 기간 동안 보수의 3분의 1을 감한다. 〈개정 2008.3.28, 2008.12.31〉

⑤ 견책(譴責)은 전과(前過)에 대하여 훈계하고 회개하게 한다. 〈개정 2008.3.28, 2008.12.31〉

⑥ 공무원으로서 징계처분을 받은 자에 대하여는 그 처분을 받은 날 또는 그 집행이 끝난 날부터 국회규칙, 대법원규칙, 헌법재판소규칙, 중앙선거관리위원회규칙 또는 대통령령으로 정하는 기간 동안 승진임용 또는 승급할 수 없다. 다만, 징계처분을 받은 후 직무수행의 공적으로 포상 등을 받은 공무원에 대하여는 국회규칙, 대법원규칙, 헌법재판소규칙, 중앙선거관리위원회규칙 또는 대통령령으로 정하는 바에 따라 승진임용이나 승급을 제한하는 기간을 단축하거나 면제할 수 있다. 〈개정 2008.3.28, 2008.12.31〉

⑦ 징계에 관하여 다른 법률의 적용을 받는 공무원이 이 법의 징계에 관한 규정을 적용받는 공무원이 된 경우에는 다른 법률에 따라 받은 징계처분은 그 처분일부터 이 법에 따른 징계처분을 받은 것으로 본다. 다만, 제79조에서 정한 징계의 종류 외의 징계처분의 효력에 관하여는 국회규칙, 대법원규칙, 헌법재판소규칙, 중앙선거관리위원회규칙 또는 대통령령으로 정한다. 〈개정 2008.3.28, 2008.12.31〉

⑧ 특수경력직공무원이 경력직공무원으로 임용된 경우에는 해당 특수경력직공무원의 징계를 규율하는 법령에 따라 받은 징계처분은 그 처분일부터 이 법에 따른 징계처분을 받은 것으로 본다. 다만, 제79조에서 정한 징계의 종류 외의 징계처분의 효력에 관하여는 국회규칙, 대법원규칙, 헌법재판소규칙, 중앙선거관리위원회규칙 또는 대통령령으로 정한다. 〈개정 2008.3.28, 2008.12.31〉

경찰공무원법

제6조(임용권자) ① 총경 이상의 경찰공무원은 경찰청장 또는 해양경찰청장의 추천을 받아 행정안전부장관 또는 국토해양부장관의 제청으로 국무총리를 거쳐 대통령이 임용한다. 다만, 해양경찰청장은 국토해양부장관의 제청으로 국무총리를 거쳐 대통령이 임명하고, 총경의 전보, 휴직, 직위해제, 강등, 정직 및 복직은 경찰청장 또는 해양경찰청장이 한다.

제24조(정년) ② 징계로 인하여 강등(경감으로 강등된 경우를 포함한다)된 경찰공무원의 계급정년은 제1항제2호에도 불구하고 다음 각 호에 따른다.

1. 강등된 계급의 계급정년은 강등되기 전 계급 중 가장 높은 계급의 계급정년으로 한다.
2. 계급정년을 산정할 때에는 강등되기 전 계급의 근무연수와 강등 이후의 근무연수를 합산한다.[129]

제27조(징계의 절차) 경찰공무원의 징계는 징계위원회의 의결을 거쳐 징계위원회가 설치된 소속 기관의 장이 하되, 「국가공무원법」에 따라 국무총리 소속으로 설치된 징계위원회에서 의결한 징계는 경찰청장 또는 해양경찰청장이 한다. 다만, 파면·해임·강등 및 정직은 징계위원회의 의결을 거쳐 해당 경찰공무원의 임용권자가 하되, 경무관 이상의 강등 및 정직과 경정 이상의 파면 및 해임은 경찰청장 또는 해양경찰청장의 제청으로 행정안전부장관 또는 국토해양부장관과 국무총리를 거쳐 대통령이 하고, 총경 및 경정의 강등 및 정직은 경찰청장 또는 해양경찰청장이 한다. [전문개정 2011.5.30]

경찰공무원법

[시행 2010.3.22] [법률 제10145호, 2010.3.22, 일부개정]

【제·개정이유】

[일부개정]

- 경찰공무원법 개정이유

  「국가공무원법」의 개정(법률 제9296호, 2008.12.31. 공포·시행)으로 징계의 종류 중 정직과 해임 사이에 강등이 신설됨에 따라 강등의 처분권자를 명확히 규정하고, 계급정년이 적용되는 경찰공무원이 강등되는 경우 계급정년이 연장되거나 없어지는 등 오히려 인사상 혜택이 부여되는 문제점이 있으므로 제도의 취지에 맞게 개선·보완하려는 것임.

- 주요내용

  가. 인사관리의 효율성과 신속성을 기하기 위하여 경무관 이상에 대한 강등은 대통령이, 총경 이하에 대한 강등은 경찰청장 또는 해양경찰청장이 행하도록 함(법 제6조제1항 단서 및 제27조).

  나. 징계로 인하여 강등된 경우 강등된 계급의 계급정년은 강등되기 전 계급 중 가장 높은 계급의 계급정년으로 하고, 계급정년을 산정할 때에는 강등되기 전 계급의 근무연수와 강등 이후의 근무연수를 합산하도록 함(법 제24조제2항 신설).

---

129) 징계로 인하여 '경감'으로 강등된 경찰공무원의 계급정년을 산정할 때에는 강등되기 전 계급인 '경정'의 근무연수와 강등 이후의 계급인 '경감'의 근무연수를 합산한다. 2011 기출

경찰공무원징계령

제2조(정의) 이 영에서 사용하는 용어의 뜻은 다음과 같다.

1. "중징계"란 파면, 해임, 강등 및 정직을 말한다.
2. "경징계"란 감봉 및 견책을 말한다. [전문개정 2012.1.26]

제5조(관련 사건의 관할) ① 상위 계급과 하위 계급의 경찰공무원이 관련된 징계등 사건은 제4조에도 불구하고 상위 계급의 경찰공무원을 관할하는 징계위원회에서 심의·의결하고, 상급 경찰기관과 하급 경찰기관에 소속된 경찰공무원이 관련된 징계등 사건은 상급 경찰기관에 설치된 징계위원회에서 심의·의결한다. 다만, 상위 계급의 경찰공무원이 감독상 과실책임만으로 관련된 경우에는 제4조에 따른 관할 징계위원회에서 각각 심의·의결할 수 있다.

② 소속이 다른 2명 이상의 경찰공무원이 관련된 징계등 사건으로서 관할 징계위원회가 서로 다른 경우에는 모두를 관할하는 바로 위 상급 경찰기관에 설치된 징계위원회에서 심의·의결한다.

③ 「경찰공무원법」 제31조제1항 또는 제2항에 따른 위반행위와 관련된 징계등 사건은 제4조제2항에도 불구하고 경찰청·해양경찰청·지방경찰청 또는 지방해양경찰청에 설치된 보통징계위원회에서 심의·의결할 수 있다.

④ 제1항과 제2항에 따른 관할 징계위원회는 제1항과 제2항에도 불구하고 관련자에 대한 징계등 사건을 분리하여 심의·의결하는 것이 타당하다고 인정되는 경우에는 해당 징계위원회의 의결로 관련자에 대한 징계등 사건을 제4조에 따른 관할 징계위원회로 이송할 수 있다. [전문개정 2012.1.26]

제9조(징계등 의결의 요구) ① 경찰기관의 장은 소속 경찰공무원이 다음 각 호의 어느 하나에 해당할 때에는 지체 없이 관할 징계위원회를 구성하여 징계등 의결을 요구하여야 한다.

1. 「국가공무원법」 제78조제1항 각 호의 어느 하나에 해당하는 사유(이하 "징계 사유"라 한다)가 있다고 인정할 때
2. 제2항에 따른 징계등 의결 요구 신청을 받았을 때

② 경찰기관의 장은 그 소속 경찰공무원에 대한 징계등 사건이 상급 경찰기관에 설치된 징계위원회의 관할에 속한 경우에는 그 상급 경찰기관의 장에게 징계등 의결의 요구를 신청하여야 한다.

③ 제1항과 제2항에 따른 징계등 의결 요구 또는 그 신청은 징계 사유에 해당하는 사실을 충분히 조사한 후에 별지 제1호서식의 징계등 의결 요구서 또는 징계등 의결 요구신청서로 하되, 중징계 또는 경징계로 구분하여 요구하거나 신청하여야 한다.

④ 경찰기관의 장은 제1항에 따라 징계등 의결을 요구할 때에는 제3항에 따른 징계등 의결 요구서 사본을 징계등 심의 대상자에게 보내야 한다. 다만, 징계등 심의 대상자가 수령을 거부하는 경우에는 그러하지 아니한다. [전문개정 2012.1.26]

제10조(징계등 사건의 통지) ① 경찰기관의 장은 그 소속이 아닌 경찰공무원에게 징계 사유가 있다고 인정될 때에는 해당 경찰기관의 장에게 그 사실을 증명할 만한 충분한 사유를 명확히 밝혀 통지하여야 한다.

② 제1항에 따라 징계 사유를 통지받은 경찰기관의 장은 타당한 이유가 없으면 통지를 받은 날부터 30일 이내에 관할 징계위원회에 징계등 의결을 요구하거나 그 상급 경찰기관의 장에게 징계등 의결

의 요구를 신청하여야 한다.

③ 제1항에 따라 징계 사유를 통지받은 경찰기관의 장은 해당 사건의 처리 결과를 징계 사유를 통지한 경찰기관의 장에게 회답하여야 한다.

④ 제2항에 따른 징계등 의결의 요구에 관하여는 제9조제3항을 준용한다. [전문개정 2012.1.26]

제12조(징계등 심의 대상자의 출석) ① 징계위원회가 징계등 심의 대상자의 출석을 요구할 때에는 별지 제2호서식의 출석 통지서로 하되, 징계위원회 개최일 3일 전까지 그 징계등 심의 대상자에게 도달되도록 하여야 한다.

② 징계위원회는 징계등 심의 대상자가 그 징계위원회에 출석하여 진술하기를 원하지 아니할 때에는 진술권 포기서를 제출하게 하여 이를 기록에 첨부하고 서면심사로 징계등 의결을 할 수 있다.

③ 징계위원회는 2회 이상 출석 통지를 하였음에도 불구하고 징계등 심의 대상자가 정당한 사유 없이 출석하지 아니하였을 때에는 그 사실을 기록에 분명히 적고 서면심사로 징계등 의결을 할 수 있다. 다만, 징계등 심의 대상자의 소재가 분명하지 아니할 때에는 출석 통지를 한 차례만 관보에 게재하고, 그 게재일부터 10일이 지나면 출석 통지가 송달된 것으로 보며, 징계등 의결을 할 때에는 관보 게재의 사유와 그 사실을 기록에 분명히 적어야 한다.

④ 제3항에도 불구하고 징계위원회는 징계등 심의 대상자가 징계등 사건 또는 형사사건의 사실 조사를 기피할 목적으로 도피하였거나 출석 통지서의 수령을 거부하여 징계등 심의 대상자나 그 가족에게 직접 출석 통지서를 전달하는 것이 곤란하다고 인정될 때에는 징계등 심의 대상자가 소속된 기관의 장에게 출석 통지서를 보내 이를 전달하게 하고, 전달이 불가능하거나 수령을 거부할 때에는 그 사실을 증명하는 서류를 첨부하여 보고하게 한 후 기록에 분명히 적고 서면심사로 징계등 의결을 할 수 있다.

⑤ 징계위원회는 징계등 심의 대상자가 국외 체류 또는 국외 여행 중이거나 그 밖의 부득이한 사유로 징계등 의결 요구서를 받은 날부터 상당한 기간 내에 출석할 수 없다고 인정될 때에는 제11조에도 불구하고 적당한 기간을 정하여 서면으로 진술하게 하여 징계등 의결을 할 수 있다. 이 경우 그 기간 내에 서면으로 진술하지 아니할 때에는 그 진술 없이 징계등 의결을 할 수 있다. [전문개정 2012.1.26]

제18조(경징계 등의 집행) ① 징계등 의결을 요구한 자는 경징계의 징계등 의결을 통지받았을 때에는 통지받은 날부터 15일 이내에 징계등을 집행하여야 한다.

② 징계등 의결을 요구한 자는 제1항에 따라 징계등 의결을 집행할 때에는 의결서 사본에 별지 제4호서식의 징계등 처분 사유 설명서를 첨부하여 징계등 처분 대상자에게 보내야 한다. [전문개정 2012.1.26]

제19조(중징계 등의 처분 제청과 집행) ① 징계등 의결을 요구한 자는 중징계의 징계등 의결을 통지받았을 때에는 지체 없이 징계등 처분 대상자의 임용권자에게 의결서 정본을 보내어 해당 징계등 처분을 제청하여야 한다. 다만, 경무관 이상의 강등 및 정직, 경정 이상의 파면 및 해임 처분의 제청, 총경 및 경정의 강등 및 정직의 집행은 경찰청장 또는 해양경찰청장이 한다.

② 제1항에 따라 중징계 처분의 제청을 받은 임용권자는 15일 이내에 의결서 사본에 별지 제4호서식의 징계등 처분 사유 설명서를 첨부하여 징계등 처분 대상자에게 보내야 한다. [전문개정 2012.1.26]

경찰공무원징계령

[시행 2010.6.15] [대통령령 제22201호, 2010.6.15, 일부개정]

【제 · 개정이유】

[일부개정]

- 경찰공무원징계령 개정이유

  「경찰공무원법」의 개정(법률 제10145호, 2010.3.22. 공포 · 시행)으로 징계의 종류에 강등이 도입되고 강등의 처분권자가 규정됨에 따라 강등의 의결요구 및 집행 절차를 명확하게 규정하고, 징계제도 운용의 효율성을 높이기 위하여 필요한 경우 관련 사건을 분리하여 심의 · 의결할 수 있는 근거를 마련하는 등 현행 제도의 운영상 나타난 일부 미비점을 개선 · 보완하려는 것임.

- 주요내용

  가. 공무원의 징계 종류에 '강등'이 신설됨에 따라 용어의 정의 및 징계 의결요구 및 집행 절차에 이를 반영함(영 제2조 및 제19조).

  나. 관련 사건에 대한 징계 심의 · 의결의 효율성 및 경제성을 확보하기 위하여 필요한 경우 징계위원회의 의결을 통해 사건을 분리하여 심의 · 의결할 수 있는 근거규정을 마련함(영 제5조).

  다. 징계심의대상자에게 실질적인 방어기회를 부여하기 위하여 징계의결요구서의 사본 송부 규정을 신설하고, 징계심의대상자에 대한 출석통지서가 징계위원회 개최일 3일 전까지 도달되도록 함(영 제9조 및 제12조).

  라. 징계사건에 대한 조사 및 집행 등에 걸리는 기간을 고려하여 경찰기관 간 통보된 사건의 징계의결 요구 및 신청 기간을 30일 이내로, 징계의 집행기간을 15일 이내로 각각 연장함(영 제10조, 제18조 및 제19조).

경찰공무원 승진임용규정 제6조(승진임용의 제한) ① 다음 각 호의 어느 하나에 해당하는 경찰공무원은 승진임용을 할 수 없다. 〈개정 1991.7.30, 2006.12.21, 2010.6.15〉

1. 징계의결요구 · 징계처분 · 직위해제 · 휴직 또는 시보임용기간중에 있는 자
2. 징계처분의 집행이 끝난 날부터 다음 각 목의 구분에 따른 기간(금품 및 향응 수수, 공금의 횡령 · 유용에 따른 징계처분의 경우에는 각각 3개월을 더한 기간)이 지나지 아니한 사람

   가. 강등 · 정직: 18개월

   나. 감봉: 12개월

   다. 견책: 6개월

음주운전 사고낸 경찰 1계급 강등

2010년 경찰징계령 개편 후 인천서 첫 사례 3개월 정직 후 강등, 21개월 지나야 승진시험

최근 술을 마시고 운전을 하다 교통사고를 내 물의를 빚은 경찰이 계급이 한 단계 강등됐다.

인천지방경찰청은 지난 19일 징계위원회를 열고 음주교통사고로 입건된 김某(31) 경사를 경장으로 한 단계 강등하는 징계를 내렸다고 밝혔다.

비위를 저지른 경찰관의 계급을 낮춘 것은 지난 2010년 7월 개정된 대통령령인 경찰공무원징계령에 정직보다 한 단계 높고 해임보다 한 단계 낮은 수위의 징계에 강등이 추가된 이후 인천에서 처음이다.

김 경사는 지난 13일 오전 0시 57분께 인천시 연수구 청학동 인근에서 자신의 차량을 몰고 가다가 신호대기 중이던 택시를 들이받았다.

이 사고로 택시 승객 1명이 다쳐 병원에서 치료를 받고 있다.

당시 김 경사는 음주측정 결과 혈중 알코올 농도 0.155%로 면허 취소 수치를 넘어섰다.

김 경사는 3개월간의 정직 기간을 거쳐 한 단계 낮은 계급의 보직을 받게 되며, 정직과 근신 기간(18개월)을 합친 21개월이 지나야 승진 시험을 보거나 승진심사 후보자가 될 수 있다고 경찰은 전했다.

경찰 관계자는 "이번 강등 조치는 직원들에게 음주운전에 대한 경각심을 심어 주기 위해 이 같은 징계를 내렸다"고 밝혔다.

출처: http://blog.naver.com/chonchu/110137029211,2012/04/24 20:39, 전건주 기자

[별지 제1호서식]

경찰공무원 징계 등 의결 요구(신청)서

<table>
<tr><td rowspan="4">인적
사항</td><td rowspan="3">성명</td><td rowspan="3"></td><td rowspan="2">직명</td><td rowspan="2"></td><td>소속</td><td colspan="2"></td></tr>
<tr><td rowspan="2">재직
기간</td><td>통산기간</td><td></td></tr>
<tr><td>생년
월일</td><td></td><td>현 계급
근속기간</td><td></td></tr>
<tr><td>주소</td><td colspan="6"></td></tr>
<tr><td>징계
사유</td><td colspan="7"></td></tr>
<tr><td rowspan="2">요구
권자
의견</td><td colspan="2">징계의결
요구 의견</td><td colspan="5">(　　　　　　　　　　)로 의결할 것을 요구함</td></tr>
<tr><td colspan="2">징계부가금
부과 여부</td><td colspan="5">□ 해당됨 (　　　배)　　□ 해당 없음</td></tr>
</table>

「경찰공무원 징계령」 제9조에 따라 위와 같이 징계 등 의결을 요구(징계 등 의결의 요구를 신청)합니다.

년　　월　　일

경찰기관장의 장 (인)

○○경찰공무원 보통(중앙)징계위원회 위원장 귀하

[별지 제2호서식]

출석 통지서

<table>
<tr><td rowspan="3">인적
사항</td><td rowspan="2">성명</td><td rowspan="2"></td><td>소속</td><td></td></tr>
<tr><td>계급</td><td></td></tr>
<tr><td>주소</td><td colspan="3"></td></tr>
<tr><td colspan="2">출석 이유</td><td colspan="3"></td></tr>
<tr><td colspan="2">출석 일시</td><td colspan="3"></td></tr>
<tr><td colspan="2">출석 장소</td><td colspan="3"></td></tr>
<tr><td colspan="2">기 타</td><td colspan="3">1. 출석하여 진술하기를 원하지 않을 때에는 진술권 포기서를 제출하시기 바랍니다.
2. 국외 체류 또는 국외 여행 중이거나 그 밖의 부득이한 사유로 지정한 날짜에 출석할 수 없을 때에는 징계위원회에서 정한 기간 내에 서면으로 진술할 수 있습니다. 이 경우 그 기간 내에 진술서가 도달하도록 진술서를 제출하시기 바랍니다.</td></tr>
<tr><td colspan="5">「경찰공무원 징계령」 제12조제1항에 따라 위와 같이 출석을 요구합니다.

년 월 일

○○○경찰공무원 중앙(보통)징계위원회 위원장
○ ○ ○ 귀하</td></tr>
</table>

------------------------(자르는 선)------------------------

진술권 포기서

<table>
<tr><td rowspan="3">인적
사항</td><td rowspan="2">성명</td><td rowspan="2"></td><td>소속</td><td></td></tr>
<tr><td>계급</td><td></td></tr>
<tr><td>주소</td><td colspan="3"></td></tr>
<tr><td colspan="5">본인은 귀 징계위원회에 출석하여 진술하는 것을 포기합니다.

년 월 일

성명 (인)</td></tr>
</table>

[별지 제3호서식]

징계 등 의결서

징계 등 심의 대상자 인적사항	① 소 속	② 계 급	③ 성 명
④ 의결주문	( )로 의결한다.		
⑤ 이유	별지와 같음		

년 월 일

○○○ 경찰공무원 중앙(보통)징계위원회

위원장

위 원

위 원

위 원

위 원

간 사

[별지 제4호서식]

징계 등 처분 사유 설명서			
계급		성명	소속
주문			
이유	별도로 첨부한 징계 등 의결서 사본과 같음		

위와 같이 처분하였음을 통지합니다.

년 월 일

경찰기관의 장(임용권자)

귀하

※ 이 처분에 불복하거나 이의가 있을 때에는 「국가공무원법」 제76조에 따라 징계 등 의결서를 받은 날부터 30일 이내에 소청심사위원회에 심사를 청구할 수 있습니다.

〈표 1-15〉 전투경찰의 징계(전투경찰대설치법)

• 영창	• 전투경찰대 또는 함정, 기타의 구금장에 구금하는 징계 • 기간은 15일 이내
• 근신	• 훈련 또는 교육을 받는 경우를 제외하고는 평상근무에 복무함을 금하고 일정한 장소에서 비행을 반성하게 하는 처분 • 근신기간은 15일 이내

전투경찰대설치법

제5조(징계) ① 전투경찰대의 대원 중 경사·경장 또는 순경(전투경찰순경을 포함한다)에 대한 징계는 파면·해임·정직·감봉·견책·영창 및 근신(謹愼)으로 한다.

② 영창은 전투경찰대·함정(艦艇) 또는 그 밖의 장소의 구금장(拘禁場)에 구금하는 것을 말하며 그 기간은 15일 이내로 한다.

③ 근신은 훈련 또는 교육을 받는 경우를 제외하고는 평상근무에 복무하는 것을 금지하고 일정한 장소에서 비행(非行)을 반성하게 하는 것을 말하며 그 기간은 15일 이내로 한다. [전문개정 2011.5.30]

(1) 직위해제

- 직위해제(職位解除)란 공무원에게 직위를 부여하지 않는 처분을 의미한다.
- 국가공무원법은 임용권자 또는 임용제청권자가 i) 직무수행능력이 부족하거나 근무성적이 극히 불량한 자 또는 공무원으로서 근무태도가 심히 불성실한 자, ii) 징계의결이 요구 중인 자에 대하여 직위를 부여하지 아니할 수 있으며, iii) 형사사건으로 기소된 자(약식명령이 청구된 자는 제외한다)에 대하여 직위를 부여하여서는 아니된다고 규정하고 있다.
- 직위해제처분을 할 때에는 사유를 기재한 처분사유설명서를 교부하여야 한다.

(2) 직권면직 [2011 | 기출]

- 경찰공무원의 면직사유는 국가공무원법, 경찰공무원법, 경찰공무원임용령에 규정하고 있다.
- 직권면직 시 징계위원회의 동의를 받아야 하는 경우는 국가공무원법 제70조 제1항 제5조, 경찰공무원법 제22조 제1항 제2조와 3조, 경찰공무원임용령 제47조이다. [2010 | 기출]

국가공무원법

제70조(직권 면직) ① 임용권자는 공무원이 다음 각 호의 어느 하나에 해당하면 직권으로 면직시킬 수 있다. 〈개정 2008.3.28〉

1. 삭제 〈1991.5.31〉
2. 삭제 〈1991.5.31〉
3. 직제와 정원의 개폐 또는 예산의 감소 등에 따라 폐직(廢職) 또는 과원(過員)이 되었을 때
4. 휴직 기간이 끝나거나 휴직 사유가 소멸된 후에도 직무에 복귀하지 아니하거나 직무를 감당할 수 없을 때
5. 제73조의3제3항에 따라 대기 명령을 받은 자가 그 기간에 능력 또는 근무성적의 향상을 기대하기 어렵다고 인정된 때
6. 전직시험에서 세 번 이상 불합격한 자로서 직무수행 능력이 부족하다고 인정된 때
7. 징병검사·입영 또는 소집의 명령을 받고 정당한 사유 없이 이를 기피하거나 군복무를 위하여 휴직 중에 있는 자가 군복무 중 군무(軍務)를 이탈하였을 때
8. 해당 직급에서 직무를 수행하는데 필요한 자격증의 효력이 없어지거나 면허가 취소되어 담당 직무를 수행할 수 없게 된 때
9. 고위공무원단에 속하는 공무원이 제70조의2에 따른 적격심사 결과 부적격 결정을 받은 때

② 임용권자는 제1항제3호부터 제8호까지의 규정에 따라 면직시킬 경우에는 미리 관할 징계위원회의 의견을 들어야 한다. 다만, 제1항제5호에 따라 면직시킬 경우에는 징계위원회의 동의를 받아야 한다. 〈개정 2008.3.28〉

③ 임용권자나 임용제청권자는 제1항제3호에 따라 소속 공무원을 면직시킬 때에는 임용 형태, 업무실적, 직무수행 능력, 징계처분 사실 등을 고려하여 면직 기준을 정하여야 한다. 〈개정 2008.3.28〉

④ 제3항에 따른 면직 기준을 정하거나 제1항제3호에 따라 면직 대상자를 결정할 때에는 임용권자 또는 임용제청권자(임용권자나 임용제청권자가 분명하지 아니하면 중앙인사관장기관의 장을 말한다)별로 심사위원회를 구성하여 그 심사위원회의 심의·의결을 거쳐야 한다. 〈개정 2008.3.28〉

⑤ 제4항에 따른 심사위원회의 위원장은 임용권자 또는 임용제청권자가 되며, 위원은 면직 대상자보다 상위 계급자 또는 고위공무원단에 속하는 일반직공무원 중에서 위원장이 지명하는 5명 이상 7명 이내로 구성하되, 면직 대상자의 상위 계급자 또는 고위공무원단에 속하는 일반직공무원을 우선하여 지명하여야 한다. 다만, 상위 계급자 또는 고위공무원단에 속하는 일반직공무원이 부족하면 4명 이내로 구성할 수 있다. 〈개정 2008.3.28〉

⑥ 제1항제4호에 따른 직권 면직일은 휴직 기간이 끝난 날 또는 휴직 사유가 소멸한 날로 한다. 〈개정 2008.3.28〉

경찰공무원법

제22조(직권면직) ① 임용권자는 경찰공무원이 다음 각 호의 어느 하나에 해당될 때에는 직권으로 면직시킬 수 있다.

1. 「국가공무원법」 제70조제1항제3호부터 제5호까지의 규정 중 어느 하나에 해당될 때
2. 경찰공무원으로는 부적합할 정도로 직무 수행능력이나 성실성이 현저하게 결여된 사람으로서 대통령령으로 정하는 사유에 해당된다고 인정될 때
3. 직무를 수행하는 데에 위험을 일으킬 우려가 있을 정도의 성격적 또는 도덕적 결함이 있는 사람으로서 대통령령으로 정하는 사유에 해당된다고 인정될 때
4. 해당 경과에서 직무를 수행하는 데 필요한 자격증의 효력이 상실되거나 면허가 취소되어 담당 직무를 수행할 수 없게 되었을 때

② 제1항제2호·제3호 또는 「국가공무원법」 제70조제1항제5호의 사유로 면직시키는 경우에는 제26조에 따른 징계위원회의 동의를 받아야 한다.

③ 「국가공무원법」 제70조제1항제4호의 사유로 인한 직권면직일은 휴직기간의 만료일이나 휴직 사유의 소멸일로 한다. [전문개정 2011.5.30]

경찰공무원임용령

제47조(직권면직사유) ① 법 제22조제1항제2호에서 "대통령령이 정하는 사유"라 함은 다음 각 호의 경우를 말한다.

1. 지능저하 또는 판단력의 부족으로 경찰업무를 감당할 수 없는 경우
2. 책임감의 결여로 직무수행에 성의가 없고 위험한 직무에 당하여 고의로 직무수행을 기피 또는 포기하는 경우

② 법 제22조제1항제3호에서 "대통령령이 정하는 사유"라 함은 다음 각 호의 경우를 말한다. 〈개정 2004.12.18〉

1. 인격장애, 알코올·약물중독 그 밖의 정신장애로 인하여 경찰업무를 감당할 수 없는 경우
2. 사행행위 또는 재산의 낭비로 인한 채무과다, 부정한 이성관계 등 도덕적 결함이 현저하여 타인의 비난을 받는 경우

4) 징계권자와 징계위원회

(1) 징계권자

- 징계권자란 자기의 명의로 징계처분을 행하는 자를 말한다. 징계권은 임용권의 한 부분이므로 임용권자가 징계권자가 되는 것이 원칙이지만, 절차의 효율성을 위해 달리

정할 수도 있다.

- 경무관 이상의 정직은 경찰청장의 제청으로 행정안전부장관과 국무총리를 거쳐 대통령이 행하고, 총경 및 경정의 정직은 경찰청장이 행한다.
- 징계는 징계위원회의 의결을 거쳐야 한다.130)

경찰공무원법

제27조(징계의 절차) 경찰공무원의 징계는 징계위원회의 의결을 거쳐 징계위원회가 설치된 소속 기관의 장이 하되, 「국가공무원법」에 따라 국무총리 소속으로 설치된 징계위원회에서 의결한 징계는 경찰청장 또는 해양경찰청장이 한다. 다만, 파면·해임·강등 및 정직은 징계위원회의 의결을 거쳐 해당 경찰공무원의 임용권자가 하되, 경무관 이상의 강등 및 정직과 경정 이상의 파면 및 해임은 경찰청장 또는 해양경찰청장의 제청으로 행정안전부장관 또는 국토해양부장관과 국무총리를 거쳐 대통령이 하고, 총경 및 경정의 강등 및 정직은 경찰청장 또는 해양경찰청장이 한다. [전문개정 2011.5.30]

〈표 1-16〉 경찰공무원의 계급별 징계권자

징계권자 징계의 유형	치안총감·치안정감치 안감·경무관	총경 경정	경감·경위·경사·경장·순경
• 파면	• 대통령	• 대통령	• 경찰청장·해양경찰청장
• 해임	• 대통령	• 대통령	• 경찰청장·해양경찰청장
• 정직	• 대통령	• 경찰청장·해양경찰청장	• 경찰청장·해양경찰청장
• 감봉	• 경찰청장·해양경찰청장	• 경찰청장·해양경찰청장	• 각종 경찰기관의 장
• 견책	• 경찰청장·해양경찰청장	• 경찰청장·해양경찰청장	• 각종 경찰기관의 장

(2) 징계위원회

- 5급 이상 공무원은 국무총리 소속하에 중앙징계위원회, 6급 이하 공무원은 부처별로 구성되는 보통징계위원회에서 각각 징계처분에 관한 결정을 한다.131)

---

130) • 경무관 이상의 경찰공무원에 대한 징계의결은 국무총리 소속으로 설치된 징계위원회에서 한다.
• 총경의 강등은 경찰청장이 한다.
• 경찰공무원 중앙징계위원회는 총경 및 경정에 대한 징계사건을 심의·의결한다. [2011 기출]

131) • 총경, 경정의 징계사건은 경찰중앙징계위원회에서 심의·의결한다.
• 경감 이하의 징계사건은 지방경찰청 징계위원회에서도 취급한다.
• 전투경찰대 징계위원회에서는 경사 이하에 대하여 심의·의결한다.
• 경무관 이상의 징계사건은 국가공무원법에 의하여 국무총리 소속하에 설치된 중앙징계위원회에서

• 징계처분 기타 불리한 처분에 대하여는 독립성 · 합의성이 있는 소청심사위원회에 소청을 제기할 수 있으며, 위원회의 결정은 처분행정청을 기속한다.
• 소청심사 후 불복할 경우 행정소송을 제기할 수 있으며, 징계 시 소속기관장의 의견이 반영된다.

경찰공무원법

제25조(고충심사위원회) ① 경찰공무원의 인사상담 및 고충을 심사하기 위하여 경찰청, 해양경찰청, 지방경찰청, 대통령령으로 정하는 경찰기관 및 지방해양경찰관서에 경찰공무원 고충심사위원회를 둔다.
② 경찰공무원 고충심사위원회의 심사를 거친 재심청구와 경정 이상의 경찰공무원의 인사상담 및 고충심사는 「국가공무원법」에 따라 설치된 중앙고충심사위원회에서 한다.
③ 경찰공무원 고충심사위원회의 구성, 심사 절차 및 운영에 필요한 사항은 대통령령으로 정한다. [전문개정 2011.5.30]

제26조(징계위원회) ① 경무관 이상의 경찰공무원에 대한 징계의결은 「국가공무원법」에 따라 국무총리 소속으로 설치된 징계위원회에서 한다.
② 총경 이하의 경찰공무원에 대한 징계의결을 하기 위하여 대통령령으로 정하는 경찰기관 및 해양경찰관서에 경찰공무원 징계위원회를 둔다.
③ 경찰공무원 징계위원회의 구성 · 관할 · 운영, 징계의결의 요구 절차, 그 밖에 필요한 사항은 대통령령으로 정한다. [전문개정 2011.5.30]

경찰공무원 징계령

제3조(징계위원회의 종류 및 설치) ① 경찰공무원 징계위원회는 경찰공무원 중앙징계위원회(이하 "중앙징계위원회"라 한다)와 경찰공무원 보통징계위원회(이하 "보통징계위원회"라 한다)로 구분한다.
② 중앙징계위원회는 경찰청 및 해양경찰청에 두고, 보통징계위원회는 경찰청, 해양경찰청, 지방경찰청, 지방해양경찰청, 경찰대학, 경찰교육원, 중앙경찰학교, 경찰수사연수원, 해양경찰학교, 경찰병원, 경찰서, 경찰기동대, 전투경찰대, 해양경찰서, 정비창(整備廠), 경비함정 및 경찰청장 또는 해양경찰청장이 지정하는 경감 이상의 경찰공무원을 장으로 하는 기관(이하 "경찰기관"이라 한다)에 둔다. [전문개정 2012.1.26]

제4조(징계위원회의 관할) ① 중앙징계위원회는 총경 및 경정에 대한 징계 또는 「국가공무원법」 제78조의2에 따른 징계부가금 부과(이하 "징계등"이라 한다) 사건을 심의 · 의결한다.
② 보통징계위원회는 해당 징계위원회가 설치된 경찰기관 소속 경감 이하 경찰공무원에 대한 징계등 사건을 심의 · 의결한다. 다만, 다음 각 호의 기관에 설치된 보통징계위원회는 각 호의 구분에 따

행한다(경찰공무원법 §26①).

른 경찰공무원에 대한 징계등 사건을 심의·의결한다.

1. 경정 이상의 경찰공무원을 장으로 하는 경찰서, 경찰기동대·해양경찰서 등 총경 이상의 경찰공무원을 장으로 하는 경찰기관 및 정비창: 소속 경위 이하의 경찰공무원
2. 전투경찰대 및 경비함정 등 경찰청장 또는 해양경찰청장이 지정하는 경감 이상의 경찰공무원을 장으로 하는 경찰기관: 소속 경사 이하의 경찰공무원

③ 경찰청 및 해양경찰청에 설치된 보통징계위원회는 제2항에도 불구하고 경찰청장 또는 해양경찰청장이 징계등 의결을 요구하는 경찰공무원에 대한 징계등 사건을 심의·의결한다.

④ 제2항 단서 또는 제6조제2항 단서에 따라 해당 보통징계위원회의 징계 관할에서 제외되는 경찰공무원의 징계등 사건은 바로 위 상급 경찰기관에 설치된 보통징계위원회에서 심의·의결한다. [전문개정 2012.1.26]

제5조(관련 사건의 관할) ① 상위 계급과 하위 계급의 경찰공무원이 관련된 징계등 사건은 제4조에도 불구하고 상위 계급의 경찰공무원을 관할하는 징계위원회에서 심의·의결하고, 상급 경찰기관과 하급 경찰기관에 소속된 경찰공무원이 관련된 징계등 사건은 상급 경찰기관에 설치된 징계위원회에서 심의·의결한다. 다만, 상위 계급의 경찰공무원이 감독상 과실책임만으로 관련된 경우에는 제4조에 따른 관할 징계위원회에서 각각 심의·의결할 수 있다.

② 소속이 다른 2명 이상의 경찰공무원이 관련된 징계등 사건으로서 관할 징계위원회가 서로 다른 경우에는 모두를 관할하는 바로 위 상급 경찰기관에 설치된 징계위원회에서 심의·의결한다.

③ 「경찰공무원법」 제31조제1항 또는 제2항에 따른 위반행위와 관련된 징계등 사건은 제4조제2항에도 불구하고 경찰청·해양경찰청·지방경찰청 또는 지방해양경찰청에 설치된 보통징계위원회에서 심의·의결할 수 있다.

④ 제1항과 제2항에 따른 관할 징계위원회는 제1항과 제2항에도 불구하고 관련자에 대한 징계등 사건을 분리하여 심의·의결하는 것이 타당하다고 인정되는 경우에는 해당 징계위원회의 의결로 관련자에 대한 징계등 사건을 제4조에 따른 관할 징계위원회로 이송할 수 있다. [전문개정 2012.1.26]

제6조(징계위원회의 구성) ① 중앙징계위원회는 위원장을 포함하여 5명 이상 7명 이하의 위원으로 구성하고, 보통징계위원회는 위원장을 포함하여 3명 이상 7명 이하의 위원으로 구성한다. 다만, 해양경찰청에 두는 중앙징계위원회의 경우 징계등 심의 대상자보다 상위 계급인 소속 경찰공무원(해양경찰청장은 제외한다)의 수가 본문에 따른 위원 수에 미달되는 등의 사유로 중앙징계위원회를 구성하는 것이 불가능할 때에는 3명 이상 7명 이하의 위원으로 구성할 수 있다.

② 징계위원회의 위원은 징계등 심의 대상자보다 상위 계급인 경위 이상의 소속 경찰공무원 또는 상위 직급에 있는 6급 이상의 소속 공무원 중에서 해당 경찰기관의 장이 임명한다. 다만, 보통징계위원회의 경우 징계등 심의 대상자보다 상위 계급인 경위 이상의 소속 경찰공무원 또는 상위 직급에 있는 6급 이상의 소속 공무원의 수가 제1항에 따른 위원 수에 미달되는 등의 사유로 보통징계위원회를 구성하는 것이 불가능할 때에는 징계등 심의 대상자보다 상위 계급인 경사 이하의 소속 경찰공무원 또는 상위 직급에 있는 7급 이하의 소속 공무원 중에서 임명할 수 있으며, 이 경우에는 제4조제2항에도 불구하고 3개월 이하의 감봉 또는 견책에 해당하는 징계등 사건만을 심의·의결한다.

제9조(징계등 의결의 요구) ① 경찰기관의 장은 소속 경찰공무원이 나음 각 호의 어느 하나에 해당할

때에는 지체 없이 관할 징계위원회를 구성하여 징계등 의결을 요구하여야 한다.

1. 「국가공무원법」 제78조제1항 각 호의 어느 하나에 해당하는 사유(이하 "징계 사유"라 한다)가 있다고 인정할 때
2. 제2항에 따른 징계등 의결 요구 신청을 받았을 때

② 경찰기관의 장은 그 소속 경찰공무원에 대한 징계등 사건이 상급 경찰기관에 설치된 징계위원회의 관할에 속한 경우에는 그 상급 경찰기관의 장에게 징계등 의결의 요구를 신청하여야 한다.

③ 제1항과 제2항에 따른 징계등 의결 요구 또는 그 신청은 징계 사유에 해당하는 사실을 충분히 조사한 후에 별지 제1호서식의 징계등 의결 요구서 또는 징계등 의결 요구신청서로 하되, 중징계 또는 경징계로 구분하여 요구하거나 신청하여야 한다.

④ 경찰기관의 장은 제1항에 따라 징계등 의결을 요구할 때에는 제3항에 따른 징계등 의결 요구서 사본을 징계등 심의 대상자에게 보내야 한다. 다만, 징계등 심의 대상자가 수령을 거부하는 경우에는 그러하지 아니한다. [전문개정 2012.1.26]

제10조(징계등 사건의 통지) ① 경찰기관의 장은 그 소속이 아닌 경찰공무원에게 징계 사유가 있다고 인정될 때에는 해당 경찰기관의 장에게 그 사실을 증명할 만한 충분한 사유를 명확히 밝혀 통지하여야 한다.

② 제1항에 따라 징계 사유를 통지받은 경찰기관의 장은 타당한 이유가 없으면 통지를 받은 날부터 30일 이내에 관할 징계위원회에 징계등 의결을 요구하거나 그 상급 경찰기관의 장에게 징계등 의결의 요구를 신청하여야 한다.

③ 제1항에 따라 징계 사유를 통지받은 경찰기관의 장은 해당 사건의 처리 결과를 징계 사유를 통지한 경찰기관의 장에게 회답하여야 한다.

④ 제2항에 따른 징계등 의결의 요구에 관하여는 제9조제3항을 준용한다. [전문개정 2012.1.26]

(3) 제주자치도 자치경찰공무원의 경우

제국법

제136조(징계의 절차) ① 자치경찰공무원의 징계는 자치경찰인사위원회의 의결을 거쳐 도지사가 행한다.

② 징계요구를 한 도지사는 자치경찰인사위원회의 의결이 가볍다고 인정하는 때에는 그 처분을 하기 전에 당해 자치경찰인사위원회에 재의결을 요청할 수 있다. 이 경우에는 소속공무원을 대리인으로 지정할 수 있다.

5) 징계절차

(1) 징계의 요구

징계의결의 요구는 기속적이다. 징계종류의 선택은 재량적이다.

> **국가공무원법**
>
> **제78조(징계 사유)** ① 공무원이 다음 각 호의 어느 하나에 해당하면 징계 의결을 요구하여야 하고 그 징계 의결의 결과에 따라 징계처분을 하여야 한다.
>
> 1. 이 법 및 이 법에 따른 명령을 위반한 경우
> 2. 직무상의 의무(다른 법령에서 공무원의 신분으로 인하여 부과된 의무를 포함한다)를 위반하거나 직무를 태만한 때
> 3. 직무의 내외를 불문하고 그 체면 또는 위신을 손상하는 행위를 한 때
>
> ④ 제1항의 징계 의결 요구는 5급 이상 공무원 및 고위공무원단에 속하는 일반직공무원은 소속 장관이, 6급 이하 공무원 및 기능직공무원은 소속 기관의 장 또는 소속 상급기관의 장이 한다. 다만, 국무총리·행정안전부장관 및 국회규칙, 대법원규칙, 헌법재판소규칙, 중앙선거관리위원회규칙 또는 대통령령으로 정하는 각급 기관의 장은 다른 기관 소속 공무원이 징계 사유가 있다고 인정하면 관계 공무원에 대하여 관할 징계위원회에 직접 징계를 요구할 수 있다. [전문개정 2008.3.28]

(2) 징계요구의 시한

징계사유가 계속적으로 행하여진 일련의 행위인 경우에는 최종의 행위를 기준으로 하여야 할 것이다.

> **국가공무원법**
>
> **제83조의2(징계 및 징계부가금 부과 사유의 시효)** ① 징계의결등의 요구는 징계등의 사유가 발생한 날부터 2년(금품 및 향응 수수, 공금의 횡령·유용의 경우에는 5년)이 지나면 하지 못한다. 〈개정 2010.3.22〉
>
> ② 제83조제1항 및 제2항에 따라 징계 절차를 진행하지 못하여 제1항의 기간이 지나거나 그 남은 기간이 1개월 미만인 경우에는 제1항의 기간은 제83조제3항에 따른 조사나 수사의 종료 통보를 받은 날부터 1개월이 지난 날에 끝나는 것으로 본다.
>
> ③ 징계위원회의 구성·징계의결등, 그 밖에 절차상의 흠이나 징계양정 및 징계부가금의 과다(過多)를 이유로 소청심사위원회 또는 법원에서 징계처분등의 무효 또는 취소의 결정이나 판결을 한 경우에는 제1항의 기간이 지나거나 그 남은 기간이 3개월 미만인 경우에도 그 결정 또는 판결이 확정된

날부터 3개월 이내에는 다시 징계의결등을 요구할 수 있다. 〈개정 2010.3.22〉 [전문개정 2008.3.28]
[제목개정 2010.3.22]

대법원 19860121 85누841 판결 【정직처분취소】

【판시사항】

비위사실이 계속적으로 행하여진 일련의 행위인 경우의 징계시효의 기산점

【판결요지】

원고의 비위가 모두 소송사건에 관련하여 계속적으로 행하여진 일련의 행위라면 설사 그 중에 본건 징계의결시 2년이 경과한 것이 있다 할지라도 그 징계시효의 기산점은 위 일련의 행위중 최종의 것을 기준하여야 한다.

(3) 징계위원회의 심의

경찰공무원징계령

제12조(징계등 심의 대상자의 출석) ① 징계위원회가 징계등 심의 대상자의 출석을 요구할 때에는 별지 제2호서식의 출석 통지서로 하되, 징계위원회 개최일 3일 전까지 그 징계등 심의 대상자에게 도달되도록 하여야 한다.

② 징계위원회는 징계등 심의 대상자가 그 징계위원회에 출석하여 진술하기를 원하지 아니할 때에는 진술권 포기서를 제출하게 하여 이를 기록에 첨부하고 서면심사로 징계등 의결을 할 수 있다.

③ 징계위원회는 2회 이상 출석 통지를 하였음에도 불구하고 징계등 심의 대상자가 정당한 사유 없이 출석하지 아니하였을 때에는 그 사실을 기록에 분명히 적고 서면심사로 징계등 의결을 할 수 있다. 다만, 징계등 심의 대상자의 소재가 분명하지 아니할 때에는 출석 통지를 한 차례만 관보에 게재하고, 그 게재일부터 10일이 지나면 출석 통지가 송달된 것으로 보며, 징계등 의결을 할 때에는 관보 게재의 사유와 그 사실을 기록에 분명히 적어야 한다.

④ 제3항에도 불구하고 징계위원회는 징계등 심의 대상자가 징계등 사건 또는 형사사건의 사실 조사를 기피할 목적으로 도피하였거나 출석 통지서의 수령을 거부하여 징계등 심의 대상자나 그 가족에게 직접 출석 통지서를 전달하는 것이 곤란하다고 인정될 때에는 징계등 심의 대상자가 소속된 기관의 장에게 출석 통지서를 보내 이를 전달하게 하고, 전달이 불가능하거나 수령을 거부할 때에는 그 사실을 증명하는 서류를 첨부하여 보고하게 한 후 기록에 분명히 적고 서면심사로 징계등 의결을 할 수 있다.

⑤ 징계위원회는 징계등 심의 대상자가 국외 체류 또는 국외 여행 중이거나 그 밖의 부득이한 사유로 징계등 의결 요구서를 받은 날부터 상당한 기간 내에 출석할 수 없다고 인정될 때에는 제11조에

도 불구하고 적당한 기간을 정하여 서면으로 진술하게 하여 징계등 의결을 할 수 있다. 이 경우 그 기간 내에 서면으로 진술하지 아니할 때에는 그 진술 없이 징계등 의결을 할 수 있다. [전문개정 2012.1.26]

(4) 징계의 의결과 통보

경찰공무원징계령

제11조(징계등 의결 기한) ① 징계등 의결 요구를 받은 징계위원회는 그 요구서를 받은 날부터 30일 이내에 징계등에 관한 의결을 하여야 한다. 다만, 부득이한 사유가 있을 때에는 해당 징계등 의결을 요구한 경찰기관의 장의 승인을 받아 30일 이내의 범위에서 그 기간을 연장할 수 있다.

제17조(징계등 의결의 통지) 징계위원회는 징계등 의결을 하였을 때에는 지체 없이 징계등 의결을 요구한 자에게 의결서 정본(正本)을 보내어 통지하여야 한다. [전문개정 2012.1.26]

(5) 징계의 집행

경찰공무원징계령

제18조(경징계 등의 집행) ① 징계등 의결을 요구한 자는 경징계의 징계등 의결을 통지받았을 때에는 통지받은 날부터 15일 이내에 징계등을 집행하여야 한다.

② 징계등 의결을 요구한 자는 제1항에 따라 징계등 의결을 집행할 때에는 의결서 사본에 별지 제4호서식의 징계등 처분 사유 설명서를 첨부하여 징계등 처분 대상자에게 보내야 한다. [전문개정 2012.1.26]

제19조(중징계 등의 처분 제청과 집행) ① 징계등 의결을 요구한 자는 중징계의 징계등 의결을 통지받았을 때에는 지체 없이 징계등 처분 대상자의 임용권자에게 의결서 정본을 보내어 해당 징계등 처분을 제청하여야 한다. 다만, 경무관 이상의 강등 및 정직, 경정 이상의 파면 및 해임 처분의 제청, 총경 및 경정의 강등 및 정직의 집행은 경찰청장 또는 해양경찰청장이 한다.

② 제1항에 따라 중징계 처분의 제청을 받은 임용권자는 15일 이내에 의결서 사본에 별지 제4호서식의 징계등 처분 사유 설명서를 첨부하여 징계등 처분 대상자에게 보내야 한다. [전문개정 2012.1.26]

(6) 하자 있는 징계

- 징계행위에 하자가 없어야 하며, 징계행위에 명백하고 중대한 하자가 있다면 징계행위는 무효의 행위가 된다.
- 피징계자에 진술의 기회를 부여하지 않은 결정은 무효가 되며, 단순위법의 하자는 취소의 사유가 된다.

대법원 19971114 97누7325 판결 【정직처분취소】

【판시사항】

경찰공무원이 혈중알콜농도 0.27%의 주취상태에서 운전하다가 승용차 2대를 들이받고 그 차에 타고 있던 사람 4명에게 상해를 입히는 사고를 낸 데 대한 정직 2월의 징계처분이 재량권의 일탈·남용이 아니라고 한 사례

【판결요지】

경찰공무원이 혈중알콜농도 0.27%의 주취상태에서 승용차를 운전하다가 승용차 2대를 들이받고 그 차에 타고 있던 사람 4명에게 상해를 입히는 사고를 내어 벌금 3,000,000원의 약식명령을 받은 비위사실에 대하여, 그 비위의 내용과 성질 및 징계처분의 목적, 경찰공무원이 주장하는 여러 정상들을 종합하여 보면, 당해 경찰공무원에 대한 정직 2월의 징계처분은 적정하고 그것이 재량권의 범위를 일탈하거나 남용한 것이라고 볼 수 없다고 한 사례

(7) 징계처분 등 불이익처분에 대한 불복(소청과 행정소송)

① 소청

i) 의의

- 소청(訴請)이란 공무원이 징계처분, 기타 그 의사에 반한 불리한 처분에 대하여 불복신청하는 것을 말한다.
- 소청심사는 항고쟁송(抗告爭訟)으로서 행정심판의 일종이다. 소청은 공무원 개인의 권익보호와 행정질서의 확립을 목적으로 한다.
- 징계처분에 대한 소청은 처분사유설명서를 받은 날로부터 30일 이내에 청구하여야 한다.

국가공무원법

제9조(소청심사위원회의 설치) ① 행정기관 소속 공무원의 징계처분, 그 밖에 그 의사에 반하는 불리한 처분이나 부작위에 대한 소청을 심사·결정하게 하기 위하여 행정안전부에 소청심사위원회를 둔다.
③ 국회사무처, 법원행정처, 헌법재판소사무처 및 중앙선거관리위원회사무처에 설치된 소청심사위원회는 위원장 1명을 포함한 위원 5명 이상 7명 이내의 비상임위원으로 구성하고, 행정안전부에 설치된 소청심사위원회는 위원장 1명을 포함한 5명 이상 7명 이내의 상임위원과 상임위원 수의 2분의 1 이상인 비상임위원으로 구성하되, 위원장은 정무직으로 보한다. 〈개정 2011.5.23〉
④ 제1항에 따라 설치된 소청심사위원회는 다른 법률로 정하는 바에 따라 특정직공무원의 소청을 심사·결정할 수 있다.

국가공무원법

제75조(처분사유 설명서의 교부) 공무원에 대하여 징계처분등을 할 때나 강임·휴직·직위해제 또는 면직처분을 할 때에는 그 처분권자 또는 처분제청권자는 처분사유를 적은 설명서를 교부(交付)하여야 한다. 다만, 본인의 원(願)에 따른 강임·휴직 또는 면직처분은 그러하지 아니하다. 〈개정 2010.3.22〉 [전문개정 2008.3.28]

제76조(심사청구와 후임자 보충 발령) ① 제75조에 따른 처분사유 설명서를 받은 공무원이 그 처분에 불복할 때에는 그 설명서를 받은 날부터, 공무원이 제75조에서 정한 처분 외에 본인의 의사에 반한 불리한 처분을 받았을 때에는 그 처분이 있은 것을 안 날부터 각각 30일 이내에 소청심사위원회에 이에 대한 심사를 청구할 수 있다. 이 경우 변호사를 대리인으로 선임할 수 있다.

② 본인의 의사에 반하여 파면 또는 해임이나 제70조제1항제5호에 따른 면직처분을 하면 그 처분을 한 날부터 40일 이내에는 후임자의 보충발령을 하지 못한다. 다만, 인력 관리상 후임자를 보충하여야 할 불가피한 사유가 있고, 제3항에 따른 소청심사위원회의 임시결정이 없는 경우에는 국회사무총장, 법원행정처장, 헌법재판소사무처장, 중앙선거관리위원회사무총장 또는 행정안전부장관과 협의를 거쳐 후임자의 보충발령을 할 수 있다.

③ 소청심사위원회는 제1항에 따른 소청심사청구가 파면 또는 해임이나 제70조제1항제5호에 따른 면직처분으로 인한 경우에는 그 청구를 접수한 날부터 5일 이내에 해당 사건의 최종 결정이 있을 때까지 후임자의 보충발령을 유예하게 하는 임시결정을 할 수 있다.

④ 제3항에 따라 소청심사위원회가 임시결정을 한 경우에는 임시결정을 한 날부터 20일 이내에 최종 결정을 하여야 하며 각 임용권자는 그 최종 결정이 있을 때까지 후임자를 보충발령하지 못한다.

⑤ 소청심사위원회는 제3항에 따른 임시결정을 한 경우 외에는 소청심사청구를 접수한 날부터 60일 이내에 이에 대한 결정을 하여야 한다. 다만, 불가피하다고 인정되면 소청심사위원회의 의결로 30일을 연장할 수 있다.

⑥ 공무원은 제1항의 심사청구를 이유로 불이익한 처분이나 대우를 받지 아니한다. [전문개정 2008.3.28]

ii) 소청심사위원회

- 소청사항의 심사는 합의제기관인 소청심사위원회가 행한다.
- 국가공무원법상 소청심사위원회는 행정기관 소속공무원과 관련하여 행정안전부에 둔다. 행정안전부에 설치된 위원회는 상설기관이다.[132]

---

132) • 처분사유설명서 교부제도는 사전적 구제절차로서의 의미를 갖는다.
• 소청심사위원회는 위원장 1인을 포함한 5인 이상 7인 이내의 상임위원으로 구성한다.
• 고충심사는 원칙적으로 직무와 관련된 모든 문제를 대상으로 한다. [2009 기출]

iii) 절차

소청심사위원회의 심사결정은 일정한 절차를 거쳐야 한다.

국가공무원법

제13조(소청인의 진술권) ① 소청심사위원회가 소청 사건을 심사할 때에는 국회규칙, 대법원규칙, 헌법재판소규칙, 중앙선거관리위원회규칙 또는 대통령령으로 정하는 바에 따라 소청인 또는 제76조제1항 후단에 따른 대리인에게 진술 기회를 주어야 한다.

② 제1항에 따른 진술 기회를 주지 아니한 결정은 무효로 한다. [전문개정 2008.3.28]

제14조(소청심사위원회의 결정) ① 소청 사건의 결정은 재적위원 3분의 2 이상의 출석과 출석위원 과반수의 합의에 따르되, 의견이 나뉠 경우에는 출석위원 과반수에 이를 때까지 소청인에게 가장 불리한 의견에 차례로 유리한 의견을 더하여 그 중 가장 유리한 의견을 합의된 의견으로 본다. 〈개정 2008.3.28〉

② 소청심사위원회의 위원은 그 위원회에 계류(繫留)된 소청 사건의 증인이 될 수 없으며, 다음 각 호의 사항에 관한 소청 사건의 심사·결정에서 제척된다. 〈개정 2008.3.28, 2011.5.23〉

1. 위원 본인과 관계있는 사항
2. 위원 본인과 친족 관계에 있거나 친족 관계에 있었던 자와 관계있는 사항

③ 소청 사건의 당사자는 다음 각 호의 어느 하나에 해당하는 때에는 그 이유를 구체적으로 밝혀 그 위원에 대한 기피를 신청할 수 있고, 소청심사위원회는 해당 위원의 기피 여부를 결정하여야 한다. 이 경우 기피신청을 받은 위원은 그 기피 여부에 대한 결정에 참여할 수 없다. 〈신설 2011.5.23〉

1. 소청심사위원회의 위원에게 제2항 각 호의 사항이 있는 경우
2. 심사·결정의 공정을 기대하기 어려운 사정이 있는 경우

④ 소청심사위원회 위원은 제3항 각 호의 어느 하나에 해당하는 때에는 스스로 그 사건의 심사·결정에서 회피할 수 있다. 〈신설 2011.5.23〉

⑤ 소청심사위원회의 결정은 다음과 같이 구분한다. 〈개정 2008.3.28, 2011.5.23〉

1. 심사 청구가 이 법이나 다른 법률에 적합하지 아니한 것이면 그 청구를 각하(却下)한다.
2. 심사 청구가 이유 없다고 인정되면 그 청구를 기각(棄却)한다.
3. 처분의 취소 또는 변경을 구하는 심사 청구가 이유 있다고 인정되면 처분을 취소 또는 변경하거나 처분 행정청에 취소 또는 변경할 것을 명한다.
4. 처분의 효력 유무 또는 존재 여부에 대한 확인을 구하는 심사 청구가 이유 있다고 인정되면 처분의 효력 유무 또는 존재 여부를 확인한다.
5. 위법 또는 부당한 거부처분이나 부작위에 대하여 의무 이행을 구하는 심사 청구가 이유 있다고 인정되면 지체 없이 청구에 따른 처분을 하거나 이를 할 것을 명한다.

⑥ 소청심사위원회의 취소명령 또는 변경명령 결정은 그에 따른 징계나 그 밖의 처분이 있을 때까지는 종전에 행한 징계처분 또는 제78조의2에 따른 징계부가금(이하 "징계부가금"이라 한다) 부과처분에 영향을 미치지 아니한다. 〈개정 2008.12.31, 2010.3.22, 2011.5.23〉

⑦ 소청심사위원회가 징계처분 또는 징계부가금 부과처분(이하 "징계처분등"이라 한다)을 받은 자의 청구에 따라 소청을 심사할 경우에는 원징계처분보다 무거운 징계 또는 원징계부가금 부과처분보다 무거운 징계부가금을 부과하는 결정을 하지 못한다. 〈개정 2010.3.22, 2011.5.23〉
⑧ 소청심사위원회의 결정은 그 이유를 구체적으로 밝힌 결정서로 하여야 한다. 〈개정 2008.3.28, 2011.5.23〉
⑨ 소청의 제기·심리 및 결정, 그 밖에 소청 절차에 필요한 사항은 국회규칙, 대법원규칙, 헌법재판소규칙, 중앙선거관리위원회규칙 또는 대통령령으로 정한다. 〈개정 2008.3.28, 2011.5.23〉

iv) 결정의 효력

국가공무원법

제15조(결정의 효력) 제14조에 따른 소청심사위원회의 결정은 처분 행정청을 기속(羈束)한다. [전문개정 2008.3.28]

v) 소청인의 보호

소청심사위원회가 징계처분을 받은 자의 청구에 의하여 소청을 심사한 경우에는 원(原)징계처분에 과한 징계보다 중한 징계를 과하는 결정을 하지 못한다. 이를 "불이익변경금지"의 원칙이라 한다. 이 원칙은 소청인에게 소청의 권리를 보장하기 위한 것이다.

② 행정소송

i) 원(原)처분중심주의

- 소청심사위원회의 결정에 불복이 있으면 행정소송을 제기할 수 있다.
- 만약 소청심사위원회의 결정에 고유한 위법이 있다면, 위원회의 결정을 소(訴)의 대상으로 할 것이고, 고유의 위법이 없다면 원(原)처분주의의 원칙에 따라 원(原)징계처분을 소(訴)의 대상으로 하여야 한다.

행정소송법

제19조(취소소송의 대상) 취소소송은 처분등을 대상으로 한다. 다만, 재결취소소송의 경우에는 재결 자체에 고유한 위법이 있음을 이유로 하는 경우에 한한다.

ii) 필요적 심판전치

> **국가공무원법**
>
> **제16조(행정소송과의 관계)** ① 제75조에 따른 처분, 그 밖에 본인의 의사에 반한 불리한 처분이나 부작위(不作爲)에 관한 행정소송은 소청심사위원회의 심사·결정을 거치지 아니하면 제기할 수 없다.
> ② 제1항에 따른 행정소송을 제기할 때에는 대통령의 처분 또는 부작위의 경우에는 소속 장관(대통령령으로 정하는 기관의 장을 포함한다. 이하 같다)을, 중앙선거관리위원회위원장의 처분 또는 부작위의 경우에는 중앙선거관리위원회사무총장을 각각 피고로 한다. [전문개정 2008.3.28]

iii) 행정소송의 피고

> **경찰공무원법**
>
> **제28조(행정소송의 피고)** 징계처분, 휴직처분, 면직처분, 그 밖에 의사에 반하는 불리한 처분에 대한 행정소송의 경우에는 경찰청장 또는 해양경찰청장을 피고로 한다. 다만, 제6조제3항에 따라 임용권을 위임한 경우에는 그 위임을 받은 자를 피고로 한다.
> [전문개정 2011.5.30]

제주자치도의 자치경찰공무원의 경우에는 "제주특별자치도 설치 및 국제자유도시 조성을 위한 특별법"에 특별한 규정이 없으므로, 행정소송법 제13조 제1항(피고적격)이 정하는 바에 따라 처분청인 제주자치도의 도지사를 피고로 하여야 한다.

> **행정소송법**
>
> **제13조(피고적격)** ① 취소소송은 다른 법률에 특별한 규정이 없는 한 그 처분등을 행한 행정청을 피고로 한다. 다만, 처분등이 있은 뒤에 그 처분등에 관계되는 권한이 다른 행정청에 승계된 때에는 이를 승계한 행정청을 피고로 한다.
> ② 제1항의 규정에 의한 행정청이 없게 된 때에는 그 처분등에 관한 사무가 귀속되는 국가 또는 공공단체를 피고로 한다.

2. 변상책임

1) 의의

• 변상책임이란 공무원이 의무위반행위를 함으로써 국가나 지방자치단체에 재산상의

손해를 발생케 한 경우, 그에 대하여 공무원이 부담하는 재산상의 책임을 말한다.

- 변상책임에는 "회계관계직원 등의 변상책임"과 "국가배상법상 변상책임"의 2가지 경우가 있다.

2) 회계관계직원 등의 변상책임

- 회계관계직원의 책임에 관하여 일반법으로 "회계관계직원 등의 책임에 관한 법률"이 있다.
- 변상책임으로는 i) 회계관계직원 등이 고의 또는 중대한 과실로 법령, 기타 관계규정 및 예산에 정해진 바에 위반하여 손해를 끼친 때에 지는 변상책임, ii) 현금 또는 물품을 출납보관하는 자가 그 보관에 속하는 현금 또는 물품을 망실 · 훼손하였을 경우에 선량한 관리자의 주의를 태만히 하지 아니한 증명을 못하였을 때에 지는 변상책임, iii) 물품사용 공무원이 고의 또는 중대한 과실로, 사용 중인 물품을 망실 · 훼손하였을 때 부담하는 변상책임이 있다.

회계관계직원 등의 책임에 관한 법률

제4조(회계관계직원의 변상책임) ① 회계관계직원은 고의 또는 중대한 과실로 법령이나 그 밖의 관계 규정 및 예산에 정하여진 바를 위반하여 국가, 지방자치단체, 그 밖에 감사원의 감사를 받는 단체 등의 재산에 손해를 끼친 경우에는 변상할 책임이 있다.

② 현금 또는 물품을 출납·보관하는 회계관계직원은 선량한 관리자로서의 주의를 게을리하여 그가 보관하는 현금 또는 물품이 망실(亡失)되거나 훼손(毁損)된 경우에는 변상할 책임이 있다.

③ 제2항의 경우 현금 또는 물품을 출납·보관하는 회계관계직원은 스스로 사무를 집행하지 아니한 것을 이유로 그 책임을 면할 수 없다.

④ 제1항 및 제2항의 경우 그 손해가 2명 이상의 회계관계직원의 행위로 인하여 발생한 경우에는 각자의 행위가 손해발생에 미친 정도에 따라 각각 변상책임을 진다. 이 경우 손해발생에 미친 정도가 분명하지 아니하면 그 정도가 같은 것으로 본다. [전문개정 2009.3.25]

3) 국가배상법에 의한 변상책임

국가배상법상 변상책임은 공무원(경찰공무원 포함)의 직무상 불법행위로 타인에게 손해를 가한 경우, 국가나 지방자치단체(제주특별자치도 포함)가 공무원에 대위(代位)하여 책임을 진다.

국가배상법

제2조(배상책임) ① 국가나 지방자치단체는 공무원 또는 공무를 위탁받은 사인(이하 "공무원"이라 한다)이 직무를 집행하면서 고의 또는 과실로 법령을 위반하여 타인에게 손해를 입히거나, 「자동차손해배상보장법」에 따라 손해배상의 책임이 있을 때에는 이 법에 따라 그 손해를 배상하여야 한다. 다만, 군인·군무원·경찰공무원 또는 향토예비군대원이 전투·훈련 등 직무 집행과 관련하여 전사(戰死)·순직(殉職)하거나 공상(公傷)을 입은 경우에 본인이나 그 유족이 다른 법령에 따라 재해보상금·유족연금·상이연금 등의 보상을 지급받을 수 있을 때에는 이 법 및 「민법」에 따른 손해배상을 청구할 수 없다. 〈개정 2009.10.21〉

② 제1항 본문의 경우에 공무원에게 고의 또는 중대한 과실이 있으면 국가나 지방자치단체는 그 공무원에게 구상(求償)할 수 있다. [전문개정 2008.3.14]

제5조(공공시설 등의 하자로 인한 책임) ① 도로·하천, 그 밖의 공공의 영조물(營造物)의 설치나 관리에 하자(瑕疵)가 있기 때문에 타인에게 손해를 발생하게 하였을 때에는 국가나 지방자치단체는 그 손해를 배상하여야 한다. 이 경우 제2조제1항 단서, 제3조 및 제3조의2를 준용한다.

② 제1항을 적용할 때 손해의 원인에 대하여 책임을 질 자가 따로 있으면 국가나 지방자치단체는 그 자에게 구상할 수 있다. [전문개정 2008.3.14]

3. 기타 책임

경찰공무원의 책임에는 행정법상 책임(징계책임, 변상책임) 외에 형사상 책임과 민사상 책임도 있다.

1) 형사상 책임

- 형사상 책임은 경찰공무원이 형법 제7장에서 규정하는 "공무원의 직무에 관한 죄" 등을 범한 경우에 부담한다.
- 형법 제7장은 제122조(직무유기)·제123조(직권남용)·제124조(불법체포, 불법감금)·제125조(폭행, 가혹행위)·제126조(피의사실공표)·제127조(공무상비밀의 누설)·제128조(선거방해)·제129조(수뢰, 사전수뢰)·제130조(제삼자 뇌물제공)·제131조(수뢰후 부정처사, 사후수뢰)·제132조(알선수뢰)·제133조(뇌물공여 등)의 죄를 규정하고 있다.

2) 민사상 배상책임

- 민사상 배상책임이란 경찰공무원의 직무상 불법행위의 경우, 그 경찰공무원이 피해자인 사인(私人)에게 직접 배상책임을 부담하는 것을 말한다.[133)]

133) 판례는 “공무원이 직무수행 중 불법행위로 타인에게 손해를 입힌 경우에 국가 등이 국가배상책임을 부담하는 외에 공무원 개인도 고의 또는 중과실이 있는 경우에는 불법행위로 인한 손해배상책임을 진다고 할 것이지만, 공무원에게 경과실뿐인 경우에는 공무원 개인은 손해배상책임을 부담하지 아니한다고 해석하는 것이 헌법 제29조 제1항 본문과 단서 및 국가배상법 제2조의 입법취지에 조화되는 올바른 해석이다”라 하고 있다.

제2장

경찰재무관리론

제 02 장

경찰재무관리론

제1절 경찰예산의 의의

1. 경찰예산(police budget)의 개념

- 경찰예산이란 일정기간 동안 경찰운영자금을 공급하기 위한 공식적인 계획이다.[1)]
- 경찰예산은 사적 재화의 특성, 공유재(共有材: common resources)의 특성, 공공재(公共材)의 특성을 모두 갖고 있는 혼합재(混合材: mixed goods)인 경우가 거의 대부분이다.[2)]

2. 경찰예산의 기능

- 경찰예산은 국민의 조세부담을 전제로 하여, 적정재원의 확보와 확보된 재원의 배분을 통하여 경찰의 범죄예방과 수사 등 범죄에 대처하는 경찰활동을 조장하고 유도하

---

1) • 이황우, 경찰행정학, 법문사, 2005: 446.
 • 예산(豫算)이란 일정기간 즉, 회계연도(會計年度)에 있어서 정부의 수입인 세입(歲入)과 지출인 세출(歲出)의 예정적 계산을 말한다.
 • 우리나라는 조선시대에 횡간(橫看) 또는 공안(貢案)을 예산의 뜻으로 사용하였으며 예산이란 말은 1895년 이래 사용되어 왔다. 조선시대에 횡간(橫看)은 오늘날 세출예산, 공안(貢案)은 오늘날 세입예산에 해당된다.

2) 예 운전면허를 따기 위해 수수료 등을 지불하고 개인이 면허증을 취득한다는 점에서는 사적 재화이고, 운전면허를 따기 위해 경쟁을 치러야 하고 예산확보를 위해 노력해야 한다는 점에서는 공유재이며, 운전면허시험장이 창출해 내는 시회적 효과는 공공재에 해당한다. 함우식, "경찰예산의 변화에 영향을 미치는 요인에 관한 연구", 동국대학교 대학원 박사학위논문, 2005.

며, 경찰의 보수, 교육훈련, 물적 시설 제공, 근무환경 개선 등 기본수요를 충족시켜 나감으로써 범죄에 대한 대응력을 높여 궁극적으로는 국민생활의 안전과 질서유지를 도모한다.3)

• 한정된 자원의 적정한 분배를 도모할 수 있는 방법으로서 '범죄의 사회적 비용' 측정에 관한 연구가 필요하다. 이를 통해 무형적 손실이 더 큰 사건을 예방함으로써 범죄의 사회적 비용을 최소화할 수 있는 경찰활동이 가능하며, 경찰예산 확충의 근거로 사용할 수 있기 때문이다.4)

3. 경찰예산의 분류

1) 일반회계예산과 특별회계예산

(1) 일반회계예산

• 일반회계예산이란 일반적인 국가활동에 관한 세입・세출을 포괄적으로 편성한 예산을 말한다. 이는 항구적(恒久的)이며 현금주의 회계원칙이 적용된다.
• 일반회계는 중앙정부예산의 중심회계로서 치안, 사법, 국토방위 등 국가의 안녕과 질서유지를 위한 기본적인 기능은 거의 모두 일반회계를 통하여 이루어지고 있다.5)
• 우리나라 경찰예산은 1991년 경찰청 발족과 함께 독자적인 편성권이 확보되었다. 경찰청 소관 예산은 인건비를 비롯한 대부분의 경비가 '일반회계'로 편성되어 있다.

국가재정법

제21조(세입세출예산의 구분) ① 세입세출예산은 필요한 때에는 계정으로 구분할 수 있다.
② 세입세출예산은 독립기관 및 중앙관서의 소관별로 구분한 후 소관 내에서 일반회계・특별회계로 구분한다.
③ 세입예산은 제2항의 규정에 따른 구분에 따라 그 내용을 성질별로 관・항으로 구분하고, 세출예

---

3) 예산의 일반적 기능으로는 ⅰ) 정치적 기능, ii) 법적 기능, iii) 커뮤니케이션 기능, iv) 경제적 기능(경제안정・소득재분배・자원배분・경제성장 기능), v) 행정적 기능(통제적・관리적・계획적・감축적 기능)이 있다.
4) • 강용길・김석범・백창현・윤성철・이종화・정철우・최정호・황규진, 경찰학개론, 경찰공제회, 2009: 327-328.
• 이황우・주성진, "한국경찰예산의 문제점과 개선과제", 한국공안행정학회보, 제35호, 2009: 295-324.
5) • 이운주, 경찰학개론, 경찰대학, 2004: 216.
• 경찰예산의 대부분은 일반회계에 속한다. [2004 경위]

산은 제2항의 규정에 따른 구분에 따라 그 내용을 기능별・성질별 또는 기관별로 장・관・항으로 구분한다.
④ 예산의 구체적인 분류기준 및 세항과 각 경비의 성질에 따른 목의 구분은 기획재정부장관이 정한다. 〈개정 2008.2.29〉

(2) 특별회계예산

① 의의

- 특별회계예산이란 국가의 회계 중 특정한 세입으로 특정한 세출에 충당하기 위한 예산으로서 일반의 세입・세출과 구분・경리(經理)하는 부분이다.
- 임시적이며, 발생주의 회계원칙이 적용되며, 예산단일성・통일성 원칙의 예외가 된다.
- 현대 행정국가에서는 경제적 기능이 확대・강화됨으로써 특별회계의 수가 증가되는 경향이 있다.
- 경찰의 특별회계로는 책임운영기관 특별회계와 국가균형발전 특별회계, 혁신도시건설특별회계가 있다.[6)]

② 특별회계의 장단점

장 점	단 점
• 사업의 수지를 명백히 한다. • 재량범위를 확대시켜 줌으로써 능률을 증진시킨다. • 경영의 합리화를 도모한다.	• 예산구조가 복잡해진다. • 국가재정의 전체적 관련성이 불명확해진다. • 입법부의 예산통제 및 민중통제를 곤란하게 한다.

③ 종류

- 국가재정법[7)] 제4조에 특별회계는 i) 국가에서 특정한 사업을 운영하고자 할 때, ii) 특

---

6) • 2007년 1월 1일부터 '국유재산관리 특별회계'와 '자동차교통관리개선 특별회계'가 폐지되면서 관서 증개축 등 시설예산과 교통사고예방 관련예산이 일반회계로 통합편성되었다. 또한 제주자치경찰 이전경비와 도시지역 광역교통정보시스템 구축경비가 '국가균형발전 특별회계'로 신설되었고, 경찰청혁신도시 단위사업 수행을 위한 경비는 '혁신도시건설특별회계'에 의하도록 되어 있고, 운전면허 관리단과 경찰병원 경비는 계속해서 '책임운영기관 특별회계'로 편성하고 있다. 경찰청, 2008년 경찰백서, 2009: 355.
• 특별회계는 원칙적으로 설치 소관부서가 관리하며, 기획재정부의 직접적인 통제를 받지 않는다. 최근에는 조세 이외의 정부수입과 사업적 성격을 지니는 행정분야의 증대에 따라 이들 분야의 경영합리화를 위해 특별회계의 적용이 점차 늘고 있는 경향이다.
7) 예산회계법이 폐지되고 국가재정법으로 통합되었다.

정한 자금을 보유하여 운용하고자 할 때, iii) 특정한 세입을 특정한 세출에 충당함으로써 일반회계와 구분하여 계리(計理)할 필요가 있을 때 법률로 설치한다고 규정하고 있다.

> **국가재정법**
>
> **제4조(회계구분)** ① 국가의 회계는 일반회계와 특별회계로 구분한다.
>
> ② 일반회계는 조세수입 등을 주요 세입으로 하여 국가의 일반적인 세출에 충당하기 위하여 설치한다.
>
> ③ 특별회계는 국가에서 특정한 사업을 운영하고자 할 때, 특정한 자금을 보유하여 운용하고자 할 때, 특정한 세입으로 특정한 세출에 충당함으로써 일반회계와 구분하여 계리할 필요가 있을 때에 법률로써 설치하되, 별표 1에 규정된 법률에 의하지 아니하고는 이를 설치할 수 없다.

- 중앙정부 특별회계는 2008년의 경우, 5개의 기업특별회계와 13개의 기타 특별회계 등 총 18개로 구성되어 있다.[8)]
- 경찰예산과 관련된 특별회계는 책임운영기관특별회계[9)], 국가균형발전특별회계[10)], 혁신도시건설특별회계[11)]인데, 이 예산은 그 사용에 특정한 제한이 있으며, 또한 다른

---

8) 국회예산정책처, 대한민국 재정, 2008: 34.

9) 책임운영기관특별회계는 경찰병원과 운전면허시험관리단(이하 관리단)으로 구분되며, 이 중 관리단은 운전면허 행정의 효율성 및 예산운영의 건전성을 확보하기 위하여 기업회계방식을 채택하고 있다. 관리단의 영업수입은 2003년부터 감소추세로 돌아섰고, 재정수지적자를 개선하기 위한 노력으로 지속적인 인원감축 등 구조조정 노력을 지속하고 있으나 재정수지의 안정성을 기하지 못하고 있다는 평가를 받고 있으며, 관리단을 도로교통공단과 통합, 민영화함으로써 경영정상화를 도모하는 방안도 추진되고 있다. 국회행정안전위원회, 2009년도 경찰청소관 예산안 검토보고서, 2008: 124-126.

10) 국가균형발전특별회계와 관련하여 경찰청은 지역개발사업계정과 제주특별자치도계정에 예산을 편성하고 있다. 이 중 제주특별자치도계정은 2006년 7월 1일 출범한 제주자치경찰제의 안정적 정착과 효율적 운영을 위해 국가경찰에서 자치경찰로 이관된 인력(38명)의 인건비 및 경상비 등을 지원하는 사업이다. 제주자치경찰제는 전국 자치경찰제의 도입과 시행의 시범적 성격을 갖고 있다는 점에서 안정적 정착을 위해 자산취득비와 시설비에 대해 일정기간 계속 지원하는 방안을 검토할 필요가 있다고 지적되고 있다.

11) 혁신도시건설특별회계는 경찰청 산하기관 중 공공기관 이전 예정기관인 경찰대학, 경찰종합학교, 도로교통공단, 운전면허시험관리단, 경찰수사연수원 등 총 5개 기관의 이전을 위한 토지매입비, 건설비 등을 지원할 목적으로 만들어졌다. 이 중 경찰종합학교는 2009년에, 나머지 4개 기관은 2012년까지 이전할 예정으로 있다. 경찰대학 이전계획은 기존시설 규모를 기준으로 도서관, 생활관 등의 규모만을 확대하는 수준에 그치고 있으며, 대학으로서의 기본기능인 연구기능 강화를 위한 투자 등 장기적인 발전계획이 미흡하다는 지적을 받고 있다. 국회행정안전위원회, 2009년도 경찰청소관 예산안 검토보고서, 2008: 144-146.

일반부처가 사용하지 못한다는 점에서 그 특징이 있다.

④ **특별회계와 일반회계의 관계**

- 특별회계와 일반회계는 전・출입 교섭관계(轉・出入 交涉關係)에 있다.[12)]
- 한 나라의 진정한 예산규모를 파악하기 위해서는 일반회계예산과 특별회계예산의 합계액에서 중복분을 공제한 예산순계를 산출하여야 한다.

2) 예산성립 과정중심의 분류

(1) 본예산(本豫算)[13)]

- 본예산이란 최초로 편성되어 국회에서 심의・의결한 예산을 말한다.
- 정부는 회계연도 개시 90일 전까지 국회에 제출하고, 국회는 회계연도 개시 30일 전까지 이를 의결하여야 한다. 2007 기출

(2) 수정예산(修正豫算)

수정예산이란 예산안이 국회에 제출된 후 심의를 거쳐 성립되기 이전에 부득이한 사유로 인하여 그 내용의 일부를 수정하고자 하는 경우 작성되는 예산안을 말한다.

> **국가재정법**
>
> **제35조(국회제출 중인 예산안의 수정)** 정부는 예산안을 국회에 제출한 후 부득이한 사유로 인하여 그 내용의 일부를 수정하고자 하는 때에는 국무회의의 심의를 거쳐 대통령의 승인을 얻은 수정예산안을 국회에 제출할 수 있다.

(3) 추가경정예산(追加更正豫算)

- 추가경정예산이란 예산안이 국회를 통과하여 성립한 후에 발생된 사유로 이미 성립된 예산에 변경을 가할 필요가 있을 때 편성되는 예산이다. 2007 기출[14)]

---

12) 과거, 전매사업특별회계의 전매이익금은 일반회계에 전입(轉入)되며, 일반회계의 전출금(轉出金)이 공무원연금특별회계의 수입이 된다.

13) 본예산은 처음에 편성하는 예산이라고 해서 당초예산(當初豫算)이라고도 한다.

14) • 미국・영국에서도 사용되고 있으며, 일본에서는 보정예산(補正豫算)이라고 한다. 따라서 어느 회계연도의 예산총액은 본예산의 금액에 추가경정예산의 금액을 합(合)한 것이다.
- 추가경정예산은 예산단일성 원칙의 예외가 되므로 남용하게 되면 자원의 적정배분을 저해하고 국회

4. 예산불성립 시의 대처방안

준예산 · 잠정예산 · 가예산은 예산불성립 시의 대처방안이다. 즉, 예산이 회계연도 개시 전까지 국회를 통과하지 못한 경우, 재정상의 공백을 방지하기 위한 제도이다.

1) 준예산(準豫算)

- 새로운 회계연도가 개시될 때까지 예산안이 국회에서 의결되지 못한 때에, 정부가 국회에서 예산안이 의결될 때까지 전년도예산에 준(準)하여 경비를 지출할 수 있게 하는 예산이다.
- 우리나라(1961년)와 독일이 채택하고 있으며, 예산의 사전승인원칙의 예외이다.[15)]
- 준예산이 적용되는 경비는 i) 헌법이나 법률에 의하여 설치된 기관 또는 시설의 유지비 · 운영비, ii) 법률상 지출의 의무가 있는 경비, iii) 이미 예산으로 승인된 사업의 계속을 위한 경비 등이다.[16)] 준예산은 당해 연도의 본예산이 정식으로 성립되면, 본예산에 의한 집행으로 간주된다.

제55조(예산불확정 시의 예산집행) ① 정부는 국회에서 부득이한 사유로 회계연도 개시 전까지 예산안이 의결되지 못한 때에는 「헌법」 제54조제3항의 규정에 따라 예산을 집행하여야 한다. ② 제1항의 규정에 따라 집행된 예산은 당해 연도의 예산이 확정된 때에는 그 확정된 예산에 따라 집행된 것으로 본다.

2) 잠정예산(暫定豫算)

- 잠정예산도 예산불성립 시 일정기간 동안 일정금액의 예산지출을 잠정적으로 허용하는 제도이다.[17)]

의 예산통제를 약화시킨다. 우리나라는 과거, 예산성립 이전의 사유 또는 본예산의 사정시(査定時)나 국회심의 때 삭감된 경비의 반영을 위해 사용되는 경우가 많았다.

15) 우리나라는 준예산을 채택한 이후 한번도 사용한 적은 없다. 이는 예산안이 회계연도 개시일까지 통과되기 어려울 경우 흔히 말하는 '날치기 통과'가 이루어져 왔기 때문이다.

16) 이미 예산으로 승인된 사업의 계속비는 헌법에서 보장하고 있는 준예산의 지출용도에 포함된다. [2010 기출]

17) 영국(Vote on Account)과 캐나다(Interim Supply) 및 일본에서 채택하고 있다. 우리나라에서는 잠정예산제도를 채택한 적이 없다.

3) 가예산(假豫算)

- 예산불성립 시 국회가 1개월 이내의 가예산을 의결하여 사용케 하는 제도로서 우리나라는 제1공화국(1948~1960)에서, 프랑스는 제3, 4공화국에서 사용하였다.
- 가예산이 잠정예산과 다른 점은 1개월 이내라는 제한이다.

4) 답습예산(踏襲豫算)

미국은 예산불성립 시 상·하원의 결의를 통해 전년도예산을 답습하도록 허용하는 것이 관례로 되어 있다.

〈표 2-1〉 예산불성립 시 각국의 예산집행제도

	기간	국회의결	지출항목	채택국가	한국의 경우
• 준예산	• 제한 없음	• 불필요	• 한정적	• 독일	• 1960년 채택
• 잠정예산	• 제한 없음	• 필요	• 전반적	• 영국, 캐나다, 일본	• 채택하지 않음
• 가예산	• 1개월	• 필요	• 전반적	• 프랑스(3, 4공화국)	• 1948년에서 1960년까지 채택·사용

5. 범죄의 사회적 비용

1) 의의

- 사회적 비용은 사회에 충격을 주지만 즉시 금전으로 명확하게 환산할 수 없는 비용을 의미한다.[18] 따라서 범죄에 대한 사회적 비용을 추정할 때에는 범죄로 인한 경제적인 비용뿐만 아니라 사회적인 비용을 함께 고려하는 것이 필요하다.[19]
- 범죄의 사회적 비용은 예방, 결과, 대응단계 중 결과단계에서 가장 높은 수치를 보이며, 그 다음이 예방단계, 대응단계 순이다.
- 각 단계에서 공통적으로 나타나는 결과는 살인, 교통, 강간 등 상대적으로 범죄의 심

18) Cohen은 범죄의 사회적 비용을 통해 범죄문제를 정확히 정의할 수 있다고 한다. 만약 사회적 비용에 범죄의 감소에 대한 비화폐적 편익을 포함시키지 않는다면 이는 자원의 잘못된 할당을 가져올 수 있다고 지적한다. Cohen, "The Monetary Value of Saving a High-Risk Youth", Journal of Quantitative Criminology, 14, 2005: 5-33.

19) 조흥식·빈원홍·김헌민, "우리나라 범죄의 사회적 비용 추정에 관한 연구-범지이 심각성 점수를 고려한 결과를 중심으로-", 한국사회정책 Korea Social Policy Review, 제17집 제2호, 2010: 163-199.

각성이 높은 범죄유형에서 범죄에 대한 사회적 비용이 높다.[20)]

- 범죄의 사회적 비용은 범죄가 사회에 얼마나 큰 영향을 미치는지를 판단하게 해주는 중요한 지표이다.[21)]

2) 범죄의 사회적 비용 추정 필요성[22)]

(1) 범죄의 사회적 비용 추정을 통해 다양한 종류의 범죄들에 대한 통계치를 단일한 화폐가치로 묶는 것을 용이하게 하여, 다양한 종류의 범죄에 의해 유발된 상대적 피해를 서로 비교할 수 있도록 도와준다.

(2) 정책결정자들에게 한정된 자원을 합리적으로 할당할 수 있는 지침을 제공한다. 즉, 범죄에 따른 사회적 비용의 추정은 형사사법정책 관련연구자들과 정책결정자들이 기존의 형사사법정책이나 각종 프로그램들의 비용·편익을 비교하는 데 도움을 준다.

(3) 범죄의 사회적 비용 추정을 통한 비용·편익 분석과 비용·효과성 분석은 기존의 형사정책 프로그램이나 정책을 지속해야 하는지 아니면 방향을 전환하여 새로운 프로그램이나 정책에 대해 예산을 집행해야 하는지의 여부를 결정하는 데 기초자료와 정보를 제공해 준다.

(4) 범죄의 사회적 비용추정은 국가가 범죄 감소 및 국민의 안정 등을 위한 형사사법체계를 운영하는 데 드는 국가예산과 자원에 대해 정당성을 제공해 주고, 국가가 범죄의 영향을 줄이는 데 얼마나 성공적으로 잘하고 있는지에 대한 근거자료를 제공하는 역할을 해준다.

---

20) 범죄의 심각성(crime seriousness)은 범죄유형별로 볼 때 해당 범죄가 얼마나 중요한 범죄인지, 또는 해로운 범죄인지를 나타내는 개념이다. 박철현·장규원·정현미·진수명, "범죄의 심각성에 대한 인식 연구", 한국형사정책연구원 연구보고서, 한국형사정책연구원, 1999.

21) 특정 범죄유형의 사회적 비용이 크다는 것은 그 범죄가 사회에 미치는 영향력이 크다는 뜻이고, 결국 범죄관련 정책의 방향과 우선순위를 결정할 때 이를 고려한다면 더 효율적이고 효과적인 형사정책을 마련할 수 있다.

22) Cohen Mark A., Ted R. Miller and Shelli B. Rossman, "The Costs and Consequences of Violent Behavior in the United States", Albert J. Reiss, Jr., and Jeffrey A. Roth(eds.), Understanding and Preventing Violence: Consequences and Control of Violence, Vol. 4, National Research Council, Washington, D.C.: National Academy Press.

3) 범죄에 따른 사회적 비용의 형태

(1) 유형적 비용과 무형적 비용

① 유형적 비용(tangible cost)

유형적 비용항목에는 주로 범죄피해자 조사의 자료를 바탕으로 하는 의료비용 및 임금 등이 포함된다.

② 무형적 비용(intangible cost)

무형적 비용항목에는 치명적 범죄로 인한 삶의 가치 및 비(非)치명적인 범죄로 인한 삶의 질 저하 및 고통, 상처 등이 포함된다.[23)]

(2) Demmert(1979)의 분류

① 범죄자로 인한 피해자와 그 밖의 사람들이 지불하는 비용

범죄의 피해자들에 의해 초래되는 비용으로, 이는 손상된 재산・의료비용 등 유형의 피해자 손실(tangible losses)과 삶의 질 감소, 신체나 정신적 고통 등 무형의 피해자 손실(intangible losses)로 구분된다.

② 사회가 범죄를 예방하고 통제하는 데 드는 비용

국가가 형사사법체계를 통해 범죄와 관련한 예방 및 통제행위를 하는 데 드는 비용을 의미한다.

③ 범죄자들이 부담하게 되는 비용

범죄자들이 죄를 저지르고 있는 동안에 소비하는 시간과 자원들에 관한 비용으로서 사회는 이러한 비용이 없게 되면 그만큼의 편익을 얻게 된다.[24)]

---

23) • Cohen, M., "Pain, Suffering, and Jury Awards: A Study of the Cost of Crime to Victims", Law and Society Review, 22, 1988: 538-55.
• 특히, 무형의 사회적 비용에는 신체적 상처나 심리적 외상 등에 따른 신체적인 고통이나 상처, 그리고 삶의 질 저하와 같은 범죄 피해(crime victims) 차원의 비용과, 범죄로 인한 심리적 불안이나 밤에 외출 자제, 특정 우범지역을 우회하기 등과 같은 행동을 가져오게 하는 사회적 공포의 증가 등의 잠재적 피해(potential victims) 차원의 비용, 그리고 범죄 발생으로 인해 인근 지역의 관광이나 소비의 감소 및 지역경제 활성화의 둔화 등의 지역사회 차원의 비용 등이 포함될 수 있다. Welsh, Brandon C., Farrington, David P., and Sherman, Lawrence W., Costs and Benefits of Preventing Crime, Boulder, Colorado: Westview Press, 2001.

24) 예 범죄를 저지르거나 처벌을 받고 있는 동안에 범죄자의 시간비용이 이에 해당된다. Cohen, M.,

제2절 예산과정

1. 예산과정의 의의

- 예산과정(豫算過程)[25]이란 예산의 편성에서부터 예산의 심의와 승인, 예산의 집행 및 회계검사와 결산을 통해 그 책임면제에 이르는 일련의 과정을 말한다.
- 예산과정은 통상 3년의 기간이 요구되며[26], 정책결정과정이자 행정과정이며 또한 순환과정(循環過程)인 동시에 정치에 의해 현실적으로 가치가 배분되는 정치과정이다.
- 예산과정은 수많은 관련 당사자들 간의 자원을 둘러싼 정치적 이해관계의 조정과정일 뿐 아니라 국가발전을 위한 희소자원(稀少資源)의 합리적인 최적배분의 요청에 대한 충족과정 등 정치적 성격 및 합리적 성격의 양면성을 지니고 있다.

〈표 2-2〉 예산의 주요 4과정[27]

• 예산안의 편성과 제출	• 입법부 제출예산제도 → 행정부 제출예신제도
• 예산안의 심의와 승인	• 입법부
• 예산의 집행	• 행정부
• 회계검사	• 원칙: 독립기관, 한국: 감사원, 중국: 감찰원

2. 예산의 편성

1) 예산편성의 의의

- 예산의 편성이란 다음 회계연도에 정부가 수행할 정책이나 사업계획을 재정적인 용어와 금액으로 표시하여 예산안을 작성하는 행위로써 예산안편성지침의 작성으로부

"Pain, Suffering, and Jury Awards: A Study of the Cost of Crime to Victims", Law and Society Review, 22, 1988: 538–555.

25) 예산과정(budget process)을 예산절차(budget procedure) 또는 예산주기(豫算週期: budget cycle)라고도 한다.

26) 예산안은 1년 전에 편성·제출되어 심의·승인을 받고, 당해 연도에 집행되며, 다음 연도에 회계검사가 이루어진다.

27) 예산의 주요 4과정에는 결산이 제외된다. 미국의 경우는 별도의 결산제도 자체가 없다.

터 예산안의 확정에 이르는 일련의 과정이다.

- 예산편성은 각 부처 간, 각 부처와 예산실 간의 투쟁·협상 및 정치적 압력이 행사되는 정치적 성격이 두드러지게 나타난다. 따라서 예산은 사회 여러 세력 간의 타협과 투쟁의 산물이라고 할 수 있다.[28)]
- 예산과정의 첫 단계인 예산편성의 책임은 오늘날 대부분의 국가에서는 행정부가 편성·제출하는 행정부제출예산제도(executive budget system)[29)]를 확립하고 있다. 행정부제출예산제도는 예산기능이 복잡해지고 전문화되자 의회의 예산심의를 용이하게 하기 위해 필요하다.

2) 우리나라 경찰예산편성의 과정

(1) 신규 및 주요 계속사업계획서 제출

- 경찰청은 예산요구에 앞서 매년 2월 말까지 다음 연도의 신규사업 및 기획재정부장관이 정한 주요 계속사업에 대한 사업계획서를 기획재정부장관에게 제출하여야 한다. 이러한 신규 및 주요 계속사업계획서의 제출은 경찰청의 입장에서는 다음 연도의 주요 정책이나 새로운 사업계획을 수립하고 이를 제시하는 계기가 된다.

(2) 예산편성지침 시달

- 기획재정부장관은 매년 3월 31일까지 국무회의 심의를 거쳐 대통령의 승인을 얻은 다음 연도의 예산편성지침을 각 중앙관서의 장에게 시달하여야 한다. 이를 위해 기획재정부장관은 예산편성지침에 포함시킬 사항에 관한 중앙관서장의 의견을 제출받아 이를 토대로 예산편성지침, 예산요구서 작성기준을 확정하여 경찰청에 시달한다. 따라서 경찰청은 적극적으로 의견을 개진하여 편성지침에 이를 반영하고자 한다.

---

28) • 예산편성의 점증주의는 전년도예산을 기준으로 하여 편성하며 정치적 합리성(political rationality)을 중시한다. 이에는 품목별 예산(LIBS)과 성과주의예산(PBS)이 대표적이다.
• 예산편성의 합리주의는 작년을 무시하고 새로이 분석하여 편성하는 것으로서 경제적 합리성(economic rationality)을 중시한다. 이에는 계획예산제도(PPBS), 목표관리예산(MBO) 및 영기준예산(ZBB) 등이 있다.

29) 과거에는 입법부의 각 위원회에서 예산안을 편성·제출하는 입법부 제출예산제도가 존재하였다. 행정부 제출예산제도는 영국이 1706년 하원의 의사규칙(議事規則)으로 최초로 확립하였으며, 미국은 1921년 국가재정법에 의해, 우리나라는 1948년 제헌헌법에 의해 도입하였다.

(3) 예산요구서 제출

- 경찰청장은 다음 연도의 세입·세출예산, 계속비, 명시이월비 및 국고채무상환부담행위요구서를 작성하여 매년 5월 31일까지 기획재정부장관에게 제출하여야 하고, 이러한 요구에 대하여 기획재정부는 가용재원(可用財源)을 가지고, 각 부처의 주요 정책사업이나 단위사업에 대하여 어떻게 하면 재원배분을 가장 합리적으로 할 것인가를 조정한다.
- 예산의 조정과정에서는 관련기관과의 협의가 수시로 이루어지며, 각 중앙관서의 장과 기획재정부장관과의 예산협의와 투쟁이 이루어지기도 하는데, 경찰청에서는 이 시기에 예산확보를 위하여 총력을 기울인다.

(4) 정부안의 확정 및 국회 제출

기획재정부장관은 위와 같은 절차를 거쳐 예산안을 편성하여 국무회의의 심의를 거쳐 대통령의 승인을 얻어야 한다. 이렇게 확정된 예산안은 국회의 심의에 필요한 첨부서류와 함께 회계연도 개시 90일 전까지 국회에 제출한다.

국가재정법

제19조(예산의 구성) 예산은 예산총칙·세입세출예산·계속비·명시이월비 및 국고채무부담행위를 총칭한다.

제20조(예산총칙) ① 예산총칙에는 세입세출예산·계속비·명시이월비 및 국고채무부담행위에 관한 총괄적 규정을 두는 외에 다음 각 호의 사항을 규정하여야 한다. 〈개정 2008.12.31〉

1. 제18조 단서의 규정에 따른 국채와 차입금의 한도액(중앙관서의 장이 관리하는 기금의 기금운용계획안에 계상된 국채발행 및 차입금의 한도액을 포함한다)
2. 「국고금관리법」 제32조의 규정에 따른 재정증권의 발행과 일시차입금의 최고액
3. 그 밖에 예산집행에 관하여 필요한 사항

② 정부는 기존 국채를 새로운 국채로 대체하기 위하여 필요한 경우에는 제1항제1호의 한도액을 초과하여 국채를 발행할 수 있다. 이 경우 미리 국회에 이를 보고하여야 한다. 〈신설 2008.12.31〉

제32조(예산안의 편성) 기획재정부장관은 제31조제1항의 규정에 따른 예산요구서에 따라 예산안을 편성하여 국무회의의 심의를 거친 후 대통령의 승인을 얻어야 한다. 〈개정 2008.2.29〉

제33조(예산안의 국회제출) 정부는 제32조의 규정에 따라 대통령의 승인을 얻은 예산안을 회계연도 개시 90일 전까지 국회에 제출하여야 한다.

제34조(예산안의 첨부서류) 제33조의 규정에 따라 국회에 제출하는 예산안에는 다음 각 호의 서류를

첨부하여야 한다. 〈개정 2011.3.30〉

1. 세입세출예산 총계표 및 순계표
2. 세입세출예산사업별 설명서
3. 계속비에 관한 전년도말까지의 지출액 또는 지출추정액, 당해 연도 이후의 지출예정액과 사업 전체의 계획 및 그 진행상황에 관한 명세서
4. 국고채무부담행위 설명서
5. 국고채무부담행위로서 다음 연도 이후에 걸치는 것에 있어서는 전년도말까지의 지출액 또는 지출추정액과 당해 연도 이후의 지출예정액에 관한 명세서
6. 예산정원표와 예산안편성기준단가
7. 국유재산의 전전년도말에 있어서의 현재액과 전년도말과 당해 연도말에 있어서의 현재액 추정에 관한 명세서
8. 제8조제2항의 규정에 따른 성과계획서
9. 성인지 예산서
10. 조세지출예산서
11. 제40조제2항 및 제41조의 규정에 따라 독립기관의 세출예산요구액을 감액하거나 감사원의 세출예산요구액을 감액한 때에는 그 규모 및 이유와 감액에 대한 당해 기관의 장의 의견
12. 삭제 〈2010.5.17〉
13. 회계와 기금 간 또는 회계 상호 간 여유재원의 전입·전출 명세서 그 밖에 재정의 상황과 예산안의 내용을 명백히 할 수 있는 서류
14. 「국유재산특례제한법」 제10조제1항에 따른 국유재산특례지출예산서

(5) 국회의 심의의결

- 정부의 예산안이 회계연도 개시 90일 전까지 국회에 제출되면, 예산안 심의를 위한 국회가 개회되고, 예산안의 종합심사를 위하여 예산결산특별위원회가 구성된다.
- 예산결산특별위원회의 종합심사는 i) 종합정책질의, ii) 부처별 심의, iii) 계수조정 소위원회의 계수조정, iv) 예결위 전체회의에서 소위원회의 조정안 승인의 순서로 행해진다. 이 과정에서 가장 중요한 것은 부처별 심의와 소위원회의 계수조정이라 할 수 있는데, 예산안의 실질적인 조정작업이 여기서 이루어지기 때문이다.
- 예결위의 종합심사가 끝나면 예산안은 본회의 의결을 거침으로써 확정된다.

3. 예산의 심의

1) 의의

- 예산의 심의(審議)란 행정부가 수행할 사업계획의 효율성을 검토하고 예산을 확정하는 것을 말한다. 의회는 예산의 심의를 통해 국민의 의사(意思)를 예산에 반영시키며, 행정부를 통제할 수 있다.
- 예산심의를 통해 의회는 i) 정부가 수행할 사업계획과 그 수준을 결정하며, ii) 정부의 재정규모와 지출예산의 총액을 확정하며, iii) 행정활동을 감시하고 그 효율성을 평가하여 예산심의에 반영하며, iv) 정부시책(政府施策)의 합리성을 검토하여 발전목표를 달성하기 위한 합리적 자원배분을 도모한다.

2) 우리나라 예산심의의 절차

(1) 본회의의 상정(上程)과 시정연설: 회계연도 개시 90일 전까지 예산안이 국회에 제출되면 본회의에서 대통령이 시정연설(施政演說)을 하게 된다.[30]

(2) 국정감사: 시정연설에 이어 국정운영의 내용을 감사하여 그 결과를 예산심의에 반영하는 국정감사가 있게 된다.

(3) 상임위원회의 예비심사: 각 상임위원회는 해당 부처의 예산안을 예비심사한다.

(4) 예산결산특별위원회의 종합심사: 각 상임위원회의 예비심사가 끝나면 예산결산특별위원회[31]는 종합심사를 한다.

(5) 본회의의 의결: 예산결산특별위원회의 종합심사가 끝나면 예산안은 본회의에 상정되어 의결한다.

3) 우리나라 예산심의의 특징

- 우리나라와 일본의 예산은 법률의 하위형식인 예산의 형식을 취하고 있다. 그러나 영국과 미국의 예산은 법률의 형식을 취하고 있다.

---

30) 실제 국무총리가 대독(代讀)하는 것이 일반적이다.

31) 우리나라는 예산심의와 결산심의의 기능이 별도의 위원회에서 수행되는 것이 아니라 예산결산 특별위원회가 모두 수행된다. 따라서 예산심의의 기능과 결산심의의 기능이 전문화되어 있지 못하다. 또한 예산결산 특별위원회는 임시위원회이므로 위원의 전문성과 안정성이 낮다.

• 우리나라와 영국은 행정부의 동의(同意) 없이는 신비목(新費目)의 설치와 증액(增額)이 불가하다.[32] 그러나 미국과 일본은 행정부의 동의가 없어도 신비목의 설치와 증액이 가능하다.
• 대통령제를 채택하고 있는 우리나라와 미국은 내각책임제를 채택하고 있는 영국이나 일본과 비교할 때 예산심의가 엄격하다.[33]

4. 예산의 집행

1) 의의

• 예산의 집행(執行)이란 국회가 승인한 예산을 행정부와 기타 기관이 실행에 옮기는 것을 말한다. 즉, 국가의 수입・지출을 실행하는 모든 행위로서 단순히 예산상의 금액을 국고(國庫)에 수납하고 지출하는 행위뿐만 아니라 국고채무부담행위와 지출원인행위[34] 및 예산성립 후에 발생할 수 있는 세입・세출 전부를 포함하는 국가의 수입・지출을 실행・관리하는 모든 행위를 말한다.
• 예산집행의 목적은 i) 국회의 의도를 존중하고, 국회가 설정한 재정적 한계를 엄수하는 재정통제와 ii) 예산성립 후의 여건의 변화와 긴급사태에 대응하는 신축성 유지에 있다.

2) 재정통제

재정통제(財政統制)는 징세(徵稅)에 대한 의회의 과세동의권(課稅同意權)으로부터 발달된 것으로서 예산집행의 제1차적인 목표가 되고 있다.

(1) 예산의 배정

• 예산의 배정(配定)이란 중앙예산기관인 기획재정부장관이 각 중앙관서의 장에게 일

32) 행정부의 동의가 있으면 신비목의 설치와 증액이 가능하다.
33) 영국과 일본은 무수정통과(無修正通過)가 원칙이다. 미국의 경우 5% 이상은 예외적이며, 우리나라는 3% 이상 삭감된 일이 거의 없다.
34) • 지출원인행위(支出原因行爲)란 국가의 지출의 원인이 되는 계약 및 기타의 행위를 말하며, 국비(國費)에서는 재무관(財務官)이, 지방비(地方費)에서는 경리관(經理官)이 담당한다.
• 경찰예산의 집행에 있어서 경찰서 경무과장은 재무관이며, 경찰서 경리계장은 지출관이다. 2004 기출

정기간 동안 집행할 수 있는 금액과 책임소재를 명확히 하는 절차이다.[35)]

- 예산의 배정은 i) 사업의 체계적 운영을 유도하고, ii) 연도 초의 과도사용과 연도 말의 예산부족을 방지하며, iii) 세입이 예산액보다 적게 들어올 경우 예산삭감을 위해 필요하다.
- 예산이 성립하면, 경찰청장은 사업운용계획 및 이에 의한 세입・세출예산, 계속비와 국고채무부담행위를 포함한 예산요구배정서를 기획재정부장관에게 제출하여야 한다.

> **국가재정법**
>
> **제42조(예산배정요구서의 제출)** 각 중앙관서의 장은 예산이 확정된 후 사업운영계획 및 이에 따른 세입세출예산・계속비와 국고채무부담행위를 포함한 예산배정요구서를 기획재정부장관에게 제출하여야 한다. 〈개정 2008.2.29〉

- 기획재정부장관은 예산배정요구서와 재정경제부장관이 작성한 월별자금계획에 의하여 분기별 예산배정계획을 작성하고, 이를 국무회의의 심의를 거쳐 대통령의 승인을 얻어야 한다.

> **제43조(예산의 배정)** ① 기획재정부장관은 제42조의 규정에 따른 예산배정요구서에 따라 분기별 예산배정계획을 작성하여 국무회의의 심의를 거친 후 대통령의 승인을 얻어야 한다. 〈개정 2008.2.29〉
>
> ② 기획재정부장관은 각 중앙관서의 장에게 예산을 배정한 때에는 감사원에 통지하여야 한다. 〈개정 2008.2.29〉
>
> ③ 기획재정부장관은 필요한 때에는 대통령령이 정하는 바에 따라 회계연도 개시 전에 예산을 배정할 수 있다. 〈개정 2008.2.29〉
>
> ④ 기획재정부장관은 예산의 효율적인 집행관리를 위하여 필요한 때에는 제1항의 규정에 따른 분기별 예산배정계획에 불구하고 개별사업계획을 검토하여 그 결과에 따라 예산을 배정할 수 있다. 〈개정 2008.2.29〉
>
> ⑤ 기획재정부장관은 재정수지의 적정한 관리 및 예산사업의 효율적인 집행관리 등을 위하여 필요한 때에는 제1항의 규정에 따른 분기별 예산배정계획을 조정하거나 예산배정을 유보할 수 있으며, 배정된 예산의 집행을 보류하도록 조치를 취할 수 있다. 〈개정 2008.2.29〉
>
> **제44조(예산집행지침의 통보)** 기획재정부장관은 예산집행의 효율성을 높이기 위하여 매년 예산집행에 관한 지침을 작성하여 각 중앙관서의 장에게 통보하여야 한다. 〈개정 2008.2.29〉
>
> **제45조(예산의 목적 외 사용금지)** 각 중앙관서의 장은 세출예산이 정한 목적 외에 경비를 사용할 수 없다.

35) 예산이 확정되더라도 해당 예산이 배정되지 않으면 지출원인행위를 할 수 없다. 2007 기출

(2) 예산의 재배정

- 예산의 재배정(再配定)이란 각 중앙관서의 장이 배정받은 예산액의 범위 내에서 다시 각 산하기관에 월별 또는 분기별(分期別)로 예산액을 배정해 주는 제도이다.
- 예산의 재배정은 중앙관서의 장으로 하여금 각 기관의 예산집행상황을 감독·통제하고 재정적 한계를 엄수케 하려는 데 있다.

(3) 지출원인행위의 통제와 내부통제

중앙관서의 장은 배정된 금액의 범위 내에서 지출원인행위를 하여야 하며, 이에 관한 보고서를 기획재정부장관에게 제출하여야 한다. 또한 중앙관서의 장은 효과적인 재정관리를 위해 강력한 내부통제를 하도록 되어 있다.

(4) 정원과 보수의 통제

인건비가 예산에서 큰 비중을 차지하므로 정원과 보수의 통제는 재정통제의 중요한 수단이 되고 있다. 행정안전부는 증원 및 보수인상 등은 반드시 기획재정부와 합의하여야 한다.

(5) 국고채무부담행위의 통제[36)]

- 국고채무부담행위(國庫債務負擔行爲)는 법률에 의한 것과 세출예산금액 또는 계속비 총액의 범위 내의 것 이외에 국가가 채무를 부담하는 행위를 말한다.[37)]
- 정부가 예산 이외에 무책임하게 채무부담행위를 하는 것을 방지하기 위하여 미리 예산으로써 국회의 의결을 얻도록 함으로써 엄격한 통제를 가하고 있다. 이러한 의결은 다만 채무를 부담할 권한만을 부여하는 것이므로 다음 연도에 지출을 할 경우에는 세출예산으로써 다시 국회의 의결을 얻어야 한다.

---

36) 국고채무부담행위에 대한 통제는 재정통제의 한 방법이나, 국고채무부담행위가 필요한 경우 사용토록 하는 것은 예산집행의 신축성 유지방안이 된다.
37) 2년 이상 대지(垈地)나 건물의 임차계약(賃借契約)을 하거나 외국인과의 고용계약을 체결하는 경우이다.

국가재정법

제25조(국고채무부담행위) ① 국가는 법률에 따른 것과 세출예산금액 또는 계속비의 총액의 범위 안의 것 외에 채무를 부담하는 행위를 하는 때에는 미리 예산으로써 국회의 의결을 얻어야 한다.

② 국가는 제1항에 규정된 것 외에 재해복구를 위하여 필요한 때에는 회계연도마다 국회의 의결을 얻은 범위 안에서 채무를 부담하는 행위를 할 수 있다. 이 경우 그 행위는 일반회계 예비비의 사용절차에 준하여 집행한다.

③ 국고채무부담행위는 사항마다 그 필요한 이유를 명백히 하고 그 행위를 할 연도 및 상환연도와 채무부담의 금액을 표시하여야 한다.

3) 예산집행의 신축성

예산집행의 신축성은 i) 예산이 성립된 후 일어나는 상황변동에 적응하고, ii) 경제안정을 촉진하고, iii) 예산집행의 신축성을 통해 공공사업의 경비를 절약케 하며, iv) 집행을 담당하는 공무원에 대해 적절한 행정재량을 부여하기 위해서 필요하다.

(1) 이용(移用)

예산의 이용이란 입법과목(立法科目)인 기관(機關)·장(章)·관(款)·항(項) 간에 예산액을 상호 융통하는 것을 말한다.[38] 이는 원칙적으로 금지되지만, 기획재정부장관의 승인과 국회의 의결을 얻었을 때에 한하여 사용할 수 있다.[39]

(2) 이체(移替)

예산의 이체란 정부조직 등에 관한 법령의 제정, 개정 또는 폐지 등으로 그 직무와 권한에 변동이 있을 경우 예산집행에 관한 책임소관을 변경시키는 것을 말한다.[40]

---

38) 예산에 있어서 입법과목과 행정과목은 있으나 사법과목(司法科目)은 없다.

39) 예산집행상의 필요에 따라 미리 예산으로써 국회의 의결을 얻은 때에 기획재정부장관의 승인을 얻거나 기획재정부장관이 위임하는 범위 안에서 장·관·항 간에 예산금액을 상호 이용하는 것을 예산의 이용이라 한다. [2010 기출]

40) 과거, 산림청이 내무부에서 농림부로 이관(移管)되면 예산의 이체(移替)가 수반되었다. 이는 기획재정부장관의 승인을 얻어 사용할 수 있다.

> **국가재정법**
>
> **제47조(예산의 이용 · 이체)** ① 각 중앙관서의 장은 예산이 정한 각 기관 간 또는 각 장·관·항 간에 상호 이용(移用)할 수 없다. 다만, 예산집행상 필요에 따라 미리 예산으로써 국회의 의결을 얻은 때에는 기획재정부장관의 승인을 얻어 이용하거나 기획재정부장관이 위임하는 범위 안에서 자체적으로 이용할 수 있다. 〈개정 2008.2.29〉
>
> ② 기획재정부장관은 정부조직 등에 관한 법령의 제정·개정 또는 폐지로 인하여 중앙관서의 직무와 권한에 변동이 있는 때에는 그 중앙관서의 장의 요구에 따라 그 예산을 상호 이용하거나 이체(移替)할 수 있다. 〈개정 2008.2.29〉
>
> ③ 각 중앙관서의 장은 제1항 단서의 규정에 따라 예산을 자체적으로 이용한 때에는 기획재정부장관 및 감사원에 각각 통지하여야 하며, 기획재정부장관은 제1항 단서의 규정에 따라 이용의 승인을 하거나 제2항의 규정에 따라 예산을 이용 또는 이체한 때에는 그 중앙관서의 장 및 감사원에 각각 통지하여야 한다. 〈개정 2008.2.29〉
>
> ④ 각 중앙관서의 장이 제1항 또는 제2항에 따라 이용 또는 이체를 한 경우에는 분기별로 분기만료일이 속하는 달의 다음 달 말일까지 그 이용 또는 이체 내역을 국회 소관 상임위원회와 예산결산특별위원회에 제출하여야 한다. 〈신설 2009.3.18〉

(3) 전용(轉用) 2004 일반 2004 101단

예산의 전용이란 행정과목(行政科目)인 세항(細項), 목(目) 간의 상호융통을 말한다. 이는 기획재정부장관의 승인을 얻어 사용할 수 있다. 그러나 봉급과 공공요금은 타 비목(費目)에 전용할 수 없다.[41]

〈표 2-3〉 입법과목과 행정과목

기관 · 소관별	장	관	항	세항	목
입법과목				행정과목	

41) 공공요금은 다른 비목으로 전용될 수는 없지만, 전용받을 수는 있다.

제46조(예산의 전용) ① 각 중앙관서의 장은 예산의 목적범위 안에서 재원의 효율적 활용을 위하여 대통령령이 정하는 바에 따라 기획재정부장관의 승인을 얻어 각 세항 또는 목의 금액을 전용할 수 있다. 이 경우 사업 간의 유사성이 있는지, 재해대책 재원 등으로 사용할 시급한 필요가 있는지, 기관운영을 위한 경비의 충당을 위한 것인지 여부 등을 종합적으로 고려하여야 한다. 〈개정 2008.2.29〉
② 각 중앙관서의 장은 제1항의 규정에 불구하고 회계연도마다 기획재정부장관이 위임하는 범위 안에서 각 세항 또는 목의 금액을 자체적으로 전용할 수 있다. 〈개정 2008.2.29〉
③ 기획재정부장관은 제1항의 규정에 따라 전용의 승인을 한 때에는 그 전용명세서를 그 중앙관서의 장 및 감사원에 각각 송부하여야 하며, 각 중앙관서의 장은 제2항의 규정에 따라 전용을 한 때에는 전용을 한 과목별 금액 및 이유를 명시한 명세서를 기획재정부장관 및 감사원에 각각 송부하여야 한다. 〈개정 2008.2.29〉
④ 각 중앙관서의 장이 제1항 또는 제2항에 따라 전용을 한 경우에는 분기별로 분기만료일이 속하는 달의 다음 달 말일까지 그 전용 내역을 국회 소관 상임위원회와 예산결산특별위원회에 제출하여야 한다. 〈신설 2009.3.18〉
⑤ 제1항 또는 제2항의 규정에 따라 전용한 경비의 금액은 세입세출결산보고서에 이를 명백히 하고 이유를 기재하여야 한다. 〈개정 2009.3.18〉

(4) 이월(移越)

- 예산의 이월이란 연도 내에 사용하지 못한 예산을 다음 연도의 예산으로 넘겨 사용하는 것으로서 회계연도 독립의 원칙에 대한 예외이다.
- 예산 1년주의의 문제점을 극복하기 위한 것으로서 i) 특정사업에 대한 예산지원의 일시적 중단으로 인한 효과적 사업수행의 저해를 방지하고, ii) 회계연도 종료 전에 예산집행의 독촉(督促)을 방지하고, iii) 연도 말의 과도한 지출이나 예산의 낭비를 방지하기 위해 필요하다.
- 이월 중 명시이월(明示移越)은 연도 내에 지출이 완료되지 못할 것이 예측되는 경우 예산에 명시하여 미리 국회의 승인을 얻어 다음 연도에 사용하는 것을 말한다. 그러나 사고이월(事故移越)은 연도 내에 지출원인행위를 하고, 불가피한 사유로 연도 내에 지출하지 못한 경비와 지출원인행위를 하지 아니한 부대경비(附帶經費)의 금액을 다음 연도에 이월하여 사용하는 것을 말한다.

〈표 2-4〉 명시이월과 사고이월의 비교

• 명시이월	• 사전예측 가능	• 예산의 형식	• 사전의결의 원칙	• 재차이월의 허용	• 실적이 적음
• 사고이월	• 사전예측 불가	• 예산의 형식이 아님	• 사전의결의 원칙의 예외	• 재차이월의 금지	• 실적이 많음

국가재정법

제24조(명시이월비) ① 세출예산 중 경비의 성질상 연도 내에 지출을 끝내지 못할 것이 예측되는 때에는 그 취지를 세입세출예산에 명시하여 미리 국회의 승인을 얻은 후 다음 연도에 이월하여 사용할 수 있다.

② 각 중앙관서의 장은 제1항의 규정에 따른 명시이월비에 대하여 예산집행상 부득이한 사유가 있는 때에는 사항마다 사유와 금액을 명백히 하여 기획재정부장관의 승인을 얻은 범위 안에서 다음 연도에 걸쳐서 지출하여야 할 지출원인행위를 할 수 있다. 〈개정 2008.2.29〉

③ 기획재정부장관은 제2항의 규정에 따라 다음 연도에 걸쳐서 지출하여야 할 지출원인행위를 승인한 때에는 감사원에 통지하여야 한다. 〈개정 2008.2.29〉

제48조(세출예산의 이월) ① 매 회계연도의 세출예산은 다음 연도에 이월하여 사용할 수 없다.

② 제1항의 규정에 불구하고 다음 각 호의 어느 하나에 해당하는 경비의 금액은 다음 회계연도에 이월하여 사용할 수 있다. 이 경우 이월액은 다른 용도로 사용할 수 없으며, 제2호에 해당하는 경비의 금액은 재이월할 수 없다.

1. 명시이월비
2. 연도 내에 지출원인행위를 하고 불가피한 사유로 인하여 연도 내에 지출하지 못한 경비와 지출원인행위를 하지 아니한 그 부대경비
3. 지출원인행위를 위하여 입찰공고를 한 경비 중 입찰공고 후 지출원인행위까지 장기간이 소요되는 경우로서 대통령령이 정하는 경비
4. 공익사업의 시행에 필요한 손실보상비로서 대통령령이 정하는 경비
5. 경상적 성격의 경비로서 대통령령이 정하는 경비

③ 제1항의 규정에 불구하고 계속비의 연도별 연부액 중 당해 연도에 지출하지 못한 금액은 계속비사업의 완성연도까지 계속 이월하여 사용할 수 있다.

④ 각 중앙관서의 장은 제2항 및 제3항의 규정에 따라 예산을 이월하는 때에는 대통령령이 정하는 바에 따라 이월명세서를 작성하여 다음 연도 1월 31일까지 기획재정부장관 및 감사원에 각각 송부하여야 한다. 〈개정 2008.2.29〉

⑤ 각 중앙관서의 장이 제2항 및 제3항의 규정에 따라 예산을 이월한 경우 이월하는 과목별 금액은 다음 연도의 이월예산으로 배정된 것으로 본다.

⑥ 매 회계연도 세입세출의 결산상 잉여금이 발생하는 경우에는 제2항 및 제3항의 규정에 따른 세

> 출예산 이월액에 상당하는 금액을 다음 연도의 세입에 우선적으로 이입하여야 한다.
> ⑦ 기획재정부장관은 세입징수상황 등을 감안하여 필요하다고 인정하는 때에는 미리 제2항 및 제3항의 규정에 따른 세출예산의 이월사용을 제한하기 위한 조치를 취할 수 있다. 〈개정 2008.2.29〉

(5) 계속비

- 계속비(繼續費)란 완공에 수년도를 요하는 정부의 공사(工事)나 제조 및 연구개발사업에서 경비의 총액과 연부액(年賦額)을 정하여 미리 국회의 의결을 얻은 범위 내에서 수년도에 걸쳐 지출할 수 있는 경비로서 회계연도 독립의 원칙에 대한 예외이다.
- 예측할 수 없는 요인이나 정치적 상황에 의한 사업중단을 방지하고 사업집행의 계속성 및 효율성을 유지하는 데 있다. 계속비의 연한(年限)은 국회의 의결을 얻어 5년 이상도 가능하다.

> **국가재정법**
>
> **제23조(계속비)** ① 완성에 수년도를 요하는 공사나 제조 및 연구개발사업은 그 경비의 총액과 연부액(年賦額)을 정하여 미리 국회의 의결을 얻은 범위 안에서 수년도에 걸쳐서 지출할 수 있다.
> ② 제1항의 규정에 따라 국가가 지출할 수 있는 연한은 그 회계연도부터 5년 이내로 한다. 다만, 필요하다고 인정하는 때에는 국회의 의결을 거쳐 그 연한을 연장할 수 있다.

(6) 예비비

- 예비비(豫備費)란 예측할 수 없는 예산 외의 지출 또는 예산초과지출을 충당하기 위한 경비로서 일반회계에 있어서 필요한 상당한 금액을 계상(計上)하여야 한다.[42)]
- 예비비는 기획재정부장관이 관리하며, 사용 후에는 차기 정기국회의 정기회에 제출하여 사후승인을 얻어야 한다.[43)]
- 예비비는 i) 예산성립 전에 발생한 사유, ii) 국회에서 이미 부결(否決)한 용도, iii) 국회개회 중에는 거액의 예비비지출이 제한된다.[44)]

---

42) 일반회계의 예비비는 2007년 1월 1일부터 국가재정법에 따라 계상될 수 있도록 규정하고 있다. 또한 예비비의 사용 후에는 재정경제부장관에게 명세서를 제출하여야 한다.
43) 예비비는 예산의 사전승인의 원칙에 대한 예외이자 예산한정성의 원칙에 대한 예외이다.
44) 국회개회 중에 거액의 예비비를 사용하기 위해서는 추가경정예산안을 편성・제출해야 한다.

• 경찰은 예측지 못한 돌발사태가 발생한 경우에 제일 먼저 출동하여 그 사태를 해결해야 할 책무를 지고 있다. 특히, 집단시위나 천재지변 등이 발생하여 다중이 위험한 경우에 경찰의 활동이 요구되며, 주로 비상동원 매식비(買食費)나 치안대책비 등의 통상적 경찰활동에 관련된 경비가 예비비에서 처리되고 있다. 따라서 경찰은 다른 부처에 비해 예비비를 사용하는 몫이 크다.45)

국가재정법

제22조(예비비) ① 정부는 예측할 수 없는 예산 외의 지출 또는 예산초과지출에 충당하기 위하여 일반회계 예산총액의 100분의 1 이내의 금액을 예비비로 세입세출예산에 계상할 수 있다. 다만, 예산총칙 등에 따라 미리 사용목적을 지정해 놓은 예비비는 본문의 규정에 불구하고 별도로 세입세출예산에 계상할 수 있다.

② 제1항 단서의 규정에 불구하고 공무원의 보수 인상을 위한 인건비 충당을 위하여는 예비비의 사용목적을 지정할 수 없다.

제51조(예비비의 관리와 사용) ① 예비비는 기획재정부장관이 관리한다. 〈개정 2008.2.29〉

② 각 중앙관서의 장은 예비비의 사용이 필요한 때에는 그 이유 및 금액과 추산의 기초를 명백히 한 명세서를 작성하여 기획재정부장관에게 제출하여야 한다. 다만, 대규모 자연재해에 따른 피해의 신속한 복구를 위하여 필요한 때에는 「재난 및 안전관리기본법」 제20조의 규정에 따른 피해상황보고를 기초로 긴급재해구호 및 복구에 소요되는 금액을 개산(概算)하여 예비비를 신청할 수 있다. 〈개정 2008.2.29〉

③ 기획재정부장관은 제2항의 규정에 따른 예비비 신청을 심사한 후 필요하다고 인정하는 때에는 이를 조정하고 예비비사용계획명세서를 작성한 후 국무회의의 심의를 거쳐 대통령의 승인을 얻어야 한다. 〈개정 2008.2.29〉

④ 일반회계로부터 전입받은 특별회계는 필요한 경우에는 일반회계 예비비를 전입받아 그 특별회계의 세출로 사용할 수 있다.

제52조(예비비사용명세서의 작성 및 국회제출) ① 각 중앙관서의 장은 예비비로 사용한 금액의 명세서를 작성하여 다음 연도 2월말까지 기획재정부장관에게 제출하여야 한다. 〈개정 2008.2.29〉

② 기획재정부장관은 제1항의 규정에 따라 제출된 명세서에 따라 예비비로 사용한 금액의 총괄명세서를 작성한 후 국무회의의 심의를 거쳐 대통령의 승인을 얻어야 한다. 〈개정 2008.2.29〉

③ 기획재정부장관은 제2항의 규정에 따라 대통령의 승인을 얻은 총괄명세서를 감사원에 제출하여야 한다. 〈개정 2008.2.29〉

④ 정부는 예비비로 사용한 금액의 총괄명세서를 다음 연도 5월 31일까지 국회에 제출하여 그 승인을 얻어야 한다.

45) 이황우, 경찰행정학, 법문사, 2005: 460.

(7) 예산의 긴급배정

기획재정부장관은 필요시 대통령령이 정하는 바에 따라 회계연도 개시 전에 예산을 배정할 수 있다. 국가재정법 시행령은 외국에서 지급되는 경비・정보비・여비, 경제정책상 조기집행을 필요로 하는 공공사업비 등에 한정하도록 규정하고 있다.

4) 지출원인행위 및 지출과 그 특례

(1) 지출원인행위 및 지출

- 예산이 배정되면 경찰청은 예산의 범위 내에서 계약 등 지출원인행위를 하게 된다. 모든 예산은 지출원인행위를 한 때로부터 예산을 지출할 수 있는 근거가 생기게 되는데, 경찰의 경우 경찰청장 또는 위임을 받은 자가 지출원인행위를 할 수 있다.
- 계약체결 등 지출원인행위를 한 후 사업계획에 의한 공사나 사업시행 진도에 따라 자금배정을 받은 범위 내에서 국고를 지출하게 되는데, 이를 지출행위라고 한다.

(2) 지출의 특례

지출은 그 요건 구비가 선행되어야 하나, 경리운용상 불편이 적지 않기 때문에 특례를 인정하고 있으며, 경찰과 관련한 지출의 특례로는 관서의 일상경비(국가재정법 제65조)와 도급경비의 교부(제69조) 등이 있다.

① 관서의 일상경비

관서의 일상경비제도는 특정경비에 대하여 지출관이 일상경비 출납공무원에게 필요한 자금을 교부하여 그 자금을 가지고 일상경비 출납공무원으로 하여금 현금을 지급하도록 하는 것으로, 경찰관서 운영비가 국가재정법시행령 제51조의 관서의 일상경비의 범위에 속한다.

② 도급경비

- 도급경비란 지출관[46]이나 지출업무를 담당하는 출납공무원을 두기 곤란한 관서 또는 재외관서의 경비를 그 관서의 장의 책임하에 사용하도록 도급으로 지급되는 공금

46) 경찰서에서 재무관은 경무과장이며, 지출관은 경리계장이다. 2004 기출

을 말하는데, 국가재정법 제69조와 동 시행령 제58조의 규정에 의하여 파출소, 출장소, 전투경찰중대 등이 도급경비 지급관서에 해당된다.

- 도급할 세출과목과 지출방법은 재정경제부장관이 정하는 바에 의하도록 하고 있고(시행령 제58조 제2항), 경찰관서 도급경비 사무처리규칙에 따른다. 동 규칙에 의하면, 도급관서에 지급할 수 있는 도급경비의 비목은 관서운영비[47], 여비, 초과근무수당, 특수활동비, 업무추진비 등이 있다.

5. 회계검사

1) 회계검사의 의의

- 회계검사(會計檢査)란 행정기관의 수입 · 지출의 결과에 대한 사실을 확인 · 검증하고 이에 관한 보고를 하기 위하여 장부 기타의 기록을 체계적으로 검사하는 행위를 말한다.
- 회계검사는 i) 회계기록을 대상으로 하여, ii) 제3자가 하여야 하며, iii) 회계기록의 정확성 여부에 관한 검증절차이며, iv) 회계기록의 적절성 여부에 관한 비판적 검증으로서, v) 반드시 검증결과에 대하여 감사인(監査人)의 의견이 표시되어야 한다.
- 회계검사의 목적은 i) 정부의 지출을 회계관계법규에 따라 하게 함으로써 행정의 합법성을 확보하고,[48] ii) 재정의 낭비를 방지하고 경리상(經理上)의 비위(非違) · 부정(不正)을 적발 · 시정하며, iii) 회계검사의 결과를 행정관리의 개선과 정책수립에 반영시키는 데 있다.

---

47) 관서운영경비는 1) 경찰의 관서운영경비는 과거 도급경비와는 달리 경비가 부족하면 추가신청할 수 있고, 회계검사나 정산을 거쳐야 하지만, 현실은 경찰의 경우 사용 후 정산을 하지 않는 경우가 많다. 또한 경비의 지급은 구매카드가 원칙이지만, 구매카드가 보급되지 않은 관서에서는 계좌이체와 현금지급 등의 방법을 인정하고 있다. 2) 지급관서는 순찰지구대, 특수파출소, 전투경찰중대, 해외주재관서 등이다. 3) 증빙서류, 현금출납부 등은 회계연도 종료 후 5년간 보존하여야 한다. 4) 사용 후 잔액은 다음 달 또는 익년으로 이월한다. 5) 관서운영경비에 대하여 목간 전용하여 사용할 수 없으나, 세목 간에는 용도를 변경하여 사용할 수 있다. 6) 경비사용의 범위는 관서운영비 · 특수활동비 및 업무추진비, 여비 등에 지급할 수 있으나, 봉급은 관서운영경비의 지급항목이 아니다 [2004 일반, 101단]

48) 전통적 회계검사에서는 지출의 합법성을 강조하였다.

2) 회계검사기관

• 입법부형(영·미형)	• 입법부 소속, 행정부에 강력한 통제권을 행사	• 미국·영국의 회계검사원
• 행정부형(대륙형)	• 행정부 소속	• 한국, 포르투갈
• 독립형	• 입법부·사법부·행정부 중 어디에도 속하지 않고 독립기관으로 존재	• 독일, 프랑스, 일본
• 자유중국형	• 입법·사법·행정·감찰·고시(考試)[49] 등 5권 분립	• 대만의 감찰원(監察院)

3) 우리나라의 회계검사기관: 감사원

(1) 의의

감사원(監査院)은 헌법기관으로서 대통령 소속하에 있으며[50] 직무상·인사상·예산상·규칙제정상 독립성을 가진다. 감사원은 감사원장을 포함하여 7인의 감사위원으로 구성되는 감사위원회의(監査委員會議)와 사무처(事務處)로 구성되어 있다.

(2) 기능

① 결산의 확인: 감사원은 회계검사를 통하여 국가의 세입·세출의 결산을 확인하는 결산검사를 한다.

② 회계검사: 감사원은 국가 및 법률이 정한 단체의 회계검사를 한다.

③ 직무감찰: 감사원은 공무원의 비위(非違)를 시정(是正)·방지하고, 행정운영의 개선·향상을 위하여 행정기관의 사무와 공무원의 직무를 감찰(監察)한다.[51]

④ 감사결과의 처리: 감사원은 회계검사와 직무감찰의 결과를 처리함에 있어서 i) 변상책임의 판정[52], ii) 징계(懲戒)·문책(問責)·해임(解任)의 요구, iii) 시정·주의 요구, iv) 개선요구, v) 고발, vi) 대통령에 대한 수시보고 등의 방법을 따른다.

---

49) 자유중국의 고시원(考試院)은 우리나라의 행정안전부에 해당한다.

50) 감사원은 행정수반으로서의 대통령에 소속되어 있는 것이 아니라 국가원수로서의 대통령에 소속되어 있다.

51) 행정기관에는 군(軍)기관과 교육기관이 포함되며, 국회 및 법원에 소속된 공무원은 공무원의 범위에서 제외된다.

52) 변상책임이란 회계관계 경찰공무원이 고의 또는 중대한 과실로 직무상 업무에 위배하여 국가에 손해를 끼친 경우에 그 손해를 배상하여야 하는 책임이다(회계관계 직원 등의 책임에 관한 법률 제4조 1항). 2004 경사

⑤ 심사청구의 심리・결정: 감사원은 감사를 받은 자의 직무에 관한 처분과 기타 행위에 관하여 이해관계인으로부터 감사청구가 있을 때 이를 심리(審理)하고 결정하여 적절한 조치를 취한다.

⑥ 의견진술: 국가의 각 기관은 회계관계법령을 제정・개폐할 때나 회계관계법령의 해석상 의문이 있을 때에는 감사원의 의견을 구하여야 한다.

4) 회계검사의 종류

(1) 서면검사・실지검사

• 서면검사(書面檢查)	• 각 기관의 회계관계 공무원으로부터 제출되는 계산서, 증거서류, 조서(調書) 등 서류에 의하여 검사하는 방법
• 실지검사(實地檢查)	• 감사원이 직원을 현지에 파견하여 회계검사를 하는 방법

(2) 사전검사・사후검사

• 사전검사(事前檢查)	• 지출이 있기 전에 미리 그 적합성을 검사하는 것
• 사후검사(事後檢查)	• 사후에 지출의 합법성과 회계의 정확성을 검사하는 것

(3) 일반적 검사, 상업식 검사, 종합적 검사

• 일반적 검사(一般的 檢查)	• 공금관리를 맡고 있는 공무원의 회계책임을 밝히는 데 있다.
• 상업식 검사(商業式 檢查)	• 공기업에 적용되며 대차대조표(貸借對照標) 검사와 동일하다.
• 종합적 검사(綜合的 檢查)	• 각 기관의 프로그램, 절차, 기법 등을 검토하여 그 기관이 자원을 합법적이고도 효율적으로 사용하고 있는가를 검사하는 것이다.

6. 결산

1) 결산의 개념

결산(決算)이란 회계연도 동안의 수입・지출의 실적을 확정적 계수(計數)로 표시하는 행위이며, 예산에 의하여 수입・지출한 정부의 사후적 재정보고를 의미한다.

2) 예산과 결산

예산과 결산은 일치해야 바람직하겠지만, 현실적으로 반드시 일치하는 것은 아니다. 그 이유는 i) 예산성립 후에 전년도로부터의 이월(移越)이나 예비비의 사용, ii) 다음 연도로의 예산의 이월이나 당해연도의 부용액(不用額), iii) 예산성립 후의 정세변동에 적응하기 위한 신축성있는 예산집행, iv) 정부의 위법・부당한 지출 등이 있기 때문이다.

3) 결산의 기능

- 정부의 재정활동의 확인: 결산에 의하여 정부가 예산의 범위 내에서 재정활동을 하였는가를 확인할 수 있다.
- 참고자료의 제공: 결산은 다음 연도의 예산의 편성・심의와 재정계획의 수립・운영에 참고자료로서 환류・반영된다.

4) 결산의 효과

- 결산은 예산과 같이 다음 회계연도에 있어서 지출한도(支出限度) 또는 기타에 관하여 국가기관의 행위를 규제하거나 혹은 정부의 위법・부당한 지출이 있는 경우에도 그 지출행위를 무효 또는 취소하는 법적 효력을 가지는 것은 아니다.
- 결산은 국회의 심의・의결에 의해 확정되면 예산집행에 대한 정부의 책임이 해제된다. 그러나 그 책임은 정치적 책임일 뿐 관계 공무원의 부정행위에 대한 변상책임이나 형사책임(刑事責任)까지 해제되는 것은 아니다.

제3절 예산제도의 발달

1. 의의

1) 국가재정법의 제정과 시행

2007년 1월 1일부터 국가재정법의 제정과 시행이 이루어짐으로써 i) 재정운영의 효율성 제고, ii) 재정의 환류기능 활성화, iii) 재정의 건전성을 유지하고자 한다.

2) 프로그램예산 도입

프로그램예산을 2007년 1월 1일부터 도입하여, 종전의 품목별 예산체계는 사업이 지나치게 세분화되고 비목(費目)이 복잡하여 성과관리 및 재정책임성 확보에 한계가 있어 자율과 분권, 책임과 성과지향의 프로그램 예산체계로 개편하였다.

(1) 프로그램 예산제도의 개요

- 프로그램 예산제도란 정책과 예산의 연계 및 재정성과(財政成果) 제고를 위해 국가의 최소 정책단위인 프로그램 중심으로 설정한 예산체계를 말한다.
- 프로그램 예산제도는 동일한 정책목표를 달성하기 위한 여러 개의 활동(단위사업)들을 묶어놓은 프로그램을 기본단위로 예산을 편성・운용하는 것이다.[53)]
- 프로그램 예산체계는 분야(function) – 부문(sub-function) – 프로그램(program) – 단위사업(activity) – 세부사업(task)의 5개 단계로 구성되어 있다[54)]. 이 중 분야는 기존의 장(章)에 해당하며, 부문은 관(款), 프로그램은 항(項)에 해당한다.

(2) 프로그램 예산체계 개편의 주요내용

과거 경찰예산은 소관별 구분에 의해 분류된 후 회계구분과 기능을 중심으로 장(章) –

---

53) 국회예산정책처, 대한민국 재정, 2008: 121.
54) '분야(function)'란 정부의 광범위한 정책목표로서 정부가 수행하는 임무와 기능을 분류한 것을 말하며, '부문(sub-function)'은 분야를 세분화한 하위수준의 기능이 설정된 것이다. 2008년 프로그램 예산체계는 사회복지, 보건, 교육, 수송 및 교통 등 총 16개 분야, 68개 부문, 816개 프로그램, 3,646개 단위사업, 9,282개 세부사업으로 구성되어 있다. 국회예산정책처, 대한민국 재정, 2008: 122.

관(款) - 항(項) - 세항(細項)으로 구분되었으며, 성질별로 목(目)으로 편성되었다. 그러나 2006년 10월, 기존의 "예산회계법(1961)"과 "기금관리기본법(1991)"을 통합한 "국가재정법"이 제정되어 2007년 회계연도 예산부터 프로그램 예산체계로 전환하였다.

3) 정부결산 수행 시스템 변경

국가재정 정보시스템이 디지털 예산회계시스템으로 변경되어 i) 국가의 재정관련 시스템 통합 및 정보연계, ii) 재정업무 전(全) 과정 자동연계처리, iii) 재정자금출납 실시간 관리, iv) 재정사업의 life cycle 관리 및 재정분석 기능을 제공하고 있다.

2. 품목별예산

1) 의의

- 품목별예산(品目別豫算: LIBS: Line Item Budget System)이란 세출예산의 대상 · 성격에 따라 구분한 예산이다. 즉, 정부지출의 대상이 되는 물품, 품목(인건비, 급여수당, 시설비) 등을 기준으로 한 예산제도이다.[55]
- 예산지출의 통제를 목적으로 지출대상을 세분화한 명세예산(明細豫算)으로서, 공무원의 예산초과지출 및 비정상적인 지출을 억제함으로써 입법부와 중앙예산기관의 통제수단을 제공하지만, 재량권의 제약으로 예산집행의 신축성을 제약한다.[56]
- 미국은 1912년 절약과 능률에 관한 대통령위원회[57]의 보고서에서 품목별예산제도로의 개혁을 건의하였다.

2) 장점

- 품목별예산은 지출대상을 급여, 수당, 임차료(賃借料), 연료비, 시설비 등으로 세분하여 그 지출대상과 금액을 엄격히 규정함으로써 행정부의 예산집행에 있어서 유용(流用)이나 부정을 방지하고자 한다.

---

55) 2006년까지 우리나라 경찰의 예산제도는 품목별예산이다. [2003, 2007 | 기출]

56) 품목별예산제도는 지출의 대상 · 성질을 기준으로 세출예산의 금액을 분류하는 예산제도이며, 통제지향적이라 볼 수 있으며, 예산담당 공무원들에게 필요한 핵심적 기술은 회계기술이다. [2008 | 기출]

57) 절약과 능률에 관한 위원회(1910~1912년)는 Taft 대통령이 설치하고 Cleveland가 위원장인 행정개혁위원회이다. 이는 행정부 제출예산제도와 품목별 예산제도를 건의하였다.

- 세출예산에 있어서 지출 전(前)에 엄격한 사전통제가 가능하므로 의회가 지출을 통제하기 용이하다.
- 지출의 대부분을 이루는 급여, 재화, 용역의 구매에 효과적이며, 인사행정상의 여러 정보 즉, 인건비, 여비 등을 제공한다.
- 통제는 세밀하고 정규적이며 회계책임이 분명하여 공무원의 자유재량 여지가 제한되기에 종합적 · 개별적 통제가 가능하다.[58)]
- 중앙통제기관이 통제기회를 확보할 수 있으므로 다음 해 예산안의 삭감기준을 마련할 수 있다.

3) 단점

- 예산의 적극적 이용 및 정부사업의 전모를 파악하기 곤란하기 때문에 정책형성에 유익한 자료를 제공하지 못한다.
- 정부지출의 목적과 기능을 명확하게 파악하기 곤란하다.[59)]
- 예산집행의 신축성을 제약하는 과도한 세밀화로 행정활동의 자유를 제한한다.
- 각 부처를 통합한 총괄계정(總括計定)에는 부적합하다.[60)]

3. 성과주의예산

1) 의의

- 성과주의예산(成果主義豫算: PBS: Performance Budget System)이란 정부예산을 기능(functions) · 활동(activities) · 사업계획(projects)에 기초하여 편성한 예산으로서 일명 '실적예산(實績豫算)'이라고 한다.
- 성과주의예산은 사업계획을 세부사업으로 나눈 다음 각 세부사업별로 단위원가×업무량=예산액으로 표시하여 편성하는 예산제도이다. [2004 여경]

---

58) 품목별 예산제도는 회계책임이 명확해지고, 인사행정에 유용한 정보와 자료를 제공할 수 있다는 장점이 있다. [2010 기출]

59) 품목별 예산제도는 조직별로 일을 추진할 때에는 사업활동이 중복될 가능성이 많으므로 기능의 중복을 피하기 곤란하지만, 운영하기 쉬운 점과 회계책임이 명확한 장점이 있다. [2008 기출]

60) 품목별 예산제도는 품목과 비용을 따지는 미시적 관리로 정부 전체활동의 통합 · 조정에 필요한 수단을 제공하지 못한다. [2008 기출]

• 성과주의예산은 정부가 구입하는 물품보다 정부가 수행하는 업무에 중점을 두는 즉, 정부가 무슨 일을 얼마의 돈을 들여서 완성하였는가에 중점을 둔 능률 · 관리지향적 예산제도이다. 2003 일반

2) 성과주의예산의 발전

(1) 미국

• 성과주의예산의 효시는 1913년 New York시(市) Richmond구(區)의 원가기초예산(cost data budget)이라고 할 수 있다.
• 1934년 농무성(農務省)은 사업별 예산(project budget)을, T.V.A.는 사업계획별 예산을 채택하였으며, 1947년 제1차 Hoover위원회는 "예산과 회계에 관한 보고서"에서 성과주의예산의 필요성을 강조하였다.
• 1950년 의회는 예산회계절차법을 개정하여 연방정부에 있어 성과주의예산의 채택을 권장하는 규정을 신설하였고, 1955년 제2차 Hoover위원회[61]는 성과주의예산의 확대 · 적용을 건의하였다. 그 결과 성과주의예산은 연방정부뿐만 아니라 주정부(州政府) 및 시정부(市政府)에서도 채택되었다.

(2) 한국

한국은 1961~1963년까지 국방부, 농림부, 보건사회부, 건설부의 일부사업에 성과주의 예산을 적용하였으나, 운영상의 난점으로 1964년부터 중단하였다.

3) 성과주의예산의 장단점

(1) 장점 2004 경사

• 일반국민이 정부 각 기관의 사업과 목적한 바를 이해하는 데 도움을 주며, 해당부서의 업무능률을 측정할 수 있으며, 정부사업을 평가하기 용이하다.
• 정부정책과 계획의 수립을 용이하게 하므로 입법부의 예산심의를 간편하게 한다.
• 예산편성에 있어서 자금배분의 합리화와 예산집행에 신축성을 부여한다.

61) 1955년 제2차 Hoover위원회는 전직 대통령이었던 Hoover가 위원장인 정부행정기구에 관한 위원회이다.

- 실적분석의 결과 및 자료를 다음 회계연도의 예산에 직접 반영하기가 용이하므로 관리자에게 효과적인 관리수단을 제공한다.

(2) 단점

- 예산의 총괄계정(總括計定)에는 부적합하기 때문에 성과주의예산의 대상은 부국(部局)의 수준이다.
- 세출통제가 곤란하기 때문에 회계책임의 한계가 모호해지며, 공금관리가 곤란하다.
- 계획・기능이나 활동 간의 비교를 위한 기준을 제공하기 어렵기 때문에 정책대안의 선택에 큰 도움을 주지 못한다.
- 업무측정단위의 선정과 단위원가의 계산이 매우 어렵다. 공무원의 봉급 등 인건비에 들어가는 행정기본경비에 대해서는 적용이 어렵다. 2004 경사

4. 계획예산제도

1) 계획예산제도의 의의

(1) 개념

- 계획예산제도(計劃豫算制度: PPBS: Planning Programming Budget System)란 장기적인 계획수립(planning)과 단기적인 예산편성(budgeting)을 프로그램 작성(programming)을 통하여 유기적으로 연결시킴으로써 자원배분에 관한 의사결정을 일관성 있고 합리적으로 하려는 예산제도이다. 2003 일반
- 총체적・합리적인 의사결정방법을 예산결정과 계획수립에 적용하려는 예산제도로서 과학적・분석적 사고방식과 기법을 이용한다.[62)]

(2) PPBS의 기본요소

PPBS는 기본요소로서 i) 정부의 사업목표를 명확하게 설정하고, ii) 목표달성을 위한 각종 대안을 비용효과분석 등에 의해 체계적으로 검토하여, iii) 현재의 결정에 내포되어 있

---

62) 체제분석(SA)을 정책에 적용한 것이 정책분석(PA)이며, 예산제도에 적용한 것이 계획예산제도(PPBS)이다. 정책분석은 정치적 합리성이나 정치적 실현가능성을 가장 중시하나, 계획예산제도는 체제분석과 마찬가지로 경제적 합리성을 가장 중시한다.

는 미래비용을 함축(含蓄)하며, 장기적 시계(視界)를 확보하는 기능 등을 하고 있다.[63)]

2) PPBS의 발달요인과 발전과정

(1) PPBS의 발달요인

① 경제분석(economic analysis)의 발달: 거시경제학(巨視經濟學)은 예산의 정책적 기능에 대한 관심을 갖게 하였으며, 미시경제학(微視經濟學)은 한계효용(限界效用)의 원리를 제공함으로써 지출의 합리성을 높이는 데 기여하였다.

② 새로운 정보기술 및 의사결정기법의 개발: 운영연구(OR), 체제분석(SA), 사업평가 및 심사기술(PERT), 관리정보체계(MIS), 비용편익 및 비용효과성 분석(B/C · B/E analysis) 등의 발달은 목표달성을 위한 가장 효율적인 대안의 체계적인 검토를 가능하게 하였다.

③ 계획과 예산의 통합필요성 증대: PPBS는 계획과 예산의 유기적 통합을 가져옴으로써 예산을 장기계획을 달성하기 위한 요소로 파악하게 되었다.[64)]

(2) PPBS의 발전과정

- PPBS는 RAND연구소[65)]의 Novick이 개발하였으며, McNamara 국방장관은 국방비의 급증, 육 · 해 · 공군 간의 격심한 대립, 무기체제의 발전필요성 등의 이유로 국방예산을 효율화하기 위하여 국방성에 1961년 PPBS를 도입하였다.
- 1965년 Johnson 대통령의 지시로 1965년 모든 정부기관에 PPBS가 도입되었으나, 1971년 운영상의 여러 가지 문제점으로 인하여 연방정부에는 일반적으로 그 적용이 중단되었다.[66)]

---

63) 품목별예산과 성과주의예산은 1년 예산이나, 계획예산은 장기예산(3~7년)이다.

64) PPBS는 종래의 관리중심의 예산기능을 지양하고 상대적으로 경시되어 왔던 예산편성에 있어서의 계획기능을 중시하는 예산제도이다. 2004 경위

65) RAND연구소는 미국 국방성 산하의 전략문제연구소이다.

66) R. Nixon 대통령은 PPBS 대신 MBO를 사용하도록 지시를 내렸다. 이를 위해 1970년 예산국(BOB)을 관리예산처(OMB)로 개편하여 대통령 직속기구로 하였다.

3) PPBS의 이론적 기초와 구조

(1) PPBS의 이론적 기초

① 절약과 능률: 일정한 자원의 투입으로 최대한의 산출 또는 일정한 산출을 위해 최소의 자원을 투입하고자 한다.

② 효과성: 비용효과분석을 통해 가장 효과성이 높은 대안을 선택하고자 한다.

③ 조정: 여러 체제의 조화와 균형을 추구하며, 여러 목표 간의 대립을 조정한다.

④ 과학적 객관성: 체제분석・비용효과분석 등 과학적인 분석기법을 통해 의사결정에 있어서 주관적 편견을 배제하고 객관적인 판단을 내리고자 한다.

(2) PPBS의 구조

PPBS의 구조란 여러 가지 사업을 그 종류와 수준별로 분류해 놓은 것이다.

① Program Category: 각 기관의 목표나 임무를 나타내는 과목이다.

② Sub Category: Program Category를 보다 세분(細分)한 것으로서 유사성이 많은 outputs를 산출하는 Program Element를 묶은 것이다.

③ Program Element: PPBS의 기본단위로써 원칙적으로 다른 요소와 구별되는 최종적인 output이다.

[그림 2-1] PPBS의 구조

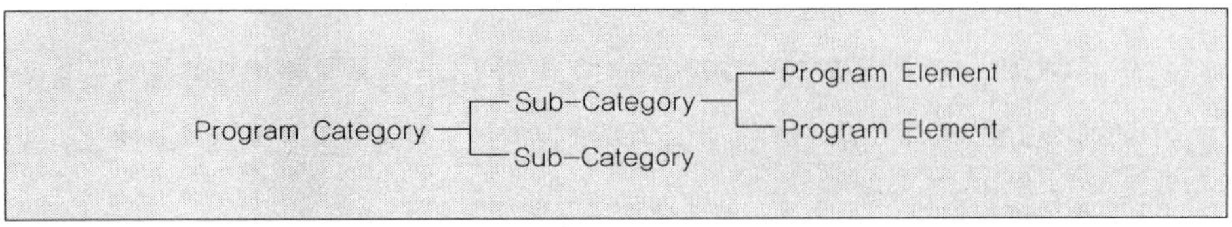

4) PPBS의 장점과 한계

(1) PPBS의 장점

- 사업계획과 예산편성 간의 불일치를 해소시킴으로써 상호관련성을 확보하게 한다.
- 의사결정의 일원화・합리화로 과학적 객관성을 확보하며, 조직 전체의 통합적 운영이 가능하다.

- 자원배분의 합리화로 절약과 능률을 확보할 수 있으며, 예산편성의 요령주의(要領主義)[67]를 봉쇄한다.
- 국가목표를 보다 정확히 계속적으로 파악하게 하며, 장기적인 시계(視界)에서 예산을 편성함으로써 장기계획에 대한 국민의 신뢰를 높인다.

(2) PPBS의 단점

- 의사결정의 일원화(一元化)는 지나친 중앙집권화를 초래하여 조직하부구조의 자주성을 상실하게 한다.
- 목표의 명확한 설정 및 목표의 계량화가 곤란하며, 간접비의 정확한 배분도 어렵다.
- PPBS의 과목구조를 품목별예산으로 다시 편성하는 환산작업(換算作業: cross-work)이 어렵다.
- 정치적 타협・절충이 어렵기에 입법부의 지위가 약화된다.
- 합리적 분석을 위한 여러 기법의 적용에는 시간과 비용이 많이 든다.

5. 영기준예산

1) 의의 2004 경위

- 영기준예산(零基準豫算: ZBB: Zero Base Budget)이란 전년도예산을 기준으로 하여 점증적으로 예산을 책정하는 점증주의 예산제도를 탈피하여, 기존사업이나 신규사업을 막론하고, 사업의 능률성・효과성에 따라 사업의 존속・축소・확대여부를 새로이 체계적으로 분석・검토하여 사업의 우선순위를 결정하고 이에 따라 예산을 편성하는 제도를 말한다.[68]
- 영기준예산은 합리적・종합적 예산결정제도인 체제예산이자 감축관리지향의 예산제도이다.

---

67) 예산편성의 요령주의(要領主義)란 전년도 예산을 기준으로 하여 조금씩 증가시키는 점증주의 예산결정을 말한다. 즉, 품목별예산과 성과주의예산은 점증주의 예산이나, 계획예산은 합리적・종합적 예산이다.

68) 영기준예산을 검총예산(檢總豫算), 백지상태예산, 무전제예산(無前提豫算), 비역사적 예산(非歷史的 豫算)이라고도 부른다. 2003, 2007 기출

2) 발달

- 영기준예산은 텍사스 기계주식회사(Texas Instrument Co.)의 P.A. Pyhrr에 의해 처음 개발되어 자기 회사에 적용하여 성과를 거두자 이를 *Harvard Business Review*[69]에 발표하였다.
- Georgia 주지사였던 J. Carter는 이 논문을 읽고 주정부의 만성적인 재정적자를 극복하고 건전재정을 확보하기 위해 1973년 Georgia 주정부예산에 적용하여 큰 성과를 거두었다. 그 후 J. Carter가 1976년 대통령에 당선되자 영기준예산을 1979년 연방예산에 적용하였다.
- 우리나라는 1983년 회계연도의 예산편성 중 경직성 경비(硬直性 經費)[70], 행정경비, 보조금, 출연금(出捐金), 기금, 사업비 등에 영기준예산을 적용하였다.

3) 절차

영기준예산을 운영하는 기관이 모든 사업과 활동을 체계적으로 분석하여 예산을 결정하게 될 때 그 편성절차는 기본적으로 다음의 4단계를 거치게 된다.

(1) 의사결정단위(decision unit)의 선정

- 의사결정단위(意思決定單位)란 각 조직체의 의미 있는 업무단위로서 조직의 활동을 상호 비교하고 평가할 수 있도록 나눈 개개의 활동 및 기능단위를 말한다. 이는 기존의 예산절차상 하나의 예산단위일 수도 있고 몇 개의 예산단위 또는 하위단위일 수도 있다. 이러한 의사결정단위는 최고관리자에 의해 결정된다.

(2) 의사결정서류(decision package)의 작성

- 의사결정서류(意思決定書類)[71]란 의사결정단위를 수행하는 데 필요한 제반 분석서류를 말한다. 이에는 목적과 목표, 업무의 내용, 비용과 편익, 업무량과 실행방법, 목표수행의 대안 및 수단, 투입될 노력의 수준 등이 포함된다.

---

69) *Harvard Business Review*는 Harvard대학의 경영대학원에서 발행하는 논문집이다.
70) 경직성 경비란 예산사정 시 삭감하기 어려운 경비를 말한다. 우리나라의 경우 방위비와 지방재정교부금, 교육재정교부금 및 인건비가 대표적이다.
71) decision package는 의사결정서류 또는 의사결정항목(意思決定項目)이라고 한다.

• 의사결정서류에는 사업수행의 방법에 관한 대안적 의사결정서류(代案的 意思決定書類: alternative package)와 방법의 노력수준에 관한 점증적 의사결정서류(漸增的 意思決定書類: incremental package)가 요구된다.

〈표 2-5〉 의사결정단위와 의사결정서류의 예시

1. 의사결정단위 강(江)을 사이에 둔 A지역과 B지역 간의 교통의 소통 **2. 의사결정서류** ① 대안적 의사결정서류: 의사결정단위인 사업의 수행방법을 분석함 예 다리건설, 선박이용, 항공기이용, 지하터널 등 ② 점증적 의사결정서류: 수행방법의 노력수준을 분석함 예 다리건설의 경우 방법의 노력수준을 3가지로 정할 때 3-3: 보강수준-철교로 건설 3-2: 현재수준-콘크리트교로 건설 3-1: 최저수준-목교로 건설

(3) 우선순위의 결정

• 우선순위의 결정은 주어진 예산의 범위 안에서 의사결정단위와 그 수행의 방법 및 노력수준을 사업의 효율성에 따라 결정하는 것이다.
• 우선순위는 조직의 하위관리계층부터 상위관리계층으로 올라가면서 통합적으로 결정하게 된다.

(4) 실행예산안의 편성

• 우선순위가 결정되면 의회에 제출하기 위한 실행예산안(實行豫算案)이 편성된다.
• ZBB는 의회가 예산안을 삭감할 경우 행정부가 편성한 사업의 우선순위를 참조함으로써 예산심의를 효율화할 수 있다.

4) ZBB의 장단점

(1) ZBB의 장점

① 사업의 전면적인 평가로 자원의 합리적 배분: ZBB는 매년 예산편성 시 기존사업과

신규사업을 합리적・종합적으로 분석하여 자원배분의 합리성을 높일 수 있다.

② 재정운영의 경직성 방지: ZBB는 우선순위가 낮은 사업은 폐지・축소하여 그 재원을 시급하고 우선순위가 높은 사업에 배정함으로써 재정운영의 탄력성을 확보할 수 있다.

③ 하의상달의 촉진과 각 수준 관리자의 참여: ZBB는 상향적 결정방식을 통해 모든 수준의 관리자들이 참여할 수 있게 함으로써 관리자들이 자신의 업무를 개선하고 효율성을 추구하도록 동기를 부여한다.

④ 적절한 정보의 제시: ZBB는 의사결정서류의 개발을 통해 일선책임자나 중간관리층의 계선책임자에게 집행에 필요한 적절한 정보를 제공한다.

⑤ 조세부담증가의 방지 및 감축예산을 통한 자원난의 극복: ZBB는 감축관리지향(減縮管理指向)의 예산으로서 국민의 조세부담 증가를 방지하고 자원난에 대처할 수 있다.

(2) ZBB의 단점

① 사업의 전면적 분석・평가의 곤란성: ZBB는 매년 모든 사업을 전면적으로 분석할 경우 시간과 비용 및 노력이 과다하다.

② 관료 및 기득권자들의 저항과 자기방어: 관료들은 사업평가의 결과 예산삭감에 불안감을 가지고 분석에 저항하며 자료를 왜곡하기 쉽다.

③ 사업축소・폐지의 곤란: 공공부문에는 지속적 업무가 많고, 국민생활의 연속성을 고려해야 하며, 법령상의 제약으로 효율성이 낮은 사업이라도 축소・폐지가 사기업과 달리 어렵다.

④ 소규모조직의 희생: 인원이나 예산이 작은 조직의 사업은 그 우선순위가 부당하게 낮게 평가되기 쉽다.

6. 일몰법(日沒法: Sunset Laws)과 ZBB

1) 일몰법의 의의

• 일몰법이란 특정의 행정기관이나 사업이 일정기간(3~7년)이 지나면 자동적으로 폐지되게 하는 일종의 한시법(限時法)이다. 만일 종료기간 후에도 사업을 계속할 필요가

있으면 재검토하여 존속시킨다.[72)]

- 이는 행정기관이나 사업의 유효성과 타당성이 줄어들어도 일종의 타성(惰性) 또는 본능적 욕구에 의해서 그대로 존속되는 것을 막고 새로운 사회적 타당성이 있는 신규사업을 시도하게 하기 위한 것으로 감축관리의 방안이 된다.
- ZBB가 매년 분석할 때 소요되는 과다한 노력과 경비를, 일몰법은 자동적 종결(自動的 終結)과 주기적 재심(週期的 再審)을 통해 절감할 수 있는 제도로서 1976년 미국의 Colorado주에서 처음 채택한 후로 각 주(州)에 보급되어 사용되고 있다.

2) 일몰법과 ZBB의 비교

(1) 유사점

일몰법과 ZBB는 다 같이 감축관리를 위해 상호 관련된 제도로서 사업의 효율성을 검토하여 사업의 계속여부를 결정하기 위해 재심사를 통하여 합리적 자원배분을 도모하고자 한다.

(2) 차이점

일몰법	ZBB
• 예산통제를 위한 입법적 과정이며 법률[73)]	• 예산편성의 행정적 과정
• 행정의 최상위계층의 주요 정책을 심사하기 위한 것	• 행정의 최상위계층뿐만 아니라 중·하위계층까지 관련
• 예산심의과정과 관련되지만 예산심의과정과는 어느 정도 독립된 입법과정	• 예산편성에 관련된 예산과정
• 검토의 주기가 3~7년의 장기	• 1년 예산으로서 단기

---

72) 준일몰법(準日沒法)은 일정기간 후에 자동적으로 기관이나 사업을 폐지시키는 것이 아니라 폐지 전에 반드시 존속여부를 재검토하도록 규정한 법률이다.

73) 일몰법이란 특정의 행정기관이나 사업이 일정기간 경과되면 의무적·자동적으로 폐지되게 하는 것으로 '입법부'에서 제정한다. 2010 기출

7. 성인지 예산(性認知 豫算)

1) 성인지 예산의 개념[74)]

• Advisory Committee on Equal Opportunities for Women and Men은 성인지 예산(Gender budgeting)이 예산과정에 대한 성 주류화의 적용 즉, 모든 수준의 예산과정에서 성(性, geader)관점을 결합하고 성 평등을 위하여 세입과 세출을 재구조화하는 것이라 하였다.[75)]

• Budlender & Sharp는 성인지 예산이 여성을 위한 별도의 예산이 아니라 여성과 남성, 여성과 남성의 다양한 집단에 대한 예산의 차별적 효과를 보여주기 위한 정부예산분석이다. 즉, 성 평등에 대한 정부의 의지를 예산으로 전환하자는 것으로써 기본적으로 젠더 이슈를 주류화하고자 하는 것이며, 젠더 관점에서 공공지출과 세입을 재배분하자는 것이라고 하였다.[76)]

• 성인지 예산제도는 1984년 호주에서 여성예산 프로그램(Women's Budget Program)으로 처음 시행된 이후 현재 세계 60여 개 국가에서 다양한 형태로 시행되고 있다.

• 2007년 1월 국가재정법이 발효됨으로써 2010년 회계연도 예산부터 성인지 예산서와 결산서 작성이 의무화되었다.

• 2000년대 초반 여성운동단체에 의해 성인지 예산이 의제화되는 단계를 거쳐 국가재정법에 반영되었다.

• 2007년부터 공식 가동된 프로그램 예산제도와 디지털 예산회계시스템은 국가재정법에 규정한 성인지 예산서의 작성 및 제출을 도와주는 제도적 기반이 되고 있다.

국가재정법

제16조(예산의 원칙) 정부는 예산의 편성 및 집행에 있어서 다음 각 호의 원칙을 준수하여야 한다. 〈개정 2010.5.17〉

74) 성인지 예산은 gender budget, gender sensitive budget, gender responsive budget, gender aware budget 등으로 표현되고 있다.

75) Advisory Committee on Equal Opportunities for Women and Men, Opinion Gender Budgeting, 2003.

76) Budlender, Debbie and Rhonda Sharp, How to Do a Gender-sensitive Budgets Analysis: Contemporary Research and Practice, the Commonwealth Secretariat, 1998.

5. 정부는 예산이 여성과 남성에게 미치는 효과를 평가하고, 그 결과를 정부의 예산편성에 반영하기 위하여 노력하여야 한다.

제26조(성인지 예산서의 작성) ① 정부는 예산이 여성과 남성에게 미칠 영향을 미리 분석한 보고서[이하 "성인지(性認知) 예산서"라 한다]를 작성하여야 한다.

② 성인지 예산서에는 성평등 기대효과, 성과목표, 성별 수혜분석 등을 포함하여야 한다. 〈신설 2010.5.17〉

③ 성인지 예산서의 작성에 관한 구체적인 사항은 대통령령으로 정한다. 〈개정 2010.5.17〉

국가재정법시행령

제9조(성인지 예산서의 내용 및 작성기준 등) ① 법 제26조에 따른 성인지 예산서(이하 "성인지 예산서"라 한다)에는 다음 각 호의 내용이 포함되어야 한다. 〈개정 2008.2.29, 2009.3.25, 2010.7.9〉

1. 성인지 예산의 개요
2. 성인지 예산의 규모

2의2. 성인지 예산의 성평등 기대효과, 성과목표 및 성별 수혜분석

3. 그 밖에 기획재정부장관이 정하는 사항

② 성인지 예산서는 기획재정부장관이 여성가족부장관과 협의하여 제시한 작성기준(성인지 예산서 작성 대상사업 선정 기준을 포함한다) 및 방식 등에 따라 각 중앙관서의 장이 작성한다. 〈신설 2009.3.25, 2010.3.15, 2010.7.9〉 [제목개정 2010.7.9]

2) 성인지 예산의 목적

- 정책과 재정운용에 있어서 성 평등에 대한 인식을 제고한다.
- 성 평등에 대한 정부의 책임성을 강화한다.
- 성 평등과 여성의 지위향상을 위해서 예산과 정책을 실질적으로 변화시킨다.[77]
- 여성의 경제·사회적인 사회참여 및 기여를 통한 국가인적자본의 활용과 국가재정의 최적화 등을 도모한다.[78]

77) Sharp, Rhonda and Ray Broomhill, "Budgeting for Equality: The Australian Experience", Feminist Economics, 8(1), 2002.

78) 윤영진·김은정, 프로그램 예산제도에서의 성인지 예산제도 도입방안.

3) 성인지 예산의 범위

- i) 성특정적 예산(gender-specific expenditures), ii) 공공서비스 내에서 성 형평성(gender equity)을 추진하는 예산, iii) 일반예산(mainstream expenditures)을 포함한다.[79)]
- 제2차 여성정책기본계획(2003~2007)에서는 성 특정적 예산과 성 형평성 예산을 합하여 양성평등 정책예산으로 분류하고 있다.
- 2007년 예산편성지침에서는 양성평등 정책대상사업은 예산서에 명시적으로 표기하게 하고 있다.

79) Budlender, Debbie and Rhonda Sharp, How to Do a Gender-Sensitive Budgets Analysis: Contemporary Research and Practice, the Commonwealth Secretariat, 1998.

제3장

경찰장비 및 물품관리론

제 03 장 경찰장비 및 물품관리론

제1절 경찰장비관리

1. 경찰장비관리의 의의

- 경찰장비업무란 '경찰장비의 취득, 보관, 사용, 처분의 4단계를 통하여 장비의 적극적인 활용과 효율적인 관리 및 발전된 관리기술을 바탕으로 경찰업무수행의 효율성 제고를 위한 업무'를 의미한다.
- 경찰장비관리(경찰물품관리)는 경찰업무를 수행하는 데 필요한 물품을 취득하여 효율적으로 보관・사용하고, 사용 후에 합리적으로 처분하는 과정이다. 정부물품관리의 기본법인 물품관리법이다.

물품관리법
제1조는 이 법은 국가물품의 취득, 보관, 사용 및 처분에 관한 기본적 사항을 규정함으로써 물품의 효율적이며 적정한 관리를 도모함을 목적으로 한다.

- 경찰장비관리의 목표는 능률성, 효과성, 경제성이다.[1] 즉, 절약과 능률을 근간으로 과

1) 장비관리의 목표는 능률성・효과성・경제성이며, 민주성・만족성은 경찰장비관리의 목표가 아니다. [2008 경간]

학적 관리기법을 적용하여 경찰업무수행의 원활한 지원과 사용에 낭비적 요소를 제거함으로써 국가예산과 물자를 절약하는 데 있다.

• 경찰장비 업무의 법적 근거로는 물품관리법, 국유재산법, 국가재정법, 국가를 당사자로 하는 계약에 관한 법률, 회계관계직원 등의 책임에 관한 법률, 감사원법, 경찰장비관리규칙(경찰청 훈령), 관용차량관리규정(대통령령) 등이 있다.

2. 용어의 개념

1) 장구(裝具)

• 경찰관이 휴대하여 범인검거와 범죄진압 등 직무수행에 사용하는 것 중 무기를 제외한 물건을 총칭하는 개념이다.

• 경찰관직무집행법 제10조의2 제2항에서 수갑, 포승, 경찰봉, 방패 등을 예시하고 있으나 그 외에도 경적(警笛), 호신용구, 진압장구를 포함한다.

경찰관직무집행법

제10조의2(경찰장구의 사용) ② 제1항의 "경찰장구"라 함은 경찰관이 휴대하여 범인검거와 범죄진압 등 직무수행에 사용하는 수갑·포승·경찰봉·방패 등을 말한다. 〈신설 1999.5.24〉 [제목개정 1999.5.24]

2) 장비

• 무기, 경찰장구, 최루제 및 그 발사장치, 감식기구, 해안감시기구, 통신기기, 차량선박, 항공기 등 경찰의 직무수행을 위하여 필요한 장치와 기구(경찰관직무집행법 제10조 제2항) 및 기동, 피복, 총포, 범죄수사, 행정고용장비 등을 총칭하는 개념이다.

3. 장비의 종류

경찰장비관리규칙

제68조(장비의 구분) 이 규칙에서 정하는 장비는 성질에 따라 다음 각 호와 같이 구분한다.
1. 경찰장구류, 2. 안전·보호장비, 3. 기동장비, 4. 무기류, 5. 최루제 및 그 발사장치, 6. 작전장비, 7. 검색·관찰장비, 8. 감정·감식장비, 9. 정보통신장비, 10. 기타 장비

경찰장비의 사용기준 등에 관한 규정

제2조(경찰장비의 종류) 인명 또는 신체에 위해를 가할 수 있는 경찰장비(이하 "경찰장비"라 한다)의 종류는 다음 각 호와 같다.

1. 경찰장구: 수갑・포승(捕繩)・호송용포승・경찰봉・호신용경봉・전자충격기・방패 및 전자방패
2. 무기: 권총・소총・기관총(기관단총을 포함한다. 이하 같다)・산탄총・유탄발사기・박격포・3인치포・함포・크레모아・수류탄・폭약류 및 도검
3. 분사기・최루탄 등: 근접분사기・가스분사기・가스발사총(고무탄 발사겸용을 포함한다. 이하 같다) 및 최루탄(그 발사장치를 포함한다. 이하 같다)
4. 기타 장비: 가스차・살수차・특수진압차・물포・석궁・다목적발사기 및 도주차량차단장비

4. 장비관리규정

경찰장비관리규칙(경찰청훈령)은 "물품관리법", "경찰관직무집행법" 및 "경찰장비의 사용기준 등에 관한 규정"의 시행을 위하여 필요한 사항을 정하고 기타 경찰장비의 관리에 관한 기본적인 사항을 규정하고 있다.[2)]

〈표 3-1〉 개별장비와 관련된 규칙

종 류	법 규
• 기동장비	• 공용차량관리규정(대통령령)
• 무기・탄약 및 화학장비	• 화학장비관리(경찰업무편람)
• 일반장비	• 경찰공무원 급여품 및 대여품 규칙(행정안전부령) • 경찰복제에 관한 규칙(행정안전부령)
• 진압장비	• 경찰기동대 운영규칙(경찰청훈령)・경찰관기동대 운영규칙(경찰청훈령)
• 전투장비	• 전투경찰순경 등 관리규칙(대통령훈령)
• 대테러장비	• 국가대테러활동지침(대통령훈령)
• 경호장비	• 경호편람(경찰청훈령)
• 교통장비	• 교통단속처리지침(경찰업무편람)
• 수사・과학수사장비	• 거짓말탐지검사 운영규칙(경찰청예규)
• 정보화・정보통신	• 경찰정보통신 운영규칙(경찰청예규)
• 생활안전장비	• 경찰순찰정 관리운영규칙(경찰청예규)
• 항공장비	• 경찰항공 운영규칙(경찰청훈령)

2) 강욱・김석범・백창현, 경찰경무론, 경찰대학, 2012: 311-349.

제2절 무기 · 탄약관리

1. 무기휴대 및 사용의 법적 근거

• 경찰공무원은 직무수행을 위하여 필요한 때에는 무기를 휴대할 수 있다.

경찰공무원법

제20조(복제 및 무기 휴대) ② 경찰공무원은 직무 수행을 위하여 필요하면 무기를 휴대할 수 있다.

• 경찰공무원은 대간첩작전수행 등 일정요건하에서 무기를 사용할 수 있다.

경찰관직무집행법

제10조의4(무기의 사용) ① 경찰관은 범인의 체포·도주의 방지, 자기 또는 타인의 생명·신체에 대한 방호, 공무집행에 대한 항거의 억세를 위하여 필요하다고 인정되는 상당한 이유가 있을 때에는 그 사태를 합리적으로 판단하여 필요한 한도 내에서 무기를 사용할 수 있다. 다만, 형법에 규정한 정당방위와 긴급피난에 해당하는 때 또는 다음 각 호의 1에 해당하는 때를 제외하고는 사람에게 위해를 주어서는 아니된다.

1. 사형·무기 또는 장기 3년 이상의 징역이나 금고에 해당하는 죄를 범하거나 범하였다고 의심할 만한 충분한 이유가 있는 자가 경찰관의 직무집행에 대하여 항거하거나 도주하려고 할 때 또는 제3자가 그를 도주시키려고 경찰관에게 항거할 때에 이를 방지 또는 체포하기 위하여 무기를 사용하지 아니하고는 다른 수단이 없다고 인정되는 상당한 이유가 있을 때
2. 체포·구속영장과 압수·수색영장을 집행할 때에 본인이 경찰관의 직무집행에 대하여 항거하거나 도주하려고 할 때 또는 제3자가 그를 도주시키려고 경찰관에게 항거할 때 이를 방지 또는 체포하기 위하여 무기를 사용하지 아니하고는 다른 수단이 없다고 인정되는 상당한 이유가 있을 때
3. 범인 또는 소요행위자가 무기·흉기 등 위험한 물건을 소지하고 경찰관으로부터 3회 이상의 투기명령 또는 투강명령을 받고도 이에 불응하면서 계속 항거하여 이를 방지 또는 체포하기 위하여 무기를 사용하지 아니하고는 다른 수단이 없다고 인정되는 상당한 이유가 있을 때
4. 대간첩작전수행에 있어 무장간첩이 경찰관의 투강명령을 받고도 이에 불응하는 경우

② 제1항의 "무기"라 함은 인명 또는 신체에 위해를 가할 수 있도록 제작된 권총·소총·도검 등을 말한다.

③ 대간첩・대테러작전 등 국가안전에 관련되는 작전을 수행할 때에는 개인화기 외에 공용화기를 사용할 수 있다.

제11조(사용등록의 보관) 제10조의3의 규정에 의한 분사기나 최루탄 또는 제10조의4의 규정에 의한 무기를 사용하는 경우 그 책임자는 사용일시・사용장소・사용대상・현장책임자・종류・수량 등을 기록하여 보관하여야 한다.

2. 무기・탄약의 보관방법

• **경찰서 등 집중무기고**	• 무기탄약관리규칙(경찰청훈령)에 의거하여 무기고시설을 갖추고, 열쇠관리는 일과시간 중에는 관리책임자(경무과장)가, 일과시간 후에는 상황실장(순찰지구대는 소장 또는 부소장)이 철저하게 관리하여야 한다.
• **순찰지구대, 파출소 등 간이무기고**	• 열쇠관리는 순찰지구대장(파출소장)이 보관하는 것이 원칙이나 순찰지구대장이 비번 또는 부재 시에는 사무소장이 보관한다.

경찰장비관리규칙

제116조(무기·탄약의 보관) ① 무기・탄약은 종류별, 제조연도별로 구분 관리하며, 그 품명과 수량이 표시된 현황판과 격납배치도, 무기출입 및 점검확인부를 비치하여야 한다.

② 간이무기고에 권총과 소총을 함께 보관할 경우에는 견고한 분리보관장치를 하고, 소총은 별도 잠금장치를 설치하여야 한다.

③ 무기고에는 가스발사총(분사기)을 보관할 수 있고, 최루탄은 보관함에 넣어 탄약고에 함께 보관할 수 있으나, 무기・탄약고에 인화물질 및 기타 장비를 보관하여서는 아니된다.

④ 간이무기고[3]에 탄약을 함께 보관할 경우에는 반드시 튼튼한 상자에 넣어 잠금장치를 하고 분리 보관하여야 한다.

3. 무기・탄약고 열쇠의 보관

경찰장비관리규칙

제117조(무기・탄약고 열쇠의 보관) ① 무기고와 탄약고의 열쇠는 관리 책임자가 보관한다.

---

3) • '간이무기고'란 경찰기관의 각 기능별 운용부서에서 효율적 사용을 위하여 집중무기고로부터 무기・탄약의 일부를 대여받아 별도로 보관・관리하는 시설을 말한다.
• '집중무기고'란 경찰인력 및 경찰기관별 무기책정기준에 따라 배정된 개인화기와 공용화기를 집중 보관・관리하기 위하여 각 경찰기관에 설치된 시설을 말한다.

② 집중무기고의 경우 일과시간은 경무과장(총무과장), 일과 후는 상황관리(담당)관, 상황실 간이무기고는 상황(부)실장, 지구대 등 간이무기고는 지역경찰관리자, 기타 간이무기고는 설치부서 책임자(야간은 당직관 등 열쇠 인수 책임자)가 보관 관리한다. 다만, 휴가·비번 등으로 관리책임자 공백시는 별도 관리책임자를 지정하여야 한다.
③ 간이무기고 소총용 열쇠는 관리책임자가 별도 관리하여야 하고, 지구대 등 무기고의 경우 관리책임자 부재시는 이중문 열쇠를 소내 근무자 등에게 관리상 책임을 알린 뒤 각각 분리 보관하게 하여야 한다.

4. 무기고 감독순시 및 점검

무기·탄약이 비치된 모든 경찰기관의 무기·탄약고는 다음 기준에 따라 감독순서 및 점검을 실시하여야 한다.4)

구분	담당	계장급	과장급	관서장
• 지방청·부속기관	• 담당자 1일 1회	• 장비보급계장: 주 1회	• 경무과장(운영지원 과장): 월 1회	–
• 경찰서	• 담당자 1일 1회	• 경리계장 주 1회	• 경무과장 월 1회	• 분기 1회
• 간이무기고	• 지역경찰 관리요원·상황실 근무자 중 지정된 자 1일 1회	• 지구대장(파출소): 1일 1회 • 상황(부)실장: 1일 1회	• 생안과장(경비과장): 월 1회	–
• 기동부대	• 담당자 1일 1회	• 중대장: 주 1회	• 배속부대: 배속서 경비과장 월 1회 (단, 방순대는 생안과장) • 통합부대: 기동단(대) 행정과장 월 1회	• 통합부대: 기동단(대장) 분기 1회

5. 무기·탄약 등의 대여

- 무기·탄약을 대여하고자 할 때에는 무기·탄약 대여신청서에 따라 경찰관서장의 사전허가를 받은 후 감독자의 입회하에 대여하고 무기탄약출납부, 무기탄약 출·입

4) 강욱·김석범·백창현, 경찰경무론, 경찰대학, 2012: 311-349.

고서에 이를 기재하여야 한다.

- 상황실 등의 간이무기고에 대여 또는 배정받은 무기탄약을 입・출고할 때에는 휴대 사용자의 대여신청에 따라 소속부서 책임자의 허가를 받아 무기탄약 출・입고부에 기록한 후 관리책임자 입회하에 입출고하여야 한다.
- 지구대 등 간이무기고의 경우는 소속 경찰관에 한하여 무기를 지급하되 감독자 입회[5] 하에 무기탄약 입・출고부에 기재한 뒤 입・출고하여야 한다. 다만, 긴급상황 발생 시 경찰서장의 사전허가를 받은 경우의 대여는 예외로 한다.

6. 무기취급자 및 지급자 신상관리

- 경찰기관의 장은 무기를 휴대한 자 중에서 다음 각 호에 해당하는 자가 발생한 때에는 즉시 대여한 무기・탄약을 회수하여야 한다.

1. 직무상의 비위 등으로 인하여 징계대상이 된 자[6] 2. 형사사건의 조사대상이 된 자 3. 사의를 표명한 자

- 경찰기관의 장은 무기를 휴대한 자 중에서 다음 각 호에 해당하는 자가 있을 때에는 대여한 무기・탄약을 회수 또는 보관할 수 있다.

1. 평소에 불평이 심하고 염세비관하는 자 2. 주벽이 심한 자 3. 변태성벽이 있는 자 4. 가정환경이 불화한 자 5. 기타 경찰기관의 장이 부적합하다고 판단한

- 경찰기관의 장은 무기를 휴대한 자 중에서 다음 각 호에 해당하는 경우에는 대여한 무기・탄약을 무기고에 보관하도록 하여야 한다.

---

5) 감독자가 없을 경우 반드시 타 선임 경찰관 입회.
6) 직무상의 비위로 인하여 징계대상이 된 자는 강제회수의 대상이다. [2007 기출]

1. 술자리 또는 연회장소에 출입할 경우
2. 상사의 사무실을 출입할 경우
3. 기타 정황을 판단하여 필요하다고 인정되는 경우

7. 대여무기 피탈 및 분실 방지

- 대여받은 총기는 서랍 등에 방치하지 못하도록 하여야 하며, 휴대하지 않을 경우에는 반드시 간이무기고 등에 보관하도록 하여야 한다.
- 총기 휴대 시에는 '피탈방지 연결고리'를 반드시 부착하도록 하며, 경찰기관의 장은 관리 중인 무기・탄약의 분실・도난・피탈 및 훼손 등의 변동사항이 있을 때 또는 소속 경찰관의 오발사고가 발생하거나 이로 인하여 타인의 생명・신체 및 재산을 손상하게 한 때에는 소속 지방경찰청장을 경유하여 경찰청장에게 지체 없이 보고하여야 한다.

8. 무기・탄약의 손질 및 수리

- 경찰기관의 장은 자체계획을 수립하여 매월 1회 이상 보관하고 있는 무기・탄약을 손질하여야 한다. 다만, 대여 무기・탄약의 경우에는 대여받은 자가 매주 1회 이상 손질하여야 한다.
- 경찰기관의 장은 수리가 필요한 무기가 있을 때에는 경찰청장에게 수리를 요청하여야 하며, 경찰청에서 수리할 수 없는 경우에는 지역 군부대의 협조를 받아 수리할 수 있다. 다만, 고장의 정도가 경미한 경우에는 해당 경찰관서에서 직접 수리할 수 있다.

9. 실태보고 등

- 경찰관서의 장은 매분기 말일을 기준으로 관리하고 있는 무기・탄약 실태를 소속 지방경찰청장을 거쳐 매분기 다음달 10일까지 경찰청장에게 보고하여야 한다.
- 무기・탄약 관리실태 보고와 비치할 장부 등은 경찰업무편람에서 정하는 서식에 따라 필요한 사항을 기재하여야 한다.

제3절 기동장비관리

1. 개념

• 기동장비	• 차량, 항공기, 선박, 자전거
• 차량	• 자동차와 원동기를 장치한 이륜차
• 항공기	• 경찰항공대에서 관리 · 운용하는 헬리콥터
• 선박	• 범죄예방 업무수행을 위하여 운영되는 순찰정

2. 차량의 구분

- 차량의 차종은 승용 · 승합 · 화물 · 특수용으로 구분하고, 차형은 차종별로 대형 · 중형 · 소형 · 경형 · 다목적형으로 구분한다.
- 차량은 용도별로 전용 · 지휘용 · 업무용 · 순찰용 · 특수용 차량으로 구분한다.[7]

• 전용	• 「공용차량관리규정」 제4조 제1항에 따른 차량(경찰청장 및 경찰위원회 상임위원용 차량)
• 지휘용	• 치안현장 점검 · 지휘 등 상시 지휘체제 유지를 위해 경찰기관장이 운용하는 차량
• 업무용	• 각 경찰부서의 인력 및 물자수송 등 통상적인 경찰업무와 경찰위원회 업무에 공통으로 사용할 수 있는 일반적인 차량
• 순찰용	• 112순찰 · 교통 · 고속도로 및 형사순찰차량 등 기동순찰 목적으로 별도 제작 운용 중인 차량
• 특수용	• 경비 · 작전 · 피의자호송 · 과학수사 · 구급 · 식당 · 위생 · 견인, 특수진압차, 사다리차, 폭발물검색차, 방송차, 다중해산용 물포(「경찰장비의 사용기준 등에 관한 규정」 제2조의 살수차를 말함), 물보급차, 가스차, 조명차, 페이로다 등 특수한 업무에 적합하도록 필요한 설비를 부착하는 등 별도 제작된 차량

3. 차량의 정수배정

- 경찰청장은 경찰청 및 그 소속기관별 차량의 정수(定數)[8]를 배정할 때에는 관할구

7) 강욱 · 김석범 · 백창현, 경찰경무론, 경찰대학, 2012: 311-349.
8) '차량정수'란 경찰기관별로 인가되어 정하여진 차량의 수를 말한다.

역 · 조직규모 · 업무량 등을 감안하여 예산범위 내에서 배정한다.

- 경찰청장은 차종 · 차형별 차량을 배정할 때에는 업무의 용도와 소요예산을 고려하여 배정하고, 그 기준은 경찰차량(차형) 배정기준에 따른다. 다만, 에너지 절약 등 필요한 때에는 배정된 차종 및 차형 기준을 하향 조정하여 배정할 수 있다.
- 각 기관에 배정된 경찰차량의 정수는 해당 경찰기관 임의로 증감하지 못하며, 정확히 관리 · 운용하여야 한다.

4. 차량의 집중관리

- 각 경찰기관의 업무용차량은 운전요원의 부족 등 불가피한 사유가 없는 한 집중관리를 원칙으로 한다.
- 특수용 차량 등도 필요하다고 인정되는 경우에는 집중관리할 수 있다.
- 집중관리대상 차량 및 운전자는 관리 주무부서 소속으로 한다.

5. 차량의 관리

- 차량열쇠는 지정된 열쇠함에 집중보관하여 주간에는 경무(장비)과장, 일과 후 및 공휴일에는 상황관리(담당)관[9]이 관리하고, 예비열쇠의 확보 등을 위한 무단복제와 전 · 의경 운전원의 임의 소지 및 보관을 금한다.
- 차량은 지정된 운전자 이외의 사람이 무단으로 운행하여서는 아니되며, 운전자는 교통법규를 준수하여 사고를 방지하여야 한다.
- 차량을 주 · 정차할 때에는 엔진시동 정지, 열쇠분리 제거, 차량문을 잠그는 등 도난방지에 유의하여야 하며, 범인 등으로부터의 피탈이나 피습에 대비하여야 한다.
- 근무교대 시 전임 근무자는 차량의 청결상태, 각종 장비의 정상작동 여부 등을 점검한 후 다음 근무자에게 인계하여야 한다.
- 각 경찰기관의 장은 차고시설을 갖추도록 하되, 차고시설을 갖추지 못한 경우에는 눈 · 비를 가리는 천막 등 시설을 하여야 한다.

---

9) 경찰서는 상황(부)실장, 지구대는 지역경찰관리자.

6. 차량의 관리책임

- 차량을 배정받은 각 경찰기관의 장은 차량에 대한 관리사항을 수시 확인하여 항상 적정하게 유지되도록 하여야 한다.
- 경찰기관의 장은 차량이 책임 있게 관리되도록 차량별 관리담당자를 지정하여야 한다.
- 차량운행 시 책임자는 1차 운전자, 2차 선임탑승자(사용자), 3차 경찰기관의 장으로 한다.

7. 차량의 운행절차

- 차량을 운행하고자 할 때는 사용자가 경찰배차 관리시스템을 이용하여 주간에는 해당 경찰기관장의 운행허가를 받아야 하고, 일과 후 및 공휴일에는 상황관리(담당)관[10)]의 허가를 받아야 한다. 다만, 시스템을 이용할 수 없는 때에는 운행허가서로 갈음할 수 있다.
- 차량을 운행할 때에는 경찰배차 관리시스템에 운행사항을 입력하여야 한다.

8. 차량의 점검

- 각 경찰기관의 장은 정기적인 차량점검으로 차량 조기 노후화를 방지하여야 하며, 경찰차량의 점검은 다음 각 호와 같이 3단계로 구분한다.

• 1단계	• 운전자가 직접 실시하는 점검으로 일일 · 주간점검을 말한다.
• 2단계	• 전문 정비요원이 실시하는 점검으로 월 1회 실시하는 월간점검을 말한다. 단, 전용 · 지휘용 · 업무용차량(경찰버스 제외)은 분기 1회 점검한다.
• 단계	• 「자동차관리법시행규칙」 59조에 따른 정기검사에 대비하여 실시하는 특별점검을 말한다.

- 각 경찰기관의 장은 경찰차량의 매연으로 인한 대기오염을 방지하기 위하여 경찰차량 매연 예방 기준에 따라 차량을 관리하고, 경찰기관별로 반기 1회 매연점검을 실시하여야 한다.

---

10) 경찰서는 상황(부)실장을 말한다.

- 각 경찰기관의 장은 필요한 경우에 경찰차량의 관리상태 점검과 방역여부 등 위생점검을 실시하여야 한다.

9. 차량정비

- 각 경찰기관의 장은 차량점검 결과 상태불량 또는 고장차량은 즉시 정비하여 업무수행에 지장이 없도록 하여야 한다.
- 대・폐차 대상차량은 경제적 수리한도 내에서 합리적으로 수리하여야 한다.
- 경찰기관의 장은 효율적인 차량정비를 위하여 관련 법령에 따라 차량정비창을 운영할 수 있다.

10. 운전원 교육 및 출동태세 확립

- 차량을 배정받은 경찰기관의 장은 안전운행을 위한 자체계획을 수립하여 교육을 실시하여야 한다.
- 전・의경 신입운전요원은 4주 이상 운전교육을 실시한 후에 운행하도록 하여야 한다.
- 112타격대, 기타 작전용 차량 등 긴급출동 차량에 대하여는 사전에 철저한 정비와 운전원 확보를 통해 출동에 차질 없도록 대비하여야 한다.[11)]

제4절 진압장비

1. 의의

진압장비의 사용은 최루탄의 사용처럼 경찰책임자 이외 시민에게도 영향을 미치므로 안전성과 피해의 최소화에 노력해야 하고, 남용되지 않도록 주의해야 한다.[12)]

---

11) 차량은 일과시간 외에도 항시 출동태세 준비를 갖추어야 한다. 2008 경간
12) 경찰장비를 임의로 개조하거나 임의적으로 부착하여 통상의 용법과 달리 사용하여서는 안된다.

• 최루장비[13]	• 화학적 성질에 의하여 최루 · 자극 · 연막 또는 신호 등의 효과를 일으키거나 이를 제거하는 최루작용제를 장착하여 사용하는 장비 및 작용제를 말한다.
• 분사기	• 사람의 활동을 일시적으로 곤란하게 하는 최루 또는 자극(질식) 등의 작용제가 내장된 압축가스의 힘으로 분사할 수 있는 기기를 말한다.
• 가스발사총	• 장약(裝藥)을 이용한 추진력에 의하여 가스작용제 또는 고무탄 등을 발사할 수 있는 장비를 말한다.
• 최루탄발사기	• 장전탄통에 최루탄을 장착하여 추진탄에 의한 가스방출력으로 발사할 수 있도록 장치된 장비를 말한다.

2. 최루탄의 사용근거와 한계

경찰관직무집행법

제10조의3(분사기등의 사용) ① 경찰관은 범인의 체포 · 도주의 방지 또는 불법집회 · 시위로 인하여 자기 또는 타인의 생명 · 신체와 재산 및 공공시설안전에 대한 현저한 위해의 발생을 억제하기 위하여 부득이한 경우 현장책임자의 판단으로 필요한 최소한의 범위 안에서 분사기(총포 · 도검 · 화약류등단속법의 규정에 의한 분사기와 최루등의 작용제) 또는 최루탄을 사용할 수 있다.

3. 최루장비의 보관 및 관리

- 가스발사총 · 최루탄발사기 등은 무기고에, 최루탄류는 탄약고에 집중 관리하는 것을 원칙으로 한다. 다만, 운용부서에 대여하여 해당 부서장의 책임하에 관리 · 운용할 수 있으며, 이 경우에는 견고한 보관함에 넣어 보관하여야 한다.
- 최루장비 및 최루탄류를 출납할 때에는 무기탄약 출납부와 같은 양식의 대장에 기록하고, 사용 시에는 반드시 근무일지에 기재하여야 한다.
- 최루탄류는 항상 사용 가능한 상태로 유지 · 관리하여야 하며, 훈련탄 실사훈련으로 유사시에 대비할 수 있도록 하여야 한다.[14]

2008 경간

13) 최루장비의 종류에는 ① 분사기: 스프레이형 · 총포형 · 삼단봉(경봉)형 · 근접분사기형 · 배낭형 · 유색분사형 등, ② 가스발사총: 가스발사권총 · 고무탄 겸용 가스발사권총 등, ③ 최루탄발사기(장전탄통 포함), ④ 기타 최루탄류 등이 있다.

14) 최루장비 및 최루탄류를 별도의 창고에 보관할 경우는 다음 각 호와 같이 관리하여야 한다.: ① 습기가 없고 통풍이 잘되며 외벽이 튼튼한 장소에 보관하여야 한다. ② 직사광선을 피하고 지상 5cm 이상 깔

• 최루장비의 정비 및 손질을 위하여 각종 부속과 부수기재를 확보하여야 한다.

4. 최루장비의 안전관리

경찰관은 최루탄발사기, 분사기 등 최루장비를 휴대·사용하는 경우 다음의 안전수칙을 준수하여야 한다.

1) 최루탄발사기

- 현장 지휘관의 지휘에 따라 발사하되 인화성 물질에 발사해서는 아니된다.
- 밀폐된 공간에서는 사용을 피해야 한다.
- 최루탄발사기는 30도 미만 각도에서 방아쇠가 격발되지 않도록 한다.
- 최루탄은 물 또는 습기에 젖어 있는지 확인 후 이상이 없을 때에만 사용한다.
- 장전탄통 고정 조임나사를 완전히 조인 후 사용하여야 한다.
- 상황출동 등으로 정비하지 못하거나 추가정비를 요하는 발사기는 자체정비 또는 무기창에 입고하여 수리 정비하여야 한다.
- 발사기는 훈련탄 실사훈련을 실시하여 안전장치(30도 이상 발사) 등 고장 여부를 수시 점검, 각종 상황에 대비할 수 있도록 하여야 한다.
- 발사기는 사용 후 총구 및 약실 내부의 가스를 완전히 제거하여 보관하고, 장전탄통은 가스방출구 막힘을 방지하는 등 손질을 철저히 하여야 한다.

2) 분사기

- 범인 검거 및 제압 등 유사시 정당한 공무수행 목적에 한하여 필요한 최소한도로 사용하여야 한다.
- 분사기를 사용하고자 할 때에는 사용에 관하여 미리 경고한 후 분사하여야 한다. 다만, 범인의 체포 등을 위해 긴급을 요하는 경우에는 그러하지 아니한다.
- 밀폐된 공간에서의 사용을 자제하여야 한다.
- 분사기의 사용 등에 관하여 이 장에서 정하지 아니한 사항은 「분사기 운용지침」에 따른다.

판 위에 보관하여야 한다. ③ 원포장상태로 보관하고 사용 시에만 개봉하여야 한다. ④ 보관창고에는 상시 방화시설을 하고 품목·탄종·제조연도별로 구분 관리하며, 품명과 수량이 적힌 현황판과 격납배치도, 출입·점검확인부를 비치하여야 한다.

3) 가스발사총(고무탄발사 포함)

- 1m 이내의 거리에서 발사해서는 아니된다.
- 사용 시에는 반드시 안전장치 확인 후 발사하여야 한다.
- 밀폐된 공간에서의 사용을 자제해야 한다.

5. 최루장비 보유실태 정기점검 등

- 지방경찰청에서 서·대 등 일선관서별로 탄종 및 제조연도별 보유량, 보관상태 등을 정기적으로 점검(분기별 1회)하여야 한다.
- 오래된 최루탄을 먼저 사용할 수 있도록 탄종 및 제조연도별로 구분하여 보관해야 한다.
- 최루탄보유 종합현황판 이외에 탄종·수량·제조연도를 기재한 별도의 소현황판을 최루탄별로 보관위치마다 부착하여 관리하여야 한다.
- 초과보유 최루탄 유출 등 제반문제 요인을 사전에 제거하기 위해 관리실태를 철저히 확인하고, 점검결과 장부 수량보다 초과한 보유량은 장부에 등재하여야 한다.

제5절 물품관리

1. 물품관리기관

• **총괄기관**	• 1) 재정경제부장관, 2) 조달청장
• **관리기관**	• 각 중앙관서의 장(경찰청장): 그 소속에 속하는 물품관리
• **물품관리관**	• 각 중앙관서의 장으로부터 물품관리에 관한 사무의 위임을 받은 자(경찰서 경찰서장)
• **물품출납공무원**	• 물품관리관으로부터 출납 및 보관에 관한 사무를 위임받은 공무원(실질적인 관리기관)
• **물품운용관**	• 물품관리관으로부터 사용에 관한 사무를 위임받은 공무원(경찰서 각 과 주무담당(계장))

• 분임물품관리관	• 물품관리관의 사무의 일부를 분장하는 공무원(경찰서 경무과장)
• 분임물품출납 공무원	• 물품출납공무원의 사무의 일부를 분장하는 공무원

2. 물품관리의 4단계

• 취득	• 소요산정, 취득시기 및 방법결정, 구매관리 전환	• 수급관리
• 보관	• 수납, 출급, 배분, 보존, 저장, 정비	• 재고관리
• 사용	• 사용·운용, 중고품 저장활용	• 재물활용
• 처분	• 불용결정과 처분, 관리전환, 매각 등	• 불용품처리

제4장

경찰보안관리론

제 04 장 경찰보안관리론

제1절 보안의 의의

1. 보안의 개념

- 보안(保安)이란 국가의 안전보장을 위하여 국가가 보호를 필요로 하는 비밀이나 인원, 문서, 자재, 시설 및 지역 등을 보호하는 소극적인 예방활동과, 국가안전보장을 해치고자 하는 간첩, 태업(怠業)이나 전복(顚覆)으로 국가를 위태롭게 하는 불순분자(不純分子)의 책동을 경계방지하며 탐지, 조사, 체포하는 등의 적극적인 활동을 말한다.[1)]

• 적극적 보안	• 국가안전보장을 해치고자 하는 간첩 등에 대한 탐지·조사·체포활동
• 소극적 보안	• 국가가 필요로 하는 비밀·인원·문서·자재·시설 및 지역 등의 보안활동

2. 보안의 법적 근거

1) 국가정보원법

> **국가정보원법**
>
> **제1조(목적)** 이 법은 국가정보원의 조직 및 직무범위와 국가안전보장 업무의 효율적인 수행을 위하여 필요한 사항을 규정함을 목적으로 한다. [전문개정 2011.11.22]

1) 다만 여기서의 '보안'은 소극적인 예방활동을 의미한다.

2) 정보 및 보안업무 기획 · 조정규정(대통령령)

국가정보원법 제3조 제2항의 규정에 의하여 보안업무 수행에 필요한 사항을 규정하고 있으며, 국가안전보장에 관련되는 인원 · 문서 · 자재 · 시설 및 지역을 관리하는 자와 관계기관의 장은 이에 대한 보안책임을 명시하고 있다.

> **국가정보원법**
>
> **제3조(직무)** ① 국정원은 다음 각 호의 직무를 수행한다.
>
> 1. 국외 정보 및 국내 보안정보[대공(對共), 대정부전복(對政府顚覆), 방첩(防諜), 대테러 및 국제범죄조직]의 수집 · 작성 및 배포
> 2. 국가 기밀에 속하는 문서 · 자재 · 시설 및 지역에 대한 보안 업무. 다만, 각급 기관에 대한 보안감사는 제외한다.
> 3. 「형법」 중 내란(內亂)의 죄, 외환(外患)의 죄, 「군형법」 중 반란의 죄, 암호 부정사용의 죄, 「군사기밀 보호법」에 규정된 죄, 「국가보안법」에 규정된 죄에 대한 수사
> 4. 국정원 직원의 직무와 관련된 범죄에 대한 수사
> 5. 정보 및 보안 업무의 기획 · 조정
>
> ② 제1항제1호 및 제2호의 직무 수행을 위하여 필요한 사항과 같은 항 제5호에 따른 기획 · 조정의 범위와 대상 기관 및 절차 등에 관한 사항은 대통령령으로 정한다. [전문개정 2011.11.22]

3) 보안업무규정 시행규칙(대통령훈령)

「보안업무규정」의 시행에 관하여 필요한 사항을 규정하고 있다.

4) 보안업무규정 시행 세부규칙(경찰청훈령)

「보안업무규정」 및 「보안업무규정 시행규칙」의 시행에 관하여 필요한 사항을 규정하고 있다.

3. 보안의 주체 · 대상

• 주체		• 보안이 궁극적으로 국가안전보장을 담보로 한다는 점에서 국가이다.
• 대상	• 보호를 요하는	• 국가안전보장상 보호를 요하는 인원, 문서, 자재, 시설 지역 등
	• 경계를 요하는	• 보호를 요하는 대상에 대하여 위해 행위를 하게 되는 인원, 행위, 단체 및 각종 사회운동을 말함

4. 보안책임

보안업무규정 제3조는 "국가안전보장에 관련되는 인원, 문서, 자재, 시설 및 지역을 관리하는 자와 관계기관의 장은 이에 대한 보안책임을 진다."라고 규정하고 있다.

1) 행정책임

보안업무를 담당하는 공무원과 관계기관의 장이 고의 없이 발생한 보안누설이나 보안사고 등에 대해 또는 보안업무처리상 하자로 인해 부담하는 징계책임을 말한다.

2) 형사책임

- 형사책임은 공무상비밀누설죄로 처벌받게 되는 것을 말한다.
- 공무원이 자기가 취급하는 비밀이나 업무상 전해들은 비밀을 누설하여 실제로 국가정책에 차질을 초래할 수도 있으므로 특히 주의하여야 한다.

5. 보안의 원칙

1) 알 사람만 알아야 하는 원칙

보안의 기본원칙으로 보안사항을 전파할 때 꼭 필요한가 또는 피전파자가 반드시 전파받아야 하며, 필요한 것인가 등을 검토하여야 한다.

2) 부분화의 원칙

- 알 사람만 알게 하고 한번에 다량의 비밀이나 정보가 유출되지 않도록 하는 원칙이다.
- 조직에 있어서는 종적 분화와 횡적 분화의 방법이 있고, 문서에 있어서는 내용과 가치의 정도에 따라서 다른 비밀과 관련되지 않게 독립시키거나 부분적으로 있게 하는 원칙이다.

3) 보안과 능률의 원칙

보안과 능률이 균형을 유지하여야 한다는 원칙이다. 통상 보안과 능률은 반비례관계에 있지만 양사의 적절한 조화를 유지하는 방법을 강구해야 할 것이다.

• 알 사람만 알아야 하는 원칙	• 보안의 대상이 되는 사실을 전파할 때, 전파가 꼭 필요한가의 여부를 신중히 검토한 후에 이루어져야 한다는 원칙(한정의 원칙)
• 부분화의 원칙	• 한번에 다량의 비밀이나 정보가 유출되지 않도록 하는 원칙
• 보안과 업무효율의 조화원칙	• 보안과 업무효율은 반비례의 관계가 있으므로 양자의 적절한 조화를 유지하는 방법을 강구해야 한다는 것(보안과 효율의 조화원칙)

제2절 비밀의 보호

1. 비밀의 의의

- 비밀의 취급이란 비밀을 수집·작성·관리·분류·재분류 및 수발하는 등 일체의 비밀관리 행위를 말한다.
- 비밀취급자는 행정청으로부터 해당등급의 비밀취급인가를 받은 자에 한한다.

2. 비밀의 구분

- 경찰이 보유하는 문서, 음어자재(陰語資材), 정보자료 등이 외부로 유출되었을 때에는 국가안보나 사회안전 또는 개인의 비밀을 침해할 수도 있으므로 비밀로 구분하고 유출(流出)을 막는 보호조치를 하여야 한다.
- 비밀의 구분은 비밀을 작성하거나 생산하는 자가 그 비밀내용의 중요성과 가치의 정도에 따라 Ⅰ급 비밀, Ⅱ급 비밀, Ⅲ급 비밀, 대외비로 분류하며, 비밀은 적절히 보호할 수 있는 최저등급으로 분류하여야 한다.[2)] 2003, 2004 기출

2) 비밀의 구분은 보안업무규정(대통령령) 제4조에 명시되어 있는데, Ⅰ급 비밀·Ⅱ급 비밀 및 Ⅲ급 비밀로 구분한다. 2008 경간

• I급	• 누설되는 경우 대한민국과 외교관계가 단절되고 전쟁을 유발하며, 국가의 방위계획 · 정보활동 및 국가방위상 필요불가결한 과학과 기술의 개발을 위태롭게 하는 등의 우려가 있는 비밀
• II급	• 누설되는 경우 국가안전보장에 막대한 지장을 초래할 우려가 있는 비밀 2008 경간
• III급	• 누설되는 경우 국가안전보장에 손해를 끼칠 우려가 있는 비밀
• 대외비(對外秘)	• 직무상 특별히 보호를 요하는 사항(보호기간을 명시하고 비밀에 준하여 취급 및 관리함)

3. 인원보안

1) 인원보안업무의 취급

- 인원보안에 관한 사무는 각급 경찰기관의 인사업무 취급부서에서 분장한다.
- 작전전투 경찰순경 및 의무전투 경찰순경에 대한 인원보안업무는 그 인사업무를 취급하는 부서에서 담당한다.

2) 인원보안의 대상

경찰공무원을 포함하여 기타 국가 · 지방공무원 등도 인원보안의 대상이다. 지위의 고하를 불문하며, 내방(來訪) 중인 외국인도 대상에 포함된다.

3) 비밀을 취급할 수 있는 자

- 비밀의 취급이라 함은 비밀을 수집, 작성, 관리, 분류, 재분류 및 수발하는 등 일체의 비밀관리행위를 말한다.
- 비밀을 취급할 수 있는 자는 권한 있는 행정청(비밀취급인가권자)으로부터 해당등급의 비밀취급인가를 받은 자에 한한다.
- 경찰공무원은 임명과 동시에 Ⅲ급 비밀 취급권을 가진다. 2008 경간
- 경찰공무원 중 정보통신, 항공경과자와 일반경과자 중 다음 부서에서 근무하는 자(전투경찰순경 포함)는 그 보직 발령과 동시에 Ⅱ급 비밀 취급권을 인가받은 것으로 한다.[3]

---

3) • 비밀취급 인가증은 별도로 발급치 않고 보직명령을 근거로 비밀취급인가증 발급대장에 정리만을 하고

- 경비, 경호, 작전담당부서(기동대, 전경대의 경우는 행정부서에 한한다)
- 정보, 보안, 외사부서 · 상황실 · 경찰청의 국관의 서무담당자 및 비밀을 관리하는 보안업무 담당자
- 직속기관, 각 지방경찰청 및 경찰서의 각 과 서무담당자 및 비밀을 관리하는 보안업무 담당자
- 감찰감사담당부서

4) 인원보안의 수단

(1) 신원조사(身元調査)

출생부터 현재까지의 어떤 개인에 대한 사항, 인적 배경 등의 행적을 조사하는 것으로서 개인에 대한 참고자료에 지나지 않으며 보증서는 아니다.

(2) 보안교육

대상으로 신규 임용자, 비밀취급인가 예정자, 해외여행자 등이 해당된다.

(3) 보안서약

신규임용자, 비밀 또는 중요업무 종사자, 비밀사항 청취자, 퇴직자에게 보안의 중요성을 강조하고 보안사고의 위험성을 인식시키며 만일 보안사고가 있으면 처벌을 감수해야 한다는 서약을 받는 절차이다.

4. 문서보안[4)]

1) 문서보안의 개념

- 보안의 대상이 되는 문서는 일반문서와 비밀문서 모두를 포함하며, Ⅰ, Ⅱ, Ⅲ급 등의 비밀표시가 되지 않은 문서라도 국가기밀에 해당하는 문서는 보안의 대상이 된다.
- 문서보안은 국가기밀을 담고 있는 문서를 각종 위험으로부터 보호하고자 하는 것이다.

인원보안대상에 해당하는 경찰공무원 중 신원특이자는 자체 보안심사위원회 또는 자체 심의기구에 인가여부를 의결하고, 불가로 인정된 자는 즉시 인사조치한다. 2008 경간

• 경찰공무원은 비밀취급인가증은 별도로 발급받지 않는 특별인가의 대상이다. 2004 경장

4) 강욱 · 김석범 · 백창현, 경찰경무론, 경찰대학, 2012: 311-349.

2) 문서비밀분류의 원칙 2001 경장 2003 경사

• 과도 또는 과소분류 금지의 원칙	• 비밀은 적절히 보호할 수 있는 최저등급으로 분류하여야 하며 과도 또는 과소하게 분류하여서는 안된다는 원칙 • 다만, 암호자재는 반드시 Ⅱ급 이상으로 분류하여야 함
• 독립분류의 원칙	• 비밀은 그 자체의 내용과 가치의 정도에 따라 분류하여야 하며 다른 비밀과 관련하여 분류하여서는 안된다는 원칙[5]
• 외국비밀 존중의 원칙	• 외국정부 또는 국제기구로부터 접수한 비밀은 그 발행기관이 필요로 하는 정도로 보호할 수 있도록 분류하여야 한다는 원칙

3) 비밀의 표시

- 비밀의 표시는 분류된 비밀을 외견상 식별할 수 있도록 표시하는 것이다.
- 취급자나 관리자에게 비밀이라는 것을 경고하고 재인식시켜 취급에 신중을 기하도록 하고, 비인가자에게 비밀이라는 것을 경고하고 접근을 방지하려는 데 목적이 있다.

(1) 문서

- 문서가 단일문서일 때에는 문서의 상단과 하단의 중앙에 붉은색 글자로 된 비밀등급을 표시하여야 한다.
- 문서가 책자일 때에는 전면표지와 후면표지에, 내용의 각 면마다 상단과 하단의 중앙에 표시한다.
- 대외비문서는 대외비라고 그 문서의 표면 중앙 상단에만 표시한다.
- 적색(赤色)으로 표시함을 원칙으로 하되 인쇄, 프린트, 타자 등 다량으로 복사할 때에는 동일한 색으로 표시할 수 있되 그 내용의 글자보다 크고 뚜렷하게 하여야 한다.
- 면마다 비밀등급을 달리하는 때에는 면마다 해당 비밀등급을 표시하되 그 표지의 양면은 그중 최고의 비밀등급을 표시한다.

---

5) 상급기관에서 자료파악을 지시하는 문서가 Ⅲ급 비밀로 하달된 경우에도 보고문서에 비밀로 분류할 만한 내용이 없을 경우 일반문건으로 생산한다.

〈표 4-1〉 문서의 성질에 의한 구분[6)]

구분	내용
• 법규문서	• 헌법 · 법률 · 대통령령 · 총리령 · 부령, 조례 및 규칙에 관한 문서 • 특별한 규정이 있는 경우를 제외하고는 관보게재 후 20일이 경과하면 효력이 발생
• 지시문서	• 행정기관의 장이 하급기관 또는 소속공무원에 대하여 일정한 사항을 지시 또는 명령하는 문서 예 훈령 · 지시 · 예규 · 일일명령 등
• 공고문서	• 고시 및 공고 등과 같이 일정한 사항을 일반에게 알리기 위한 문서 • 특별한 규정이 없으면 고시 · 공고 후 5일이 경과하면 효력이 발생
• 비치문서	• 비치대장 · 비치카드 등 행정기관의 일정한 사항을 기록하여 행정기관 내부에 비치하면서 업무에 활용하는 문서
• 전자문서	• 전산망을 활용하여 작성 · 시행 또는 접수 · 처리하는 문서 • 전자문서는 수신자의 컴퓨터파일에 등록된 때에 효력이 발생함
• 민원문서	• 민원인이 행정기관에 대하여 허가 · 인가 · 기타 처분 등 특정한 행위를 요구하는 문서
• 일반문서	• 법규 · 지시 · 공고 · 비치 · 전자 · 민원문서에 속하지 아니하는 모든 문서

(2) 필름 및 사진

- 1매로 된 필름은 비밀표시가 되어 있는 봉투나 이에 준하는 용기에 넣어 보관한다.
- 연결되어 있는 영사필름은 처음과 끝에 해당 비밀등급을 사입(寫入)하고 비밀표시되어 있는 봉투나 이에 준하는 용기에 보관한다.
- 인화한 사진은 매표년 상난과 하단 및 이면 중앙에 적절한 크기의 비밀등급을 표시하고 비밀표시가 되어 있는 봉투나 이에 준하는 용기에 보관한다.

(3) 지도, 괘도 등

지도, 괘도, 기타 도안 등은 매면 상 · 하단의 중앙에 적절한 크기의 비밀등급을 표시하고 접거나 말았을 때도 비밀임을 알 수 있도록 그 이면의 적절한 부위에 표시한다.

(4) 상황판 등

접거나 말 수 없는 고착된 상황판에 대한 비밀표시는 표면 상 · 하단의 중앙에 적당한 크기로 당해 비밀표시를 하고 그 위에 비밀표시를 한 가림막을 친다.[7)]

(5) 증거물

수사상 증거물 등과 같이 그 원형을 그대로 보전할 필요가 있는 때에는 그 자체에 비밀

6) 문서의 효력발생 시기에 관하여는 표백주의, 발신주의, 도달주의, 요지주의 등이 있다. 우리나라에서는 도달주의를 원칙으로 하고, 예외적으로 발신주의를 채택하고 있다.

7) 다만 가림막에 비밀표시를 함이 오히려 비밀보호상 불이익하거나 충분히 위장된 때에는 비밀표시를 하지 않을 수 있다.

등급을 표시하지 않고 표면에 별지로 된 비밀표시 양식을 첨부하여 취급한다.

(6) 비밀의 녹음 등

비밀을 녹음할 때에는 처음과 끝에 그 비밀등급과 허가되지 아니한 자에게 전달 또는 누설하는 때에는 관계법규에 의거 처벌한다는 경고를 녹음하고, 필름 및 사진의 보관방법과 같은 요령으로 보관하며 비밀을 구두로 설명 또는 전달할 때에도 이에 준한다.

(7) 면 표시

비밀문서가 2장 이상으로 이루어진 때에는 문서의 중앙하부에 면수와 그 면의 일련번호를 기입한다.

(8) 예고문 표시

- 비밀로 분류된 모든 문서는 반드시 예고문[8]을 기재하여야 한다.
- 예고문에는 비밀보관자가 언제 비밀문건을 언제(시기), 어떻게(파기 또는 등급변경 등 재분류) 처리하는지를 정해준다.[9]
- 예고문의 일자나 경우의 도래를 현재로서는 예측할 수 없을 때에는 통상 발행일로부터 1년 이내의 일자를 기재하여야 한다.
- 예고문의 위치는 문서인 때에는 본문 말미 여백(대외비는 상단 중앙)에 기입하고 비밀 자체에 기입할 수 없을 때에는 비밀관리기록부에 기입하여야 한다.

4) 비밀의 복제와 복사

(1) 의의

비밀의 일부 또는 전부를 인쇄, 모필, 조각, 녹음, 촬영, 인화, 타자, 확대, 복사기에 의한 복사, 컴퓨터 디스켓 등으로 원형을 재현하는 일체의 행위를 비밀의 복제 또는 복사라 한다.

---

8) 예고문이란 비밀에 대한 보관기간(시한) 명시와 최종처리방법을 정한 것을 지칭한다.

9) 예고문의 재분류일지 또는 경우는 명확하게 부여해야 하며 '계획·지침 변경 시, 신계획수립 시, 처리 후, 불필요 시, 참고 후'와 같이 불확실하게 부여하여서는 안된다.

(2) 한계

다음의 경우에 한하여 복제 또는 복사를 할 수 있다. 다만, 암호, 약호(略號), 음어자재(陰語資材)는 어떠한 경우를 막론하고 복제 또는 복사하지 못한다.

- Ⅰ급 비밀은 발행자의 허가를 얻은 때
- Ⅱ급 및 Ⅲ급 비밀은 당해 발행자의 특정한 제한이 없는 것으로 당해 등급의 비밀취급인가를 받은 자가 업무상 공용목적으로 사용하는 때

(3) 복제와 복사 표시방법

- 비밀은 복제 또는 복사한 경우 원본과 동일한 비밀등급과 예고문을 사본마다 명시하고 사본번호를 부여한다. 단, 예고문은 재분류 구분이 파기로 되어 있으면 원문의 파기 시보다 그 시기를 앞당길 수 있다.
- Ⅱ급 및 Ⅲ급 비밀에 대한 복제나 복사를 제한하고자 할 때에는 그 비밀표시 이면 또는 예고문 상단에 적색으로 발행자의 허가 없이 복제나 복사할 수 없다는 문구를 기입한다.[10]
- 복제 또는 복사한 비밀원본의 말미에는 배포처를 작성 첨부해야 한다.
- 배포하는 비밀의 사본번호는 전사본 부수에 대하여 매 사본마다 일련번호를 부여하며 비밀의 전면 우측 상단에 기입한다.
- 비밀을 접수한 기관이 접수비밀을 복제 또는 복사한 때에는 그 비밀의 첫 면 또는 말미 중 적절한 여백에 사본 근거를 기입한다.

5) 비밀의 수발

(1) Ⅰ급 및 암호 자재

- 비밀을 통신으로 보내는 경우 암호화하여 전신(電信)으로 수발한다. 즉, 어떠한 경우에도 비밀은 평문(平文)으로 전달할 수 없다.
- 인편(人便)으로 전달하는 경우에는 취급자의 직접 접촉에 의하여 수발한다.

---

10) 규칙 제32조: 복제복사의 제한근거.

(2) Ⅱ급 및 Ⅲ급 비밀

• Ⅰ급 비밀의 수발방법에 의한다. 각급 기관의 문서수발을 통해 전달할 수 있다.
• 우편으로 전달하는 모든 비밀은 반드시 이중으로 된 봉투에 넣어서 등기우편으로 수발한다.
• 어떠한 경우를 막론하고 비밀은 전화에 의한 평문(平文)으로 수발하여서는 안된다.

(3) 영수증

• 비밀을 수발할 때는 접수를 확인하기 위하여 영수증을 받아야 한다.[11]
• 접수기관은 비밀을 접수한 즉시 영수증을 발송기관에 발송한다. 영수증을 반송받은 비밀발행기관은 그 영수증을 비밀송증에 원형대로 첨부하여 보관한다.

6) 비밀의 발송통제

(1) 비밀통제관

각 기관의 보안담당관이 비밀통제관이 된다. 단, 분임보안담당관도 비밀통제관의 역할을 한다.

(2) 통제인 날인

대외기관에 발송할 비밀문서는 사전에 비밀통제관의 통제를 받아야 한다. 통제 시에는 통제관인 비밀원문에 날인해야 한다.

(3) 비밀문서 발송통제사항

비밀통제관은 비밀분류의 적정여부, 예고문의 누락 또는 적정여부, 배포선의 적정여부, 비밀의 형식(열람기록전의 첨부 등)의 적정여부 등 비밀보호를 위한 조치를 충실히 하고 있는지를 점검하여야 한다.

---

11) 영수증은 발송문서의 내부봉투와 외부봉투 사이에 삽입하여 발송하며 취급자의 직접 접촉에 의한 때에는 직접 교부한다.

7) 비밀의 보관

(1) 보관방법

- 비밀은 일반문서나 자재와 혼합 보관할 수 없다.
- I급 비밀은 반드시 금고에 보관하여야 하며 다른 비밀과 혼합보관하여서는 안된다.
- Ⅱ급 및 Ⅲ급 비밀은 금고 또는 철재상자나 안전한 용기에 보관하여야 하며 분리해서 보관하는 것이 원칙이나 보관책임자가 Ⅱ급 비밀 취급인가를 받은 때에는 동일용기에 혼합보관할 수 있다.
- 비밀의 보관용기 외부에는 비밀의 보관을 알리거나 나타내는 어떠한 표시도 하여서는 안된다.
- 보관용기에 넣을 수 없는 비밀은 제한구역 또는 통제구역 내에서 보관하거나 내용이 노출되지 않도록 특별한 보관책을 강구하여야 한다.
- 보관단위는 과나 실 단위로 보관함을 원칙으로 하되 사무실이 분실단위로 분산되어 있을 경우에는 분실단위로 보관할 수 있고, 파출소, 전투경찰대는 단위기관별로 집중 보관한다. 다만 비밀을 분산보관할 경우는 비밀관리기록부를 별도 비치하여야 한다.
- 비밀의 실무처리를 위하여 지출하고자 할 때에는 대출의 형식으로 하고 대출시간은 근무시간 내로 하며 일의 종료와 동시에 회수하여 비밀용기에 보관한다.

(2) 비밀보관 책임자의 임명 및 임무

- 각급 기관의 장은 비밀취급인가를 받은 자 중에서 등급별로 비밀의 보관을 위하여 정책임자와 부책임자를 임명한다.
- 비밀보관 책임자는 비밀보관 부서단위로 정(正)책임자 1인을 두고 보관용기의 수 또는 보관장소에 따라 수인(數人)의 부책임자를 둘 수 있다.
- 보관책임자는 비밀을 최선의 상태로 보관하며 비밀의 누설, 도난, 분실 및 기타 손괴 등의 방지책임을 지고 부책임자를 감독한다.
- 비밀관리기록부를 비치하고 기록 유지하며 비밀대출부 및 비밀열람기록전의 기록을 확인한다.

(3) 보관 책임자의 교체

비밀보관 책임자를 교체하는 때에는 소속 보안담당관의 확인하에 인계인수하여야 하며 인수인계서는 별도로 작성하지 않고 비밀관리기록부에 의할 수 있다.

8) 비밀의 재분류

비밀의 재분류라 함은 비밀의 효력과 가치의 변동사유가 발생했을 때 기존 비밀의 중요성을 재평가하고 등급을 변경하거나 파기 또는 예고문의 일자를 변경하는 것을 말한다.

(1) 비밀의 재분류시기

- 비밀의 예고문에 지정된 시기
- 발행자의 직권으로 재분류시기를 다시 결정할 때

다음 경우는 예고문임에도 불구하고 파기할 수 있다.

- 긴급 부득이한 사정으로 비밀을 계속 보관하거나 안전한 지출을 할 수 없을 때
- 국가정보원장의 요청이 있을 때
- 보안유지를 위하여 파기 시까지 계속 보관할 필요가 없을 때. 이때 소속비밀취급인가권자의 사전승인이 필요하다.

비밀을 긴급부득이한 사정으로 계속 보관 또는 안전하게 지출할 수 없어 파기하여야 할 경우에도 비밀원본은 "공공기관의 기록물관리에 관한 법률 및 시행령"에 의거 파기할 수 없으며 특수자료관 또는 전문관리기관으로 이관해야 한다.

(2) 재분류 검토

비밀을 취급하는 자는 계속적으로 소관비밀의 예고문에 의한 재분류 검토를 실시하여야 한다.

- 재분류 검토를 비롯하여 비밀소유 현황조사는 매월 첫 주 금요일(보안진단의 날)을 기하여 월례적으로 실시한다.
- 비밀원본에 대하여는 연 2회(6월, 12월) 의무적으로 그 내용에 의한 재분류 검토를 실시하여야 하며, 그 원본 표면의 적당한 여백에 검토필 표시를 하여야 한다.

(3) 재분류 표시(세부규칙 제22조)

- 비밀등급을 변경하거나, 비밀문서를 해제하여 일반문서로 만들 때에는 비밀의 재분류 표시를 한다.
- 비밀등급 변경 시에는 기존 비밀등급표시를 대각선으로 줄을 쳐서 삭제하고 그 측면 또는 상하 적당한 여백에 변경된 비밀등급을 표시한다.
- 비밀등급을 해제하여 일반문서로 재분류할 때에는 기존 비밀등급표시에 대각선으로 줄을 쳐서 삭제한다.
- 비밀을 재분류할 때에는 재분류 근거를 그 비밀 첫 면 적당한 여백에 기입하고 날인한다.
- 책자, 팸플릿, 기타 영구적으로 철하여져 있는 비밀문서를 재분류할 때에는 양면표지의 비밀표시만 대각선으로 줄을 쳐서 삭제한 후 새로 표시하고 재분류 근거도 표시한다. 단, 매 면별로 재분류할 때에는 매 면마다 재차 표시한다.

(4) 파기

- 비밀의 파기는 소각, 용해, 기타 방법으로 원형을 완전히 소멸시켜야 하며 보관책임자 또는 그가 지정하는 비밀취급 인가자의 참여 아래 그 비밀의 처리담당자가 행하고 비밀관리기록부의 확인란에 참여자가 파기 확인을 하여야 한다.[12]

(5) 비밀원본의 직권보관

- 예고문에 의한 비밀의 파기일자 후에도 비밀의 원본을 계속 보관하고자 할 경우 발행자는 비밀보관 책임자의 승인을 얻어 직권으로 계속 보관할 수 있다.
- 원(原) 예고문은 대각선을 그어서 삭제하고 수정된 예고문을 표시한다. 비밀관리기록부의 처리담당기관란 적당한 여백에 변경예고문을 적색으로 기록한다.

9) 비밀의 관리

비밀의 관리란 비밀의 작성, 분류, 재분류, 수발취급 등 일체의 비밀관리활동을 의미한다.

---

12) 공공기관의 기록물에 관한 법률 및 시행령에 의거 비밀원본에 대해서는 예고문에 명시된 파기일자가 도래하여도 파기할 수 없으며 특수자료관 또는 전문관리기관으로 이관해야 한다.

(1) 비밀관리기록부

- Ⅰ급 비밀 관리기록부는 별도로 비치하여야 한다. Ⅱ급이나 Ⅲ급 비밀과 대외비는 구분된 관리번호를 사용하여 동일관리기록부를 사용할 수 있다.
- 모든 비밀에는 작성 및 접수순서에 따라 관리번호를 부여하여야 하며, 관리번호는 보안업무규정 시행규칙 제31조 제8항에 의거하여 문서의 표지 좌측 상단에 기입하고 기타 도서나 자재 등에는 이에 준하되 식별이 용이하도록 적절한 부위에 기입한다.
- 비밀관이 기록부를 갱신함이 없이 계속 사용하여야 하나, 새것으로 바꾸고자 할 때에는 비밀관이 기록부상에 현존하는 비밀만을 이기하되, 관리번호는 갱신 시에 새 번호를 새로운 관리기록부에 기재하고 새 관리기록부상 참조란에 구번호를 기입한다.
- 비밀문서를 재분류하거나 타 처(處)로 이송할 경우에는 관리기록부의 비밀등급란부터 사본번호란까지를 2개의 주선으로 삭제하여야 한다.
- 비밀보관 책임자 교체 시에는 소속기관 보안담당관의 확인하에 비밀관리기록부상에 인수인계현황을 기록한다.

(2) 비밀열람기록전

- 비밀의 열람은 해당 등급의 비밀취급인가를 받은 자로서 업무상 직접 관련 있는 자에 한하여 열람할 수 있으며, 비밀열람자는 비밀을 열람하기에 앞서 소정의 사항을 기재하고 서명날인을 한 후 열람하여야 한다.
- 비인가자에게 열람 및 공개 또는 취급하게 할 때에는 안전조치를 받아야 한다.
- 비밀의 열람은 개개의 비밀에 대한 열람자를 파악하기 위하여 각개의 비밀문서 말미(末尾)에 비밀열람기록전을 첨부한다.
- 비밀열람기록전은 그 비밀 파기 시에도 비밀에서 분리하여 따로 철하여 보관하여야 한다.

(3) 비밀관리부철의 보전

서약서철, 비밀영수증철, 비밀관리기록부, 비밀수발대장, 비밀열람기록전(철), 비밀대출부 등 비밀관리부철의 보존은 5년간이며 그 이전에 폐기할 때에는 국가정보원장의 승인을 받아야 한다.

5. 자재보안

- 음어자재(陰語資材)는 Ⅲ급 비밀로 분류하며 약호자재(略號資材)는 대외비 이상으로 분류한다.
- 음어자재를 배부하는 기관은 직접 접촉에 의하여 수발할 수 있으며 인감등록대장을 비치하고 수령책임관의 인감을 등록받아 등록된 자에 한하여 배부 또는 반납토록 한다.

1) 음어자재의 관리기록부

- 음어를 보유하고 있는 모든 기관은 별지서식의 음어자재 관리기록부를 비치하고 기록정리하며 비밀관리기록부에는 등재하지 않는다.
- 음어자재 수령부서는 수령 후 음어자재 앞면 여백에 당해 부서의 책임자 및 관계직원의 공람서명을 하여야 한다.

2) 음어자재의 보관

- 음어자재는 Ⅱ급 비밀의 보관방법에 준하여 비밀보관 용기에 보관한다.
- 음어자재 보관함을 따로 비치하여야 하며 그 함(函)에는 음어자재 이외의 다른 물건을 보관하지 못한다.
- 음어자재는 과거용, 현재용, 미래용으로 구분 보관하되, 현재용을 제외하고는 밀봉하여 보관하며 음어자재를 보관하고 있는 기관은 음어자재 점검기록부를 비치하고 주 1회 이상 점검하여야 하고 보안담당관은 월 1회 점검사항을 확인한다.

3) 음어자재의 운용

- Ⅱ급 비밀 이상의 내용은 음어화하여 수발하지 못한다. 다만, 연습의 경우는 예외로 한다.
- Ⅲ급 비밀 및 대외비는 음어화하여 수발하여야 하며 비밀이 아니라도 누설될 경우 국가이익을 해할 우려가 있는 내용은 음어화하여야 한다.

4) 음어자재의 인계인수

음어자재 보관책임자가 교체될 때에는 음어자재기록부에 그 내용을 기록하여야 하며 보안담당관의 확인을 받는다.

6. 시설 및 지역 보안

1) 국가안전 보장상 특별히 보호를 요하는 지역

2) 국경, 영공, 해상선, 군요새지역, 수원(水源)지역 등

3) 보호구역의 설치

- 각급 기관의 장과 중요시설의 장(보안책임자)은 국가비밀의 보호와 국가중요시설·장비 및 자재의 보호를 위하여 필요한 장소에 일정한 범위를 정하여 제한지역, 제한구역, 통제구역 등의 보호구역을 설정할 수 있다.
- 보호구역 설정자는 보안상 불필요한 인원의 접근 또는 출입을 제한하거나 금지시킬 수 있다.

〈표 4-2〉 제한지역, 제한구역, 통제구역(보안업무규정 시행세부규칙)[13]

• 제한지역	• 비밀 또는 시설을 보호하기 위하여 울타리 또는 경호원에 의하여 일반인의 출입이 대한 감시가 요구되는 지역	• 경찰관서 전역
• 제한구역	• 비밀 또는 주요시설 및 자재에 대한 비인가자의 접근을 방지하기 위하여 그 출입에 안내가 요구되는 구역 [2004 여경]	• 전자교환기(통합장비)실, 정보통신실 • 발간실[14] • 송신 및 중계소, 정보통신관제센터 • 경찰청 및 지방경찰청 항공대 • 작전·경호·정보·보안업무 담당부서 전역, 과학수사센터
• 통제구역	• 비인가자의 출입이 일체 금지되는 보안상 극히 중요한 지역[15] [2004 기출]	• 암호취급소 • 정보보안기록실 • 무기창·무기고 및 탄약고 [2008 기출]

13) 비인가자의 출입이 금지되는 보안상 극히 중요한 지역에 해당하는 보호구역에는 제한구역과 통제구역이 있다. [2006 기출]

14) 전자교환기(통합장비)실, 발간실(경찰기관), 경찰청 및 지방경찰청 항공대, 과학수사센터는 제한구역이다. [2008 기출]

15) 통제구역에는 출입인가자 명단을 그 구역내부에 게시하되 가림막을 쳐야 하며, 제한구역과 통제구역에는 출입자 명부를 비치하고 고정출입자 이외의 자의 출입상황을 기록·유지하여야 한다.

<table>
<tr><td></td><td></td><td>• 종합상황실 · 치안상황실
• 암호장비관리실
• 정보상황실[16]
• 비밀발간실
• 종합조회처리실</td></tr>
<tr><td colspan="3">① 제한지역 · 제한구역 · 통제구역을 설치하는 기준: 시설의 중요도 및 취약성
② 방호물 및 보호구역의 설치권자: 중요시설의 장</td></tr>
</table>

4) 보호구역 운영 방침

- 경찰기관의 장(보안담당관)은 보호구역에 대하여 시행규칙 제42조의 규정에 따른 보안대책을 마련하여야 한다.
- 통제구역 책임자는 통제구역 내부에 출입인가자 명단을 제시하여야 하되, 가림막을 쳐야 한다.
- 제한구역 및 통제구역 책임자는 제한구역 및 통제구역에 별지 제27호 서식의 제한 · 통제구역 출입자명부를 비치하고, 고정출입자 이외의 자에 대한 출입상항을 기록 · 유지하여야 한다.
- 보안담당관(분임보안담당관 포함)은 보호구역의 출입자 통제 등 관리실태에 대한 자체점검을 실시하여야 한다.
- 통제구역 책임자는 부득이한 사정으로 통제구역에 출입인가자 이외의 자를 출입시켜야 할 경우는 사전에 관리책임자의 허가를 받고, 보안서약 등의 보안조치를 하여야 한다.

5) 보호구역의 설정

제한구역 및 통제구역에는 표찰을 제시하여야 한다. 이 경우 규격은 건물 및 출입문의 크기에 따라 조정할 수 있다.

16) 경찰서 정보 2계의 정보상황실은 비인가자에게 출입을 금하고 있다. 2003 기출

7. 보안관리 일일점검 확인사항

경찰공무원은 특히 보안업무의 중요성을 인식하여 일일업무를 수행하면서도 항상 보안을 생활화하여 국가기밀을 보호하는 데 선도적 역할을 담당하여야 한다.

- 퇴근할 때 문서보관 캐비닛 및 책상 잠금상태 확인
- 책상 위에 중요서류 방치 확인
- 중요업무 문서를 이면지로 사용하는지 확인
- 퇴근할 때 사무실의 창문과 출입문의 잠금상태 확인
- 퇴근할 때 PC와 모니터의 전원은 완전히 차단했는지 확인
- 사무실에 출입하는 내방객은 휴게실이나 면회소 등에서 면회하는지 확인
- 비밀문서와 일반문서가 혼합보관되어 있는지 확인

제3절 보안감사

1. 의의

보안감사란 보안의 대상인 인원, 문서, 자재, 시설, 지역 및 장비 등의 보안관리상태에 대한 적정여부를 조사하는 것으로 궁극적으로 보안업무의 효율화를 도모하고 보안사고를 예방하는 데 그 목적이 있다.

2. 보안심사위원회

경찰보안업무의 효율적인 운영과 중요 보안사항을 심의・결정하기 위하여 경찰청, 직속기관, 각 시・도 지방경찰청, 경찰서에 보안심사위원회를 운영한다.

3. 보안감사[17)]

- 보안감사란 보안의 대상인 인원, 문서, 자재, 시설, 지역 및 장비 등의 보안관리상태에 대한 적정여부를 조사하는 것을 말한다. 정기감사와 수시감사가 있다.

1) 정기감사

- 정기감사는 연 1회 실시하며 감사 시에는 피감사기관에 감사계획을 통보하여 실시한다. 주로 정보사업 및 그에 따른 예산과 보안업무감사를 실시한다.
- 일반적인 보안업무 추진실태와 함께 기관별 특수한 사정에 따른 업무추진실태를 보안관리의 관점에서 감사하며, 보안환경 변화에 따른 대응책과 정책자료 발굴에 중점을 둔다.

2) 수시감사

- 상급경찰기관은 하급경찰기관에 대하여 보안감사를 실시할 수 있다.
- 수시감사는 사전에 계획의 통보 없이 수시 실시할 수 있으며, 보안감사 기간 중인 피감사기관에는 실시할 수 없다.
- 평상시(특히 야간 등 취약시간대)의 보안관리실태를 확인함으로써 정신적 해이를 방지하고 보안의식을 고취하는 데 목적이 있으며, 기타 사항은 불시보안점검의 목적에 벗어나지 않는 한 정기보안감사의 절차에 따르며, 불시(不時) 보안점검관은 신분을 확인할 수 있는 증표를 휴대하여야 한다.

---
17) 강욱・김석범・백창현, 경찰경무론, 경찰대학, 2012: 311-349.

제5장

경찰홍보관리론

제05장 경찰홍보관리론

제1절 경찰홍보의 의의

1. 경찰홍보의 개념

- 경찰홍보(P.R: Public Relations)란 경찰서비스의 고객인 국민에게 경찰의 책무와 활동을 올바르게 인식시키고 국민여론을 수렴해 경찰시책과 활동에 반영함으로써 국민과 보다 나은 관계를 형성하고 이해와 협력을 구하는 모든 활동을 말한다.[1)]

• 협의의 경찰홍보	• 경찰의 활동이나 업무와 관련된 사항을 널리 알려서 경찰목적달성에 유리한 환경을 조성하는 행위[2)]

1) • 경찰홍보란 국민에게 경찰의 시책이나 경찰활동의 상황을 정확하게 전달하는 한편, 국민의 경찰에 대한 의견이나 요망을 파악하여 경찰활동에 반영하는 것이다. 2009 경위
  • 경찰홍보(Public Relations)란 경찰이 하는 일을 국민과 쌍방향 커뮤니케이션(two-way communication)을 통해 널리 알림으로써 경찰에 대한 신뢰와 지지를 확보하고, 경찰 고유문화의 확산 및 사기진작을 위한 제반활동을 말한다.
  • 홍보활동은 언론기관에 보도자료를 제공한다든지, 기자회견을 한다든지, 방송에 출연하여 치안활동을 설명하거나, 잡지에 기고하는 등의 보도활동(press relations)과, 자체 기관지를 발행하거나 인터넷 홈페이지나 여타 사이트에 자료를 게시하거나, 치안정책에 관한 책자 발간이나 각종 집회에 참석하여 경찰입장을 설명하는 등 국민과 직·간접적으로 접촉하는 모든 홍보활동을 포함한다. 강욱·김석범·백창현, 경찰경무론, 경찰대학, 2012: 394-396.

2) 협의의 홍보(P.R: Public Relations)란 인쇄매체, 유인물, 팸플릿 등 각종 매체를 통해 개인이나 단체의 좋은 점을 일방적으로 알리는 활동이다.

• 광의의 경찰홍보	• 지역주민의 경찰활동에 대한 참여를 확대하고 각종 기관·단체 및 언론 등과의 상호협조체제를 강화하여 이를 경찰이 수행하는 모든 업무에 연계시키는 것까지 포함[3)]

2. 목적 및 중요성

1) 목적

국민에 대해서 경찰의 시책이나 경찰활동의 상황을 정확하게 전달함과 동시에, 국민의 경찰에 대한 의견이나 요망을 파악함으로써 경찰활동에 반영시키는 데 있다.

2) 중요성

- 경찰홍보는 경찰과 국민을 연결하는 교량으로써 중요한 역할을 담당한다.
- 모든 경찰관이 경찰홍보 담당자임을 인식하여 일상업무를 국민의 신뢰를 얻을 수 있도록 수행함과 동시에, 각종의 홍보매체를 활용하여 효과적인 홍보활동을 전개하는 적극적인 자세가 필요하다.

3. 홍보의 기능[4)]

1) 사회적 관심사건에 대한 국민의 알권리 충족

경찰은 중요사건에 대한 정보를 신속하게 국민들에게 제공하여 국민의 알권리를 충족시켜 주어야 한다.

2) 국민 편의를 위한 정보 제공

경찰은 국민의 각종 편의시책을 제안·시행하고 있으며, 이에 대한 가장 효과적인 정보제공 통로가 바로 언론이다.

---

3) 경찰경무론, 경찰대학, 2004: 409-411.
4) 강욱·김석범·백창현, 경찰경무론, 경찰대학, 2012: 394-396.

3) 범죄예방

범죄의 주체, 방법, 동기 등 범죄와 관련된 많은 정보를 신속하게 전파하는 것은 시민들이 사전에 범죄로 인한 피해를 예방할 수 있도록 도와주는 기능을 한다. 반면 지나친 범죄수법 묘사는 모방범죄를 낳을 우려가 있기 때문에 어느 정도까지 공개할 것인가를 결정하는 것도 중요하다.

4) 경찰권발동의 정당성 확보

경찰업무는 일반시민들에게 편익을 제공해 주기보다는 규제하고 제한하는 측면이 강하기 때문에 경찰업무의 정당성과 불가피성을 언론을 통해 설명하고 협조를 구할 수 있다.

4. 대(對)언론관계의 중요성

- 언론에 광고를 내기 위해서는 많은 비용을 지출해야 하지만 홍보활동을 통해 비용을 들이지 않고 경찰시책을 알릴 수 있다.
- 언론매체를 이용함으로써 국민들에게 신속하고 광범위한 정보전달이 가능하다.
- 광고를 이용하는 것보다 내용에 대한 일반국민의 신뢰도가 매우 높다.
- 보도를 통해 경찰활동에 대한 여론을 파악할 수 있다.
- 언론사가 취재하지 못한 정보를 제공함으로써 보도에서 누락되기 쉬운 내용들이 보도될 수 있게 하고 오보(誤報)를 최소화시킬 수 있다.

5. 경찰홍보의 주체

- 경찰 홍보활동의 주체는 경찰이며, 넓게는 언론사 자체 경찰홍보 프로그램이나 경찰을 다룬 영화 또는 경찰에 대한 좋은 이미지를 표시해 주는 시민 등도 경찰홍보의 주체라고 볼 수 있다.
- 홍보활동은 주로 홍보담당 부서에서 하게 되지만, 경찰관 개개인은 스스로 '경찰을 대표하는 홍보맨'이라는 주체의식을 지니고 있어야 한다. 즉, 경찰관은 경찰 서비스를 국민에게 제공하는 제공자이면서 국민의 호응을 얻어내는 경찰 홍보맨의 역할을 동시에 수행하여야 하는 것이다.

6. 경찰홍보의 수단

1) 경찰이 직접 알리는 방법

- 홍보책자나 홍보용 비디오, 거리사진전, 캠페인, 홍보전단, 공청회, 간담회 등
- 경찰이 의도하는 방향을 정확히 제시할 수 있는 장점은 있으나 그 효과는 대상에 따라 달라질 수 있지만 언론을 통한 홍보보다 제한적이다.

2) 언론을 통해 간접적으로 알리는 방법

- 경찰의도와 기사가치에 대한 언론사의 판단이 일치할 때 가능한 일인 만큼 경찰의 의도대로 홍보한다는 것은 어려운 일이다.
- 언론의 속성과 언론사의 구조, 기자 개인의 판단력, 언론사 및 기자와의 관계 등 복잡한 변수들에 의해 기사 방향과 크기는 크게 달라진다.

제2절 경찰홍보의 전략과 유형

1. 경찰홍보의 전략

소극적 홍보전략	적극적 홍보전략
• 홍보실과 기자실의 설치 • 비밀주의와 공개최소화 원칙 [2009 경위] • 언론접촉 규제 • 홍보와 타 기능의 분리	• 대중매체의 이용 • 공개주의와 비밀최소화 원칙 • 전 경찰의 홍보요원화 • 홍보와 타 기능의 연계를 통한 홍보전략

2. 경찰홍보의 유형

1) 언론관계(Press Relations)

신문, 잡지, TV나 Radio News 프로그램의 보도기능에 대응하는 활동으로 대개 사건 · 사

고에 대한 기자들의 질의에 답하는 대응적(reactive)이고 소극적인 홍보활동이다.

2) 지역공동체관계(Community Relations: CR)

지역사회 내의 각종 기관 및 주민들과 유기적인 연락 및 협조체제를 구축하여 지역사회 각계각층의 요구에 부응하는 경찰활동을 하는 동시에, 경찰활동의 긍정적인 측면을 지역사회에 널리 알리는 종합적인 지역사회 홍보체계를 말한다.

3) 대중매체관계(Media Relations: MR, Media Services)

(1) 의의

종합적인 홍보활동으로 신문·방송 및 영상물 등 각종 대중매체 제작자와 긴밀한 협조관계를 구축하여 대중매체의 필요를 충족시켜 주면서 경찰의 긍정적인 측면을 널리 알리는 적극적인 활동을 말한다.

(2) 경찰과 대중매체의 관계 [2007 기출]

• 로버트 마크 (Robert Mark)	• 영국수도경찰청장을 지낸 로버트 마크경(Sir Robert Mark)은 경찰과 대중매체의 관계를 '단란하고 행복스럽지는 않더라도, 오래 지속되는 결혼생활(an enduring, if not ecstatically happy, marriage)'에 비유했다.[5]
• 크랜돈 (Crandon)	• 경찰학자 Crandon은 경찰과 대중매체가 서로를 필요로 하기 때문에 둘 사이에는 공생관계(symbiotic relationship)가 발달한다고 주장하고 있다. 다시 말해, 경찰은 업무수행의 어려움과 대응하는 범죄에 대한 사항을 널리 알리기 위해 대중매체가 필요한 반면, 대중매체는 시청자나 독자를 확보하고 흥밋거리를 제공해 주는 이야기를 확보하기 위해 경찰을 필요로 한다. [2009 경위]
• 에릭슨 (Ericson)	• Ericson은 경찰과 대중매체의 관계에 대해 보다 광범위하고 정치적인 관점을 제시하고 있는데, 그에 의하면 경찰과 대중매체는 서로 연합하여 그 사회의 일탈에 대한 개념을 규정하며, 도덕성과 정의를 규정짓는 사회적 엘리트 집단을 구성한다. [2008 기출] 다시 말해서, 경찰과 대중매체는 서로 얽혀서 범죄와 정의, 사회질서의 현실을 해석하고 규정짓는 사회기구의 역할을 수행한다.

5) 1970년대 부패로 얼룩진 영국경찰의 대개혁을 주도하고, 언론에 대한 '열린 정책(Open Policy)'을 최초로 수상하며 적극적인 대언론정책을 폈다. 그의 이러한 비유는 언론과 경찰이 복잡미묘한 관계를 잘 나타내주고 있다. Robert Reiner, The Politics of the Police, London: Havester Wheatsheaf, 1992.

4) 기업이미지식 홍보

- 소비자 주권시대를 맞아 경찰업무의 서비스 개념 즉, 주민을 소비자로 보는 관점에서 발달한 개념이다.
- 영·미를 중심으로 발달한 적극적인 홍보활동으로 경찰이 더 이상의 독점적인 치안기구가 아니라는 인식에 근거한 개념이다.
- 조직이미지를 고양하여 높아진 주민 지지도를 바탕으로 예산획득, 형사사법 환경하의 협력확보 등의 목적을 달성하는 종합적이고 계획적인 홍보활동이다.
- 일반기업이 이미지 제고를 위해 유료광고를 내고 친근한 상징물(character)을 개발·전파하는 것을 포함한다. 예 포돌이·포순이 캐릭터[6)]

3. 대(對)언론홍보활동의 기본원칙

영국 워윅셔(Warwickshire) 경찰청의 언론대응요령은 신문기자와의 인터뷰, 라디오와의 인터뷰, TV와의 인터뷰 등의 경우에 지켜야 할 10가지 원칙을 제시하고 있다.

구분	원칙
• 신문기자와의 인터뷰 10가지 원칙	① 모든 발언에 주의할 것 ② 확실하고 명확하게 답변할 것 ③ 확인할 시간을 달라고 요청할 것 ④ 자신 스스로의 말을 할 것 ⑤ 계속 이어질 질문을 예상할 것 ⑥ 말 다듬어주기는 환영할 것 ⑦ 사실에 입각한 이야기만 할 것(사건의 이면사항·자신의 견해는 밝히지 말 것) ⑧ 단호하게 표명하고 실수는 사과할 것 ⑨ 'No Comment'는 금지 ⑩ 혼자 고민하지 말 것
• 라디오 인터뷰의 10가지 원칙	① 겁내지 말 것 ② 청취자를 의식할 것 ③ 인터뷰의 주제를 파악할 것 ④ 평이한 용어로 쉽게 설명할 것 ⑤ 생방송·녹음방송을 구분 대응할 것 ⑥ 간결히 설명할 것 ⑦ 관련자료의 정확성 여부를 확인할 것 ⑧ 너무 장황하게 늘어놓지 말 것(관련서류를 앞에 두지 말 것)

6) 기업 이미지식 경찰홍보는 경찰청의 포돌이의 경우처럼 친근한 캐릭터를 개발·전파하여 조직이미지를 제고하여 주민 지지도를 바탕으로 예산획득 등의 목적을 달성하려는 종합적이고 계획적인 홍보활동이다. 2009 경위

	⑨ 당황하지 말 것 ⑩ 주요 메시지에 집중할 것
• TV인터뷰의 10가지 원칙	① 계획하고, 계획하고, 계획할 것 ② 세부사항에 주의할 것(피의자의 실명 등이 공포되지 않도록 주의) ③ 충분한 시간을 갖고 출발할 것 ④ 사무실 주위를 깨끗이 정돈할 것 ⑤ 방해요소는 미리 제거할 것 ⑥ 오직 진실만을 이야기할 것 ⑦ 대본을 미리 점검할 것 ⑧ 카메라 주위에서는 항상 긴장할 것 ⑨ 진행자와 친근감을 조성할 것(시선은 항상 진행자에게 고정할 것) ⑩ 자신 있게 이야기할 것
① 인터뷰 시 유의사항: 인터뷰 시 언론의 견해와 경찰관 자신의 견해가 상이하다 해도 절대 감정적인 논쟁을 해서는 안됨 ② 기자회견 요령: 목표대상에 따라 매체를 선택하여, 최소 3시간 전에 언론사에 통보해야 함 ※ 회견개최 전에 미리 주제와 내용을 통보해 주고, 회견 중 사진촬영은 자유롭게 허용해야 함	

제3절 경찰홍보의 문제점

1. 법적 · 사회적 문제

- 경찰홍보에 의해 국민의 알권리는 충족될 수 있지만, 개인의 프라이버시(privacy)권이 침해될 가능성이 있으므로 적절한 조화가 필요하다.
- 우리 헌법은 사생활의 보호(제17조), 형사피고인의 무죄추정(제27조 제4항)을 규정하고 있고, 형법 제126조는 경찰이 범죄수사 중 알게 된 피의사실을 공판청구 전에 공표한 때에는 '피의사실공표죄'를 구성하도록 되어 있으며, 형사소송법 제198조 사법경찰관리의 비밀엄수 의무와 인권존중의무를 규정하고 있다.

헌법
제17조 모든 국민은 사생활의 비밀과 자유를 침해받지 아니한다. **제27조** ④ 형사피고인은 유죄의 판결이 확정될 때까지는 무죄로 추정된다.

형법

제126조(피의사실공표) 검찰, 경찰, 기타 범죄수사에 관한 직무를 행하는 자 또는 이를 감독하거나 보조하는 자가 그 직무를 행함에 당하여 지득한 피의사실을 공판청구 전에 공표한 때에는 3년 이하의 징역 또는 5년 이하의 자격정지에 처한다.

형사소송법

제198조(준수사항) ② 검사·사법경찰관리와 그 밖에 직무상 수사에 관계있는 자는 피의자 또는 다른 사람의 인권을 존중하고 수사과정에서 취득한 비밀을 엄수하며 수사에 방해되는 일이 없도록 하여야 한다.

• 국민에게는 헌법상 언론·출판의 자유(제21조)와 알권리가 있으며, 형법은 정당행위(제20조)와 제310조와 같은 위법성 조각사유를 규정하고 있다.

헌법

제21조 ① 모든 국민은 언론·출판의 자유와 집회·결사의 자유를 가진다.
② 언론·출판에 대한 허가나 검열과 집회·결사에 대한 허가는 인정되지 아니한다.
③ 통신·방송의 시설기준과 신문의 기능을 보장하기 위하여 필요한 사항은 법률로 정한다.
④ 언론·출판은 타인의 명예나 권리 또는 공중도덕이나 사회윤리를 침해하여서는 아니된다. 언론·출판이 타인의 명예나 권리를 침해한 때에는 피해자는 이에 대한 피해의 배상을 청구할 수 있다.

형법

제20조(정당행위) 법령에 의한 행위 또는 업무로 인한 행위, 기타 사회상규에 위배되지 아니하는 행위는 벌하지 아니한다.

제310조(위법성의 조각) 제307조제1항의 행위가 진실한 사실로서 오로지 공공의 이익에 관한 때에는 처벌하지 아니한다.

• 경찰의 홍보활동 중 특히 범죄사실의 발표는 이와 같은 2가지 이익 또는 권리가 충동하는 영역이라고 할 수 있으며, 이에 따른 법적·사회적 문제를 고려하지 않을 수 없는 점이 경찰홍보의 어려움이다.

2. 프라이버시(privacy)

1) 의의

(1) 프라이버시(privacy)의 정의 [2010 기출]

- Samuel Warren & Louise Brandeis: 개인의 혼자 있을 권리(right to be left alone)로 이해하여, 민주주의에서 가장 중요한 자유로서 헌법에 반영되어야 한다.
- Alan F. Westin: 개인, 그룹 또는 조직이 자기에 관한 정보를 언제, 어떻게 또는 어느 정도 타인에게 전할까 하는 것을 스스로 결정할 수 있는 권리이다. [2007 기출]
- Edward Bloustine: 프라이버시란 인간 인격권의 법익이므로 인격의 침해, 개인의 자주성, 존엄과 완전성을 보호하는 것이다.
- Ruth Gavison: 프라이버시의 3가지 요소로서 비밀(secrecy), 익명성(anonymity), 고독(solitude)이 있으며, 그것이 자신의 선택에 의해서 또는 타인의 행위에 의해서 상실할 수 있는 상태를 말한다. [2007 기출]

(2) 프라이버시 권리[7]

- 프라이버시 권리란 개인 또는 단체, 조직이 스스로 언제, 어떻게, 어느 정도로 자기의 정보를 타인에게 유통시키느냐를 결정하는 권리 또는 자신의 정보를 자기 스스로 통제하는 것을 말한다.
- 현행헌법은 제17조에서 "모든 국민은 사생활의 비밀과 자유를 침해받지 아니한다."고 규정하여 개인의 사생활영역에 대한 권리의 보장을 선언하고 있어 프라이버시권의 헌법상 근거 규정이 되고 있다.
- 미국의 경우, 1974년 프라이버시법(the Privacy Act)을 제정하여 적극적 의미의 프라이버시권 보호를 위해 자기에 관한 통제방법을 규율하고 있다.
- 프라이버시 권리는 그 특성상 사람의 생존을 전제로 하는 권리이므로, 명예권이 일반적으로 죽은 사람에게도 인정될 수 있다는 것과는 달리 프라이버시권은 죽은 사람에게는 인정되지 않는다.

---

7) 이봉림, 인격권으로서의 프라이버시권과 퍼블리시티권의 법리고찰, 원광법학 제24권 제3호, 2008: 193-223.

2) L. Prosser의 프라이버시의 침해유형[8] 2008 기출

(1) 침해(intrusion upon solitude or seclusion)

- 개인의 일상적이고 정상적인 사생활을 침해하여 개인으로 하여금 불안이나 불쾌감 등을 유발하는 유형의 행위이다.
- '세상과 관계없이 사생활을 평혼하게 유지하는 것'을 보호법익으로 하면서 사생활에의 위법한 침해 그 자체가 바로 이 행위에 해당된다.
- 반드시 대외적인 공표행위가 있어야 하는 것도 아니며, 사생활침해 그 자체로서 성립한다.
- 침해행위는 국가권력에 의하여 이루어질 수 있으며, 사인의 행위에 의하여도 발생할 수 있다.
- 프라이버시 침해가 성립되기 위한 요건으로는 i) 부적절한 수단, ii) 정도에 있어서 통상인의 수인(受忍)의 한계를 넘을 정도의 감정 침해,[9] iii) 일반적으로 사적 장소, iv) 정보를 얻는 목적이 정당한 것이 아니어야 한다.
- 침해방법으로는 물리적 힘 내지 임의적 행동에 의한 사적 영역에의 침입, 관망, 도청, 일반적인 사적 행동과 자유의 방해 등이 있다.[10]

---

8) W. Prosser, Privacy, Califonia Law Review, Vol. 48, 1960: 389-407; 홍춘의, 인격권의 보호에 관한 연구, 전북대학교 대학원 박사학위논문, 1990: 27-29, 참조.

9) 경찰의 촬영・지문채취는 프라이버시 침해대상이 되지 않는다.

10) i) 개인의 사생활공간을 무단으로 침입하는 것(타인의 사적 공간에 대한 직접적인 물리적 침입) 예 주거・호텔의 방실・병실・침대열차의 침대칸 등의 침입, 경비원이나 호텔종업원도 본인의 동의가 있어야 위법성이 조각됨. 기자의 집주인의 동의없는 개인집에서의 취재행위 등, ii) 타인의 사적 공간에 대한 간접적인 시각적 침입 예 고층건물에서 내려다보거나 창문을 통하여 다른 사람이 사는 집안을 엿보는 행위도 위법성이 인정되면 해당됨. 망원경・카메라 등의 사용, iii) 타인의 전화나 사적 대화를 도청하거나 이를 속기하는 행위, 비밀리에 녹음하는 행위 예 타인의 강연을 몰래 녹음하거나 본인 모르는 사이에 함부로 사진으로 촬영하여 외부에 공표하는 경우, 편지나 비밀문서・일기 등을 무단으로 뜯거나 열어보는 것, iv) 개인의 사적인 행동의 자유 그 자체를 침해하는 행위 예 타인의 추적 또는 미행행위, v) 개인적 영역의 침입의 성격을 가지는 행위 예 상점에서 무단으로 쇼핑백을 뒤진 행위, 타인의 예금구좌를 부당하게 조사하는 행위, 권한없이 혈액검사를 하는 행위, 타인에게 불필요한 전화를 계속 또는 장시간 걸어대는 행위, 채무자의 근무처를 찾아가 징계처분을 받게 할 것 같은 언동을 한 행위, 확성기를 사용하여 지나치게 가두선전을 하는 행위 등.

(2) 사적 사실의 공개(public disclosure of facts)

- 보호되는 이익은 정신적 고통의 뉘앙스를 지닌 세평(世評: reputation)의 이익이다.
- 성립요건으로는, i) 사적 사실의 공표가 사실을 공공연히 폭로하는 것 즉, 공표(publicity)하는 것, ii) 공표된 사실은 '사적 사실', iii) 공표된 사실은 통상적 감수성을 가진 합리적 인간(a reasonable man of ordinary sensibilities)의 감정을 훼손하는 것, iv) 공표된 사항이 원고(原告)에 관한 것이라고 증명해야 한다.[11]

(3) 공공에게 그릇된 인상을 줄 수 있는 것(false light in the public eye)

- 허위나 과장된 사실의 공표를 통하여 일반대중으로 하여금 개인에 관한 오해를 유발시키는 경우이다.
- 공표된 내용이 허위성이 있어야 하며, 통상인의 감수성에 비추어 수인(受忍)할 수 없는 정도의 것이어야 한다. 예 허위의 사실을 발표하거나 신문이나 잡지 또는 소설, 영화 등을 통하여 허위와 진실을 혼합시킨 발표를 하는 행위, 타인명의의 무단사용 또는 사진의 무단전용 등을 하는 행위, 예 피해자의 의견이나 발언을 허위로 발표하는 경우, 다른 상황의 진실을 무단 사용하여 피해자에 대한 허위의 인상을 주는 경우, 무고한 자의 성명・사진・지문 등을 범인사진 진열실에 비치하여 오인하게 하는 경우 등, 예 특정인의 의견이나 발신이 아닌 것을 그의 것인 양 허위로 왜곡하여 발표하는 경우, 본인이 승낙한 것과 다른 모습으로 초상이나 이름을 광고에 게재한 행위, 본인이 동의하지 아니한 것을 본인이 찬성한 것으로서 세상에 발표하는 행위, 어떤 사실을 설명하기 위하여 합리적 관련성이 없는 정황(예 사진)을 사용하는 행위, 본인의 승낙을 얻어서 촬영한 사진이나 이미 공표된 사진이라 하더라도 제3자에게 잘못된 인상을 주는 형태의 공표 등

(4) 도용(appropriation of name or likeness)

특정인의 성명이나 상호・경력 등의 인격적 정표들을 영업적 이익을 위하여 이용하는 것이다.

---

11) 있는 사실(사적인 사실)을 그대로 공개하여 프라이버시를 침해하는 것으로는 신문・잡지・텔레비전・라디오 등 보도기관에 의하여 개인의 사생활이 공개되는 경우로써 허위사실뿐만 아니라 진실한 사실의 공개에 의하여도 성립될 수 있다. 예 개인의 일기・편지・사진・녹음 등을 무단히 입수하여 공개하는 행위, 특정인의 가족관계・재산관계・남녀관계・과거경력・신체의 특징 내지 결함 등 비밀사항을 외부에 알리는 행위 등.

3) 프라이버시 침해에 대한 보호의 한계가 문제되는 경우

프라이버시를 침해하였더라도 면책이 되는 경우는 다음과 같다.

(1) 국민의 알 권리와 비밀

- 국민의 알 권리와 사생활의 비밀이 충돌하는 경우이다. 예 자신의 이해관계가 없더라도 정보공개를 요구할 수 있는 일반적 정보공개청구권
- 프라이버시권과 보도의 자유와 충돌했을 시 조정은 개인의 권리와 이에 대한 국민의 알 권리라는 서로 대항하는 이익을 비교함으로써 이루어진다.

(2) 국회의 국정감사원 · 국정조사권과 사생활의 비밀

- 국회는 국정감사 · 조사권을 발동함에 있어 필요한 경우에는 법의 규정에 따라 개인의 사생활의 비밀과 자유를 침해할 수 있지만, 합리적인 범위 내에서 필요최소한에 그쳐야 한다.
- '국정감사 및 조사에 관한 법률 제8조'도 "감사 또는 조사는 개인의 사생활을 침해하여서는 아니된다."고 규정하고 있다.
- 국정감사나 조사활동에 있어서 증인에 대한 심문은 안건의 범위 내에서만 행해져야 하며, 사적 사항에 대한 비밀탐지를 목적으로 할 수 없고, 인격의 내밀한 영역이나 비밀영역에 속하는 사항은 원칙적으로 심문내용의 범위에 포함되어서는 안된다.

(3) 범죄조사를 위한 도청

- 도청행위는 그 유형에 관계없이 프라이버시권에 관한 헌법 제17조, 제18조 등에 위반된다.
- 다만, 범죄수사라는 국가기능의 수행을 위하여 개인의 사적 영역에 대한 침해가 불가피한 경우로서, 통신비밀보호법 · 형사소송법 · 군사법원법의 규정에 의하여 실체적 · 절차적 요건을 갖추어 행해지는 도청에 대하여는 사생활의 비밀침해를 이유로 법적 구제를 요구할 수 없다.

(4) 전적으로 면책이 되는 경우

비록 프라이버시 침해의 요건을 충족하더라도 그 위법성이 조각되는 경우는 손해배상

의 대상이 될 수 없다. 예 프라이버시 침해에 대한 본인의 승낙, 제한된 범위 내에서 공적 인물에 대한 프라이버시 침해, 법원의 허가를 얻은 법정에서의 촬영 등

4) 범죄사실 발표 시 주의사항

- 진정한 범죄사실이라도 공공의 이익을 위한 것이 아닌 경우에는 발표해서는 안된다.[12]
- 발표할 경우에도 범죄사실 및 그와 밀접히 관련되어 있는 사실에 한정해야 한다.
- 진실의 증명이 불가능한 사실 또는 진실이라고 믿기에 상당한 이유가 없는 경우에는 발표해서는 안된다.
- 청소년 범죄자나 성범죄자에 대해서는 실명으로 발표해서는 안된다.[13]
- 경찰의 보도기관에의 발표담당자는 지방경찰청장, 경찰서장이나 수사본부장 또는 그 지정을 받은 책임 있는 지위에 있는 자여야 한다.[14]

〈표 5-1〉 홍보관련 용어

용어	설명
• 엠바고(embargo)	• 어느 시한까지 보도하지 않을 것을 전제로 하는 자료의 제공
• 보도용 설명 (on the record)	• 제공하는 정보를 즉시 기사화할 수 있는 경우를 말하며, 취재원의 이름과 직책이 기사에 이용될 수 있다. 대부분의 보도자료 제공에는 이 방법을 사용하고 있음
• 비보도(on the record)	• 보도하지 않을 것을 조건으로 하는 자료나 정보의 제공
• 가십(gossip)	• 가십은 원래 험담이나 루머 등 확인되지 않은 뉴스를 말하나, 우리 언론에서는 스트레이트로 처리하기 힘든 흥밋거리, 뒷이야기, 스케치 등을 함축성 있게 처리한 기사로 사용하고 있음
• 데드라인(deadline)	• 취재된 기사를 편집부에 넘겨야 하는 기사 마감시간
• 라운드 업(round up)	• 한동안 보도되어 온 중요 뉴스나 사건의 전말을 종합적으로 정리한 기사
• 리드(lead)	• 기사 내용을 요약해서 1~2줄 정도로 간략하게 쓴 글
• 이슈(issue)	• 일정시점에서 중요시되어 토론·논쟁이나 갈등의 요인이 되는 사회·문화·경제·정치적 관심이나 사고

12) 연예인이나 정치인은 사생활보호의 필요성보다 국민의 알권리의 충족이 더 중요하므로 공개의 필요성이 일반인보다 더 크다(공적 인물의 이론).
13) "청소년성보호에 관한 법률"에 의해 일정한 자는 판결확정 후 일정한 절차를 거쳐 공개된다.
14) i) 취재활동이 예상되는 사건현장에는 공보연락이 이루어지도록 하고, 보도 마감시간을 고려하여 발표해야 한다. ii) 사건의 전모파악에 상당한 시간을 요하는 경우에는 중간발표를 하도록 해야 한다. 이와 같은 기준을 지키지 않을 경우 경찰은 피의사실공표죄나 손해배상 등의 책임을 질 수 있을 뿐만 아니라, 경우에 따라서는 정치적 또는 사회적 분쟁에 휘말릴 가능성이 있으므로 주의하지 않으면 안된다.

• 콘티(continuity)	• 방송용의 비드라마 대본이나 준비된 방송자료
• 피처(feature)	• 신문잡지의 기획기사. 단순히 사건내용을 보도하는 스트레이트 기사(Straight News)가 아니고, 사건의 내막을 해설한 읽을거리나 전망기사

〈표 5-2〉 오보 등의 시정: 언론에 의한 피해의 구제방안

의 의		① 국민이 언론사(방송·정기간행물·뉴스통신·인터넷신문)의 언론보도로 인하여 명예나 권리, 그 밖의 법익에 관하여 침해를 받았을 경우 이를 어떻게 구제받느냐 하는 문제 ② 정정보도: 언론 보도내용의 전부 또는 일부가 진실하지 아니한 경우 이를 진실에 부합되게 고쳐서 보도하는 것 ③ 반론보도: 보도내용의 진실 여부에 관계없이 그와 대립되는 반박적 주장을 보도하는 것 ④ 언론중재위원회: 언론보도 또는 게재로 인한 분쟁의 조정·중재 및 침해사항을 심의하기 위하여 두는 기구(언론중재 및 피해구제 등에 관한 법률)
구제방안		① 민사상 구제: 정정보도청구·손해배상청구 ② 형사상 구제: 출판물에 의한 명예훼손으로 고소 ③ 행정상 구제: '언론중재 및 피해구제 등에 관한 법률'상의 정정보도청구권·반론보도청구권·추후보도청구권(정정보도청구 등)
정정보도 청구권	의의	사실적 주장에 관한 언론보도가 진실하지 아니함으로 인하여 피해를 입은 자가 그 보도내용에 관한 정정보도를 언론사에 청구하는 것
	법적 근거	① 언론중재 및 피해구제 등에 관한 법률 ② 공직선거법
	요건	① 당해 언론보도가 있음을 안 날부터 3월 이내 또는 언론보도가 있은 후 6월 이내에 그 보도내용에 관한 정정보도를 언론사에 청구할 수 있음 ② 정정보도 청구는 언론사의 대표자에게 서면으로 신청하여야 함 ③ 정정보도의 청구에는 언론사의 고의·과실이나 위법성을 요하지 아니함
반론보도 청구권		① 사실적 주장에 관한 언론보도로 인하여 피해를 입은 자는 그 보도내용에 관한 반론보도를 언론사에 청구할 수 있음 ② 반론보도의 청구에는 언론사의 고의·과실이나 위법함을 요하지 아니하며, 보도내용의 진실 여부를 불문함 ③ 반론보도청구에 관하여는 정정보도에 관한 규정을 준용함
추후보도 청구권		① 언론에 의하여 범죄혐의가 있거나 형사상의 조치를 받았다고 보도 또는 공표된 자는 그에 대한 형사절차가 무죄판결 또는 이와 동등한 형태로 종결된 때에는 그 사실을 안 날로부터 3월 이내에 언론사에 이 사실에 관한 추후보도의 게재를 청구할 수 있음 ② 추후보도청구권은 특별한 사정이 있는 경우를 제외하고는 이 법의 규정에 의한 정정보도청구권이나 반론보도청구권의 행사에 영향을 미치지 아니함
조 정		① 의의: 언론중재법에 따른 정정보도청구·반론보도청구 및 추후보도청구와 관련하여 분쟁이 있는 경우 피해자 또는 언론사는 중재위원회에 조정을 신청할 수 있음 ② 기간과 방법: 정정보도청구 등과 손해배상의 조정신청은 당해 언론보도가 있음을 안 날부터 3월(있는 날로부터 6월)의 기간 이내에 구술이나 서면 등의 방법으로 하며, 피해자가 언론사

	에 먼저 정정보도 등을 청구한 때에는 피해자와 언론사 간의 협의가 불성립된 날부터 14일 이내에 하여야 함 ③ 조정에 의한 합의 등의 효력: 조정 결과 당사자 간에 합의가 성립하거나 합의가 이루어진 것으로 간주되는 경우 및 직권조정결정에 이의신청이 없는 때에는 재판상 화해와 동일한 효력이 있음
중 재	① 당사자 쌍방은 정정보도청구 등 또는 손해배상의 분쟁에 관하여 중재부와 종국적 결정에 따르기로 합의하고 언론중재위에 중재를 신청할 수 있음 ② 중재결정의 효력: 중재결정은 확정판결과 동일한 효력이 있음
소 송	① 정정보도청구등의 소: 피해자는 당해 언론보도가 있음을 안 날부터 3월(있은 날로부터 6월)의 기간 이내에 법원에 정정보도청구등의 소를 제기할 수 있음 • 사전에 중재위원회의 중재를 거치지 아니하고 정정보도청구등의 소를 제기할 수 있음 ② 재판: 정정보도청구등의 소는 접수 후 3월 이내에 판결을 선고하여야 함

제6장

경찰통제관리론

제 06 장

경찰통제관리론

제1절 경찰통제의 의의

1. 행정책임과 행정통제

행정책임은 이를 확보할 수 있는 수단이 강구될 때 그 실효성이 있다. 행정책임은 행정통제를 통하여 보장되며, 행정통제는 행정책임의 확보수단이다.[1)]

2. 경찰통제의 의의

- 경찰통제란 경찰의 조직과 활동을 점검하고 감시함으로써, 경찰조직과 경찰활동의 적정을 도모하기 위한 제도적 장치 또는 활동이라 할 수 있다.
- 경찰통제의 확보는 '국민의 경찰'이라는 관점에서, 경찰의 민주성 추구라는 이념에 부합된다.[2)]

1) • 행정책임(行政責任)이란 행정인 또는 행정조직이 주권자인 국민의 기대·요망에 부응하여 공익·직업윤리·법령과 행정목표·정책이나 사업계획 등 일정한 기준에 따라 행동해야 할 의무를 말한다.
• 행정통제(行政統制)란 행정이 국민·입법부·행정수반이 원하는 방향으로 수행되도록 하고, 만일 수행되지 않을 경우 그 원인을 발견하고 시정조치(是正措置)를 취하는 것을 말한다. 따라서 행정통제는 행정책임의 보장·확보수단이기에 행정통제와 행정책임은 표리(表裏)의 관계에 있다.
• 행정통제는 주체·방향에 따라 내부통제와 외부통제로 대별되며, 19세기 입법국가에서는 외부통제가 중시되었으나, 20세기 행정국가에서는 내부통제가 중시되고 있다.
2) 영미법계의 경우 시민을 통한 통제로서 시민과의 관계는 대립이 아닌 동등한 수평적 관계를 유지하고 있다. 2009 기출

3. 경찰통제의 필요성[3)]

- 경찰의 민주적 운영을 위하여 예 경찰위원회제도
- 경찰의 정치적 중립을 확보하기 위하여
- 경찰활동의 신뢰성과 정당성을 확보하기 위하여
- 국민의 인권을 보호하기 위하여[4)]
- 부패 등 경찰관의 비행을 방지하여 조직의 건강성을 유지하기 위하여[5)]

4. 경찰통제의 기본요소

1) 권한의 분산(decentralization)

- 권한의 분산은 지방으로의 권한분산인 자치경찰제의 시행뿐만 아니라, 경찰의 중앙조직과 지방조직 간 권한의 분산, 상급자와 하급자 간 권한의 분산 등도 필요하다.
- 권한의 분산이 통제의 기본요소 중 가장 먼저 이루어져야 하는 요소이다.

2) 정보의 공개(opening) 2009 경위 2010 기출

- '국민의 알권리'를 보장하고 국정에 대한 국민의 참여와 국정운영의 투명성을 확보하기 위해 행정기관의 정보공개가 강력히 요청되고 있다.
- 정보의 공개는 행정통제의 근본이 되고 있다. 이는 정보가 공개되지 아니하면 참여할 수 없고 참여 없이는 통제가 불가능하기 때문이다.[6)]

---

3) 강욱 · 김석범 · 백창현, 경찰경무론, 경찰대학, 2012: 235–250.

4) 인권침해를 가져오는 경찰관의 행위 3가지는 i) 육체적 가혹행위: 경찰관이 필요 최소한을 넘어서 사람의 신체에 대하여 지나친 물리력을 행사하는 것 예 신체적 고문행위, ii) 정신적 가혹행위: 경찰관이 언어적으로 개인을 공격, 비하, 차별, 학대함으로써 상대방의 자존심 혹은 인격을 위협하거나 감소시키는 행위 예 협박이나 위협 등 심리적 고문, iii) 법적 가혹행위: 육체적 혹은 정신적 가혹행위와는 별도로 일어나며, 개인의 헌법적 · 법적 권리를 침해하는 경찰관의 행위 예 영장 없이 불법적으로 타인의 방을 수색하거나 권한 없이 행인을 불법 정지하게 하는 행위 등. 최규범, 2007: 186; 강욱 · 김석범 · 백창현, 경찰경무론, 경찰대학, 2012: 235–250, 재인용.

5) 경찰활동은 본질적으로 법집행작용이므로 부패의 '기회(opportunity)'가 많고, 범죄사건을 수사하는 형사의 경우 그 업무수행방식이 일반의 '눈에 잘 띄지 않으며(low visibility)', 적발의 가능성이 적어 유혹을 느끼기 쉽고, 경찰관은 범죄자의 불법행위를 자주 접함으로 인해 근본적으로 인간의 본성에 대한 '냉소적 태도(everybody does it)'를 가지기 쉬워 인권침해 가능성이 항시 존재한다. 최규범, 2007: 185; 강욱 · 김석범 · 백창현, 경찰경무론, 경찰대학, 2012: 235–250, 재인용.

6) 정보의 공개는 경찰통제의 근본이며 전제요소가 된다. 2001 경간

공공기관의 정보공개에 관한 법률

[시행 2010.5.5] [법률 제10012호, 2010.2.4, 타법개정]

제1장 총칙

제1조(목적) 이 법은 공공기관이 보유·관리하는 정보에 대한 국민의 공개청구 및 공공기관의 공개의무에 관하여 필요한 사항을 정함으로써 국민의 알권리를 보장하고 국정에 대한 국민의 참여와 국정운영의 투명성을 확보함을 목적으로 한다.

제2조(정의) 이 법에서 사용하는 용어의 정의는 다음과 같다. 〈개정 2007.1.3, 2010.2.4〉

1. "정보"라 함은 공공기관이 직무상 작성 또는 취득하여 관리하고 있는 문서(전자문서를 포함한다. 이하 같다)·도면·사진·필름·테이프·슬라이드 및 그 밖에 이에 준하는 매체 등에 기록된 사항을 말한다.
2. "공개"라 함은 공공기관이 이 법의 규정에 의하여 정보를 열람하게 하거나 그 사본·복제물을 교부하는 것 또는 「전자정부법」 제2조제10호의 규정에 의한 정보통신망(이하 "정보통신망"이라 한다)을 통하여 정보를 제공하는 것 등을 말한다.
3. "공공기관"이라 함은 국가기관, 지방자치단체, 정부투자기관관리기본법 제2조의 규정에 의한 정부투자기관, 그 밖에 대통령령이 정하는 기관을 말한다.

제3조(정보공개의 원칙) 공공기관이 보유·관리하는 정보는 이 법이 정하는 바에 따라 공개하여야 한다.

제4조(적용범위) ① 정보의 공개에 관하여는 다른 법률에 특별한 규정이 있는 경우를 제외하고는 이 법이 정하는 바에 의한다.

② 지방자치단체는 그 소관사무에 관하여 법령의 범위 안에서 정보공개에 관한 조례를 정할 수 있다.

③ 국가안전보장에 관련되는 정보 및 보안업무를 관장하는 기관에서 국가안전보장과 관련된 정보분석을 목적으로 수집되거나 작성된 정보에 대하여는 이 법을 적용하지 아니한다. 다만, 제8조제1항의 규정에 의한 정보목록의 작성·비치 및 공개에 대하여는 그러하지 아니한다.

제2장 정보공개청구권자와 공공기관의 의무

제5조(정보공개청구권자) ① 모든 국민은 정보의 공개를 청구할 권리를 가진다.

② 외국인의 정보공개청구에 관하여는 대통령령으로 정한다.

제11조(정보공개여부의 결정) ① 공공기관은 제10조의 규정에 의하여 정보공개의 청구가 있는 때에는 청구를 받은 날부터 10일 이내에 공개여부를 결정하여야 한다.

② 공공기관은 부득이한 사유로 제1항에 규정된 기간 이내에 공개여부를 결정할 수 없는 때에는 그 기간의 만료일 다음 날부터 기산하여 10일 이내의 범위에서 공개여부 결정기간을 연장할 수 있다. 이 경우 공공기관은 연장된 사실과 연장사유를 청구인에게 지체없이 문서로 통지하여야 한다.

③ 공공기관은 공개청구된 공개대상정보의 전부 또는 일부가 제3자와 관련이 있다고 인정되는 때에는 그 사실을 제3자에게 지체없이 통지하여야 하며, 필요한 경우에는 그의 의견을 청취할 수 있다.

④ 공공기관은 다른 공공기관이 보유·관리하는 정보의 공개청구를 받은 때에는 지체없이 이를 소관기관으로 이송하여야 하며, 이송을 한 공공기관은 지체없이 소관기관 및 이송사유 등을 명시하여

청구인에게 문서로 통지하여야 한다.
⑤ 정보공개를 청구한 날부터 20일 이내에 공공기관이 공개여부를 결정하지 아니한 때에는 비공개의 결정이 있는 것으로 본다.

제4장 불복구제절차

제18조(이의신청) ① 청구인이 정보공개와 관련한 공공기관의 비공개 또는 부분공개의 결정에 대하여 불복이 있는 때에는 공공기관으로부터 정보공개여부의 결정통지를 받은 날 또는 제11조제5항의 규정에 의한 비공개의 결정이 있는 것으로 보는 날부터 30일 이내에 당해 공공기관에 문서로 이의신청을 할 수 있다.
② 공공기관은 이의신청을 받은 날부터 7일 이내에 그 이의신청에 대하여 결정하고 그 결과를 청구인에게 지체없이 문서로 통지하여야 한다. 다만, 부득이한 사유로 정해진 기간이내에 결정할 수 없는 때에는 그 기간의 만료일 다음 날부터 기산하여 7일 이내의 범위에서 연장할 수 있으며, 연장사유를 청구인에게 통지하여야 한다.
③ 공공기관은 이의신청을 각하 또는 기각하는 결정을 한 때에는 청구인에게 행정심판 또는 행정소송을 제기할 수 있다는 취지를 제2항의 규정에 의한 결과통지와 함께 통지하여야 한다.

제21조(제3자의 비공개요청 등) ① 제11조제3항의 규정에 의하여 공개청구된 사실을 통지받은 제3자는 통지받은 날부터 3일 이내에 당해 공공기관에 대하여 자신과 관련된 정보를 공개하지 아니할 것을 요청할 수 있다.
② 제1항의 규정에 의한 비공개요청에도 불구하고 공공기관이 공개결정을 하는 때에는 공개결정이유와 공개실시일을 명시하여 지체없이 문서로 통지하여야 하며, 제3자는 당해 공공기관에 문서로 이의신청을 하거나 행정심판 또는 행정소송을 제기할 수 있다. 이 경우 이의신청은 통지를 받은 날부터 7일 이내에 하여야 한다.
③ 공공기관은 제2항의 규정에 의한 공개결정일과 공개실시일의 사이에 최소한 30일의 간격을 두어야 한다.

3) 국민의 절차적 참여보장(participation)

- 주권자인 국민에게 사전적 절차로써 자신의 권리보호를 위해 행정에 참여할 기회가 인정되어야 한다.
- 국민의 행정참여를 통해 행정의 공정성, 투명성 및 신뢰성을 확보하고, 행정절차법에 의한 절차적 권리가 확립되어야 한다. 예 경찰위원회, 치안행정협의회, 자치경찰제 등의 활성화
- 최근에는 정보기술이 발달되면서 새로운 정보기술을 이용한 전자적 시민참여의 실현도 현실화되었다.

〈표 6-1〉 주민의 경찰에 대한 참여방안

• 직접적 참여방안	• 방범리콜제도[7], 경찰서 경찰발전위원회[8], 시민단체 · 경찰협력위원회 등
• 간접적 참여방안	• 치안행정협의회, 치안행정위원회, 민원봉사실[9], 자치경찰제, 경찰위원회[10] 등

4) 책임(accountability)의 추궁

- 경찰은 그 구성원 개인의 위법행위나 비위에 대해서 형사책임 · 민사책임이나 징계책임 등의 책임(responsibility)을 가져야 할 뿐만 아니라, 경찰기관의 행정에 대해서 조직으로서 책임(accountability)[11]을 져야 할 경우가 있다.
- 책임추궁은 단순히 처벌의 문제라기보다는 발전을 위한 과정으로 이해해야 한다.

Responsibility	Accountability
• 경찰구성원 개인의 위법행위나 비위에 대한 형사 · 민사 · 징계 등의 책임 • 공무원 개인의 책임을 의미함	• 경찰기관의 경찰행정에 대한 조직으로써의 책임[12] • 경찰행정기관의 설명책임을 의미함

5) 환류(feedback)를 통한 발전

- 경찰통제는 경찰행정의 목표와 관련하여 그 수행과정의 적정여부를 확인하는 과정으로 이의 확인 결과에 따라 책임을 추궁하고 나아가 환류를 통하여 발전적 개선을 유도해야 한다.

7) '포돌이 · 포순이 그림엽서'는 지역주민에게 제작·배포하여 친근한 경찰상의 구현 및 자위방범의식을 고취하고, 방범활동과 관련된 주민의 건의사항을 수렴하여 방범시책에 반영함으로써 주민의 치안참여를 확대하기 위한 제도이다.
8) 경찰서에서 운영되던 유관단체를 정비하여 NGO, 관련인사 등의 사회지도층 인사의 참여와 감시를 통해 경찰행정의 발전을 도모키 위해 신설된 기구이다.
9) 경찰 인 · 허가, 증명확인 및 고소 · 고발 등 경찰민원의 접수 · 처리와 민원상담을 위해 설치한 기구이다.
10) 경찰위원회는 간접적인 국민참여 방안에 속하지만, 주민참여 방안으로는 볼 수 없다.
11) accountability는 경찰행정기관의 설명책임을 말한다.
12) 일반적으로 조직의 정책책임이나 조직을 개혁하지 않은 책임 등은 경찰공무원의 개인책임보다는 경시되는 경우가 많았고, 그 결과 경찰기관의 조직책임보다 경찰공무원 개인의 징계책임이 지나치게 무겁다는 평가를 받고 있다. 따라서 개인의 책임은 무거우나 관리자의 정책결정책임이나 조직을 개혁하지 않은 책임 등은 경시되기 쉽고, 조직의 과오에 대하여는 경찰공무원 개인의 책임으로 돌리는 경우가 많았다.

제2절 경찰통제의 유형

1. 민주적 통제와 사법적 통제

1) 의의

- 영미법계의 국가에서는 주로 경찰조직의 민주성을 확보하기 위한 제도적 장치를 통해 시민이 직접 또는 그 대표기관을 통한 참여와 감시를 가능케 하는 시스템을 구축하고 있다. 예 경찰위원회, 경찰책임자의 선거, 자치경찰제도의 시행 등
- 대륙법계의 국가에서는 경찰행정에 대한 사법심사를 통해 법원이 행정부의 행위를 심사함으로써 통제하는 시스템을 구축하고 있다.[13) 예 행정소송, 국가배상제도 등

2) 민주적 통제제도

- 경찰위원회제도와 국민감사청구제도가 도입되어 있지만, 경찰책임자의 선거제도 등은 시행되지 않고 자치경찰제도는 2007년 이후 2012년 현재까지 제주특별자치도에서만 시행되고 있다.
- 우리나라의 현행 경찰위원회는 경찰의 주요정책 등에 관하여 심의・의결하는 권한을 가지고 있으나(경찰법 제9조 제1항), 행정안전부장관의 재의요구권(제9조 제2항)이 있어, 경찰위원회의 독립성과 자율성을 저해하고 실질적으로는 심의(審議)의 수준에 머물고 있는 등 명실상부한 민주적 통제장치로 보기는 어렵다.

경찰법

제9조(위원회의 심의・의결 사항) ① 다음 각 호의 사항은 위원회의 심의・의결을 거쳐야 한다.
1. 국가경찰의 인사, 예산, 장비, 통신 등에 관한 주요정책 및 국가경찰 업무 발전에 관한 사항
2. 인권보호와 관련되는 국가경찰의 운영・개선에 관한 사항
3. 국가경찰 임무 외에 다른 국가기관으로부터의 업무협조 요청에 관한 사항

13) 대륙법계의 국가에서는 초기 행정소송 등의 열기주의(列記主義)에서 개괄주의(概括主義)로 전환함으로써 행정에 대한 법원의 통제를 확대하고 있으며, 이는 국민의 사법적 구제의 길을 넓힘으로써 행정에 대한 통제를 강화하는 효과를 가져왔다.

> 4. 제주특별자치도의 자치경찰에 대한 국가경찰의 지원·협조 및 협약체결의 조정 등에 관한 주요 정책사항
> 5. 그 밖에 행정안전부장관 및 경찰청장이 중요하다고 인정하여 위원회의 회의에 부친 사항
> ② 행정안전부장관은 제1항에 따라 심의·의결된 내용이 적정하지 아니하다고 판단할 때에는 재의(再議)를 요구할 수 있다. [전문개정 2011.5.30]

- 19세 이상의 국민은 경찰을 비롯한 공공기관의 사무처리가 법령위반 또는 부패행위로 인하여 공익을 현저히 해하는 경우 일정한 수 이상의 연서(連書)로 감사원에 감사를 청구할 수 있도록 제도화하고 있다. 이는 주권자인 국민의 경찰에 대한 통제장치가 강화되었음을 의미한다.

> **부패방지 및 국민권익위원회의 설치와 운영에 관한 법률**
>
> **제6장 국민감사청구**
>
> **제72조(감사청구권)** ① 19세 이상의 국민은 공공기관의 사무처리가 법령위반 또는 부패행위로 인하여 공익을 현저히 해하는 경우 대통령령으로 정하는 일정한 수 이상의 국민의 연서로 감사원에 감사를 청구할 수 있다. 다만, 국회·법원·헌법재판소·선거관리위원회 또는 감사원의 사무에 대하여는 국회의장·대법원장·헌법재판소장·중앙선거관리위원회 위원장 또는 감사원장(이하 "당해 기관의 장"이라 한다)에게 감사를 청구하여야 한다. 〈개정 2009.1.7〉

3) 사법적 통제제도

- 경찰기관의 행위에 대하여 법원이 사법심사를 통하여 행정기관의 행위를 통제하는 방식이다. 예 행정소송법, 국가배상법을 통하여 행정의 위법한 처분 등의 행위에 대한 통제
- 국민은 경찰관청의 위법한 처분, 그 밖의 공권력의 행사 또는 불행사로 인하여 권리 또는 이익의 침해를 받은 경우에는 항고소송 등의 행정소송을 통하여 구제받을 수 있고, 경찰공무원의 위법한 행위로 손해를 입은 국민은 국가를 상대로 손해배상을 청구할 수 있다.
- 경찰활동은 행정편의주의에 입각하여 고도의 재량에 의하는 것이 일반적이나, 재량의 일탈이나 남용은 사법심사의 대상이 된다.[14]

---

14) 재량권의 한계를 넘거나 그 남용이 있는 때에는 사법심사의 대상이 되는 것은 물론이고 재량의 실체적

• 사법적 통제는 어디까지나 사후적 통제에 지나지 않는다.

> **행정소송법**
>
> **제27조(재량처분의 취소)** 행정청의 재량에 속하는 처분이라도 재량권의 한계를 넘거나 그 남용이 있는 때에는 법원은 이를 취소할 수 있다.

2. 사전적 통제와 사후적 통제

1) 의의

종래 행정에 대한 통제는 사후적 통제가 중심을 이루었으나, 오늘날에는 권리나 이익이 침해받기 전에 이루어지는 사전적 통제를 강화하고 있다.

2) 사전통제제도

• 행정에 대한 사전통제를 규정하고 있는 기본법은 행정절차법이다.[15)]

| 2001, 2011 | 기출 |

• 정보공개청구권이 인정되고 있다.

> **행정절차법**
>
> **제1조(목적)** 이 법은 행정절차에 관한 공통적인 사항을 규정하여 국민의 행정참여를 도모함으로써 행정의 공정성·투명성 및 신뢰성을 확보하고 국민의 권익을 보호함을 목적으로 한다.
>
> **제41조(행정상 입법예고)** ① 법령등을 제정·개정 또는 폐지(이하 "입법"이라 한다)하고자 할 때에는 당해 입법안을 마련한 행정청은 이를 예고하여야 한다. 다만, 다음 각 호의 1에 해당하는 경우에는 예고를 하지 아니할 수 있다. 〈개정 2002.12.30〉
>
> 1. 입법내용이 국민의 권리·의무 또는 일상생활과 관련이 없는 경우
> 2. 입법이 긴급을 요하는 경우

심사뿐만 아니라, 재량의 절차적 통제가 이루어지고 있다.

15) 행정청이 불이익처분 등을 행할 경우 상대방에 대하여 청문 등의 절차에 참여케 하여 자기의 이익에 관해 변명할 기회를 부여하고 있으며, 입법이나 행정계획 등을 수립할 경우에도 관계자의 권리나 이익을 고려하여 미리 행정상 입법예고나 행정예고 등을 함으로써 입법이나 행정 계획·정책 등의 수립에 이해관계인의 참여권리를 인정하고 있다.

> 3. 상위 법령 등의 단순한 집행을 위한 경우
> 4. 예고함이 공익에 현저히 불리한 영향을 미치는 경우
> 5. 입법내용의 성질, 그 밖의 사유로 예고의 필요가 없거나 곤란하다고 판단되는 경우
>
> **제46조(행정예고)** ① 행정청은 다음 각 호의 1에 해당하는 사항에 대한 정책·제도 및 계획을 수립·시행하거나 변경하고자 하는 때에는 이를 예고하여야 한다. 다만, 예고로 인하여 공공의 안전 또는 복리를 현저히 해할 우려가 있거나 기타 예고하기 곤란한 특별한 사유가 있는 경우에는 예고하지 아니할 수 있다.
> 1. 국민생활에 매우 큰 영향을 주는 사항
> 2. 많은 국민의 이해가 상충되는 사항
> 3. 많은 국민에게 불편이나 부담을 주는 사항
> 4. 기타 널리 국민의 의견수렴이 필요한 사항
>
> ② 제1항의 규정에 불구하고 법령 등의 입법을 포함하는 행정예고의 경우에는 입법예고로 이를 갈음할 수 있다.
>
> ③ 행정예고기간은 예고내용의 성격 등을 고려하여 정하되, 특별한 사정이 없는 한 20일 이상으로 한다.

- 경찰과 관련하여 형사관계법령에 의하여 행하는 사항이나 공무원 인사 관계법령에 의한 징계, 기타 처분에 대해서는 행정절차법에 의한 사전절차가 적용되지 아니한다.[16)]
- 입법기관인 국회가 입법권, 예산심의권 등을 통하여 경찰관계법령의 제정이나 경찰예산의 편성과정에서 통제를 가할 수 있다.

3) 사후통제제도 [2010, 2011 | 기출]

- 사법부의 사법심사에 의한 통제가 중심을 이루나, 행정부 내에서는 징계책임이나 상급기관의 하급기관에 대한 감독권, 행정심판을 통한 통제가 가능하고, 입법부를 통해서는 국회의 예산결산권이나 국정 감사·조사권 등의 행정감독기능을 통하여 통제가 가해질 수 있다.

사법부에 의한 통제	행정부에 의한 통제	입법부에 의한 통제
• 행정소송(사법심사) • 국가배상청구소송	• 징계책임·행정심판 • 상급기관의 하급기관에 대한 감사권(감독권)	• 국회의 예산결산권 • 국정감사·조사권 • 경찰청장의 탄핵소추권

16) 전자는 형사소송법 자체가 형사법적 절차가 적용되기 때문이라고 생각되나, 후자는 입법정책상 아쉬운 점이 있다. 강욱·김석범·백창현, 경찰경무론, 경찰대학, 2012: 235-250.

3. 내부통제와 외부통제

1) 의의

- 행정의 내부적 통제는 경찰조직 내의 통제만으로 한정하며, 외부적 통제는 경찰조직 외의 경찰에 대한 통제를 말한다.[17)]
- 내부통제장치의 효과를 담보하기 위해서는 최고감독자의 단호한 의지가 매우 중요하다.
- 경찰비행을 통제하기 위한 경찰활동의 표준운영절차(Standard Operation Procedure)에 관한 문서화된 매뉴얼 및 경찰윤리교육이 이루어져야 한다.

2) 내부적 통제제도[18)]

(1) 감찰과 감사활동

- 감찰활동은 근무행태의 감독 및 회계감찰, 예방감찰(총기사용, 수사상 이권침해, 음주 등 자체사고 등 방지), 감찰조사(대상자의 비위를 증거에 의해 시정), 청문수리(직원의 애로와 건설적 의견을 연 2회 청문하여 반영)로 나눠진다.
- 감사활동은 경찰행정 전반을 감사하여 사무의 적법성과 규율을 확보하기 위한 수단으로 종합감사(1-2년, 정기), 부분감사(수시), 특별감사 등이 있다.
- 경찰청에 감사관을, 지방경찰청에 청문감사담당관을, 경찰서에 청문감사관[19)]을 두고 있다.

---

17) 내부통제가 바람직하나 내부통제만으로는 행정책임을 완전히 확보할 수 없을 뿐만 아니라, 조직의 속성상 자기비호 및 변화와 개혁을 싫어하는 특징을 가지고 있고, 또한 조직 내부에서는 그 조직의 문제점을 발견하기가 쉽지 아니하므로 외부통제가 필요하다.

18) 최규범, 2007: 188; 강욱 · 김석범 · 백창현, 경찰경무론, 경찰대학, 2012: 235-250.

19) 청문감사관제도는 경찰의 대국민 신뢰도의 제고를 위한 취지에서 1999년에 신설된 제도로, 경찰서 내의 인권상황을 확인 · 점검하고 민원인의 고충을 해결해 주는 제도이다. 이는 '수사 · 교통사고 진행문의 카드제' 및 '진술인 의견청취제'의 운용실태 확인 및 지도, 고소 · 고발사건 및 교통사고사건 등 관련 민원인 불편 · 불만사항 상담 및 해소, 범죄다발지역에 대한 순찰강화 등 주민요구사항이 제대로 반영되고 있는지 여부에 대한 확인 및 시정, 대민 친절봉사 이행실태 점검 및 지도, 유치장, 형사계 등 구속 또는 조사장소 인권보호 실태점검, 경찰서의 감찰 · 감사업무 등을 수행한다. 2011 기출

(2) 훈령권, 직무명령권

- 상급기관이 하급기관에 대하여 지시권이나 감독권 등의 훈령권을 행사함으로써 하급기관의 위법이나 재량권 행사의 오류를 시정하는 등 통제를 가할 수 있다.
- 상급자는 하급 경찰공무원에 대한 직무명령을 통하여 그 행위를 통제하기도 한다.

(3) 행정심판의 재결권

- 행정심판의 경우에는 행정청의 처분 또는 부작위에 대하여는 당해 행정청의 직근 상급행정기관이 재결청이 되므로, 상급경찰관청은 하급경찰관청의 행정의 위법은 물론 부당의 문제에 대해서도 행정심판의 재결청으로써 통제를 가할 수 있다.

> **행정심판법**
>
> **제1장 총칙**
>
> **제1조(목적)** 이 법은 행정심판 절차를 통하여 행정청의 위법 또는 부당한 처분(處分)이나 부작위(不作爲)로 침해된 국민의 권리 또는 이익을 구제하고, 아울러 행정의 적정한 운영을 꾀함을 목적으로 한다.
>
> **제2조(정의)** 이 법에서 사용하는 용어의 뜻은 다음과 같다.
>
> 1. "처분"이란 행정청이 행하는 구체적 사실에 관한 법집행으로서의 공권력의 행사 또는 그 거부, 그 밖에 이에 준하는 행정작용을 말한다.
> 2. "부작위"란 행정청이 당사자의 신청에 대하여 상당한 기간 내에 일정한 처분을 하여야 할 법률상 의무가 있는데도 처분을 하지 아니하는 것을 말한다.
> 3. "재결(裁決)"이란 행정심판의 청구에 대하여 제6조에 따른 행정심판위원회가 행하는 판단을 말한다.
> 4. "행정청"이란 행정에 관한 의사를 결정하여 표시하는 국가 또는 지방자치단체의 기관, 그 밖에 법령 또는 자치법규에 따라 행정권한을 가지고 있거나 위탁을 받은 공공단체나 그 기관 또는 사인(私人)을 말한다.
>
> **제3조(행정심판의 대상)** ① 행정청의 처분 또는 부작위에 대하여는 다른 법률에 특별한 규정이 있는 경우 외에는 이 법에 따라 행정심판을 청구할 수 있다.
>
> ② 대통령의 처분 또는 부작위에 대하여는 다른 법률에서 행정심판을 청구할 수 있도록 정한 경우 외에는 행정심판을 청구할 수 없다.

- "집회 및 시위에 관한 법률"에 의거한 집회의 금지통고에 대하여는 금지통고를 행한 경찰관서의 직근 상급경찰관서의 장에게 이의를 신청할 수 있으므로(제9조 1항), 그 경우 직근 상급경찰관서의 장은 재결청으로써 하급경찰관서의 업무를 통제하게 된다.

집회 및 시위에 관한 법률

제9조(집회 및 시위의 금지 통고에 대한 이의 신청 등) ① 집회 또는 시위의 주최자는 제8조에 따른 금지 통고를 받은 날부터 10일 이내에 해당 경찰관서의 바로 위의 상급경찰관서의 장에게 이의를 신청할 수 있다.

- 경찰공무원의 징계 등 불이익 처분에 대한 심사청구는 행정안전부에 설치된 소청심사위원회에서 심사하며, 이는 외부적 통제에 해당한다.

3) 외부적 통제제도

(1) 경찰위원회

경찰위원회가 국가경찰의 주요 정책 및 국가경찰업무 발전사항, 국민의 인권보호에 관한 심의 · 의결 기능 등을 수행하고자 하였지만 단순한 자문기관으로 전락하여 본래의 외부적 통제기능을 충실히 수행하지 못하고 있다는 비판이 있다.[20]

(2) 국회에 의한 통제

국회는 입법권과 예산의 심의 · 결산권, 국정감사 · 조사권 등의 권능을 행사함으로써 경찰의 입법과정, 예산책정과 결산과정, 그리고 경찰행정에 대하여 감사하고 조사함으로써 경찰을 통제할 수 있다.

(3) 사법부에 의한 통제

- 위법한 행정에 대한 법원의 사법심사를 통한 통제로, 위법한 처분 등의 취소 등을 통하여 시정케 할 뿐만 아니라, 공무원 개인에게도 민사상 · 형사상의 책임을 물을 수 있다.
- 사법통제는 판례법의 형성을 통하여 행정으로 하여금 판결의 내용에 반하는 행위를 억제함으로써 국민의 권리구제에 기여하게 된다.

20) 박윤규, "한국의 경찰위원회제도 개선방안에 관한 연구", 한국경찰학회보, 제10권 3호, 2008: 207-237.

(4) 행정부에 의한 통제

① 행정수반인 대통령에 의한 통제

대통령은 경찰청장의 임명권, 경찰위원회 위원의 임명권 등을 통하여 경찰을 통제하며, 행정수반으로서 주요 정책결정을 통하여 경찰을 통제할 수 있다.

② 행정안전부장관에 의한 통제

경찰청은 행정안전부장관 소속하에 두게 되어 있고, 행정안전부장관은 경찰청장과 경찰위원회 위원의 임명제청권을 가지므로 상급관청으로서의 권한행사를 통하여 경찰을 통제할 수 있다.[21)]

③ 국민권익위원회[22)](경찰 옴부즈맨)에 의한 통제

국민고충처리위원회에 경찰관련 민원처리를 담당하는 경찰특별소위원회가 2006년 12월 21일에 설치됨으로써 '한국형 경찰 옴부즈맨'이 출범하였다.[23)]

④ 기타

경찰은 정보 · 보안 업무와 관련하여서는 국가정보원의 조정과 통제를 받고 있으며, 대간첩작전은 국방부의 통제를, 수사업무는 검찰에 의한 지휘를 받고 있다. 특히, 검사는 수사지휘권(형사소송법 제196조), 경찰서 등의 체포 · 구속장소 감찰권(형사소송법 제198조의 2), 교체임용요구권(검찰청법 제54조) 등을 통하여 경찰에 대한 막강한 통제권한을 가지고 있다.[24)]

---

21) • 경찰위원회는 행정안전부장관의 소속으로, 심의 · 의결기능을 수행한다. [2011 기출]
• 소청심사위원회에 의한 통제 즉, 경찰공무원의 징계 등 불이익처분에 관한 소청심사청구는 중앙인사위원회에 설치된 소청심사위원회에서 심사하므로 외부적 통제에 해당한다.

22) 국민권익위원회에 의한 통제는 외부통제 중 행정부에 의한 통제에 속한다. [2011 기출]

23) • 2003년 7월 정부혁신 지방분권위원회 행정개혁 로드맵 과제의 하나로 '전문 옴부즈맨제도 설치'를 개혁과제로 채택하였고, 구체적으로 경찰 옴부즈맨 도입을 검토하여 고충위원회에 설치하는 안, 인권위원회에 설치하는 안, 행정자치부(현 행정안전부) 또는 경찰청에 설치하는 안을 논의하였으나, 최종적으로 통합적인 민원처리가 가능한 고충위원회에 설치하는 것으로 결정하였다(송창석, 2007).
• 그 후 2008년 2월 29일 국가청렴위원회와 행정심판위원회 등과 통합되어 국민권익위원회가 새롭게 출발하게 되었으며, 국민권익위원회 내 경찰특별소위원회에 경찰 옴부즈맨이 설치되고, 고충처리부 산하 사회민원조사단 내 경찰민원과에서 경찰관련 고충민원을 처리하고 있다(최응렬, 2008). 강욱 · 김석범 · 백창현, 경찰경무론, 경찰대학, 2012: 235-250, 재인용.

24) 국정원의 정보업무조정, 수사에 관한 검사의 지휘는 행정부에 의한 통제에 속한다. [2008 기출]

형사소송법

제196조(사법경찰관리) ① 수사관, 경무관, 총경, 경정, 경감, 경위는 사법경찰관으로서 모든 수사에 관하여 검사의 지휘를 받는다.

② 사법경찰관은 범죄의 혐의가 있다고 인식하는 때에는 범인, 범죄사실과 증거에 관하여 수사를 개시·진행하여야 한다.

③ 사법경찰관리는 검사의 지휘가 있는 때에는 이에 따라야 한다. 검사의 지휘에 관한 구체적 사항은 대통령령으로 정한다.

④ 사법경찰관은 범죄를 수사한 때에는 관계 서류와 증거물을 지체 없이 검사에게 송부하여야 한다.

⑤ 경사, 경장, 순경은 사법경찰리로서 수사의 보조를 하여야 한다.

⑥ 제1항 또는 제5항에 규정한 자 이외에 법률로써 사법경찰관리를 정할 수 있다. [전문개정 2011.7.18]

제198조의2(검사의 체포·구속장소 감찰) ① 지방검찰청 검사장 또는 지청장은 불법체포·구속의 유무를 조사하기 위하여 검사로 하여금 매월 1회 이상 관하 수사관서의 피의자의 체포·구속장소를 감찰하게 하여야 한다. 감찰하는 검사는 체포 또는 구속된 자를 심문하고 관련서류를 조사하여야 한다. 〈개정 1995.12.29〉

② 검사는 적법한 절차에 의하지 아니하고 체포 또는 구속된 것이라고 의심할 만한 상당한 이유가 있는 경우에는 즉시 체포 또는 구속된 자를 석방하거나 사건을 검찰에 송치할 것을 명하여야 한다. 〈개정 1995.12.29〉 [본조신설 1961.9.1] [제목개정 1995.12.29]

검찰청법

제53조(사법경찰관리의 의무) 사법경찰관리는 범죄수사에 있어서 소관 검사가 직무상 발한 명령에 복종하여야 한다.

제54조(교체임용의 요구) ① 서장이 아닌 경정 이하의 사법경찰관리가 직무 집행과 관련하여 부당한 행위를 하는 경우 지방검찰청 검사장은 해당 사건의 수사 중지를 명하고, 임용권자에게 그 사법경찰관리의 교체임용을 요구할 수 있다.

② 제1항의 요구를 받은 임용권자는 정당한 사유가 없으면 교체임용을 하여야 한다. [전문개정 2009.11.2]

(5) 감사원

경찰기관의 세입·세출의 결산뿐만 아니라, 경찰기관 및 경찰공무원의 직무에 대한 감찰을 통하여 경찰을 통제한다.

(6) 국가인권위원회

- 2001년 5월 설립된 국가인권위원회는 인권침해행위에 대한 조사와 구제 등의 업무를 수행하고 있다.[25)]
- 경찰청장이 인권의 보호와 향상에 영향을 미치는 내용을 포함하고 있는 법령을 제정 또는 개정하고자 하는 경우에는 미리 위원회에 통보하여야 하는 등 일정한 통제를 받게 된다.

> **국가인권위원회법**
>
> **제24조(시설의 방문조사)** ① 위원회(상임위원회와 소위원회를 포함한다. 이하 이 조에서 같다)는 필요하다고 인정하면 그 의결로써 구금·보호시설을 방문하여 조사할 수 있다.
>
> ② 제1항에 따른 방문조사를 하는 위원은 필요하다고 인정하면 소속 직원 및 전문가를 동반할 수 있으며, 구체적인 사항을 지정하여 소속 직원 및 전문가에게 조사를 위임할
> 수 있다. 이 경우 조사를 위임받은 전문가가 그 사항에 대하여 조사를 할 때에는 소속 직원을 동반하여야 한다.
>
> ③ 제2항에 따라 방문조사를 하는 위원, 소속 직원 또는 전문가(이하 이 조에서 "위원등"이라 한다)는 그 권한을 표시하는 증표를 지니고 이를 관계인에게 내보여야 하며, 방문 및 조사를 받는 구금·보호시설의 장 또는 관리인은 즉시 방문과 조사에 편의를 제공하여야 한다.
>
> ④ 제2항에 따라 방문조사를 하는 위원등은 구금·보호시설의 직원 및 구금·보호시설에 수용되어 있는 사람(이하 "시설수용자"라 한다)과 면담할 수 있고 구술 또는 서면으로 사실이나 의견을 진술하게 할 수 있다.
>
> ⑤ 구금·보호시설의 직원은 위원등이 시설수용자를 면담하는 장소에 참석할 수 있다. 다만, 대화내용을 녹음하거나 녹취하지 못한다.
>
> ⑥ 구금·보호시설에 대한 방문조사의 절차와 방법 등에 관하여 필요한 사항은 대통령령으로 정한다. [전문개정 2011.5.19]
>
> **제20조(관계기관 등과의 협의)** ① 관계 국가행정기관 또는 지방자치단체의 장은 인권의 보호와 향상에 영향을 미치는 내용을 포함하고 있는 법령을 제정하거나 개정하려는 경우 미리 위원회에 통지하여야 한다.
>
> ② 위원회는 그 업무를 수행하기 위하여 필요하다고 인정하면 국가기관, 지방자치단체, 그 밖의 공사(公私)단체(이하 "관계기관등"이라 한다)에 협의를 요청할 수 있다.
>
> ③ 제2항에 따른 요청을 받은 관계기관등은 정당한 사유가 없으면 이에 성실히 협조하여야 한다. [전문개정 2011.5.19]

---

25) 국가인권위원회는 필요하다고 인정하는 경우 그 의결로 구금·보호시설을 방문하여 조사할 수 있는 방문조사권을 가지고 있으며, 방문조사를 하는 위원 등은 구금·보호시설의 직원 및 구금·보호시설에 수용되어 있는 자와 면담할 수 있고 구술 또는 서면으로 사실 또는 의견을 진술하게 할 수 있다.

(7) 민중통제

- 민중통제는 여론, 이익집단, 언론기관, 정당 등을 통한 직·간접적인 통제를 말한다.
- 언론기관은 제4부라고 일컬어질 만큼 그 영향력이 크며, 실질적으로 여론을 주도함으로써 국가의 정책결정에 깊숙이 간여한다.
- NGO(비정부국제기구: Non-Governmental Organization)의 역할이 증대되고 있다.[26)]

부패방지 및 국민권익위원회의 설치와 운영에 관한 법률

[시행 2012.2.17] [법률 제11327호, 2012.2.17, 일부개정]

제11조(국민권익위원회의 설치) 고충민원의 처리와 이에 관련된 불합리한 행정제도를 개선하고, 부패의 발생을 예방하며 부패행위를 효율적으로 규제하도록 하기 위하여 국무총리 소속으로 국민권익위원회(이하 "위원회"라 한다)를 둔다.

제12조(기능) 위원회는 다음 각 호의 업무를 수행한다. 〈개정 2010.1.25〉

1. 국민의 권리보호·권익구제 및 부패방지를 위한 정책의 수립 및 시행
2. 고충민원의 조사와 처리 및 이와 관련된 시정권고 또는 의견표명
3. 고충민원을 유발하는 관련 행정제도 및 그 제도의 운영에 개선이 필요하다고 판단되는 경우 이에 대한 권고 또는 의견표명
4. 위원회가 처리한 고충민원의 결과 및 행정제도의 개선에 관한 실태조사와 평가
5. 공공기관의 부패방지를 위한 시책 및 제도개선사항의 수립·권고와 이를 위한 공공기관에 대한 실태조사
6. 공공기관의 부패방지시책 추진상황에 대한 실태조사·평가
7. 부패방지 및 권익구제 교육·홍보 계획의 수립·시행
8. 비영리 민간단체의 부패방지활동 지원 등 위원회의 활동과 관련된 개인·법인 또는 단체와의 협력 및 지원
9. 위원회의 활동과 관련된 국제협력
10. 부패행위 신고 안내·상담 및 접수 등

---

26) • NGO는 비정부기구 또는 비정부단체를 의미하며, 전 세계에 700여 단체가 등록되어 있다. 예 국제적십자연맹, 국제사면위원회 등.
- NGO는 i) 지속성(주장내용이 일회성 캠페인에 그치지 않아야 함), ii) 비영리성(이윤을 추구하지 않아야 함), iii) 독립성(정부 내지 정치적 영향으로부터 독립적으로 운영되어야 함), iv) 자율성(의사결정의 자율성) 등의 요건이 요구된다. 2002 여경
- 경찰은 NGO와의 협력을 강화하여 사회 각계계층의 경찰지원세력을 확보할 수 있으며, 상호 관심사를 치안정책에 반영함으로써 경찰행정의 공정성과 신뢰성을 높일 수 있고, 법집행 사각지대를 메워줄 수 있는 분야의 활동을 유도하여 경찰력을 보완할 수 있다. 그러나 민간단체인 NGO에게 경찰의 법집행과정에 개입할 수 있는 법적 권한을 부여할 수는 없다. 2001 여경

11. 신고자의 보호 및 보상
12. 법령 등에 대한 부패유발요인 검토
13. 부패방지 및 권익구제와 관련된 자료의 수집·관리 및 분석
14. 공직자 행동강령의 시행·운영 및 그 위반행위에 대한 신고의 접수·처리 및 신고자의 보호
15. 민원사항에 관한 안내·상담 및 민원사항 처리실태 확인·지도
16. 온라인 국민참여포털의 통합운영과 정부민원안내콜센터의 설치·운영
17. 시민고충처리위원회의 활동과 관련한 협력·지원 및 교육
18. 다수인 관련 갈등사항에 대한 중재·조정 및 기업애로 해소를 위한 기업고충민원의 조사·처리
19. 「행정심판법」에 따른 중앙행정심판위원회의 운영에 관한 사항
20. 다른 법령에 따라 위원회의 소관으로 규정된 사항
21. 그 밖에 국민권익 향상을 위하여 국무총리가 위원회에 부의하는 사항

제32조(시민고충처리위원회의 설치) ① 지방자치단체 및 그 소속 기관에 관한 고충민원의 처리와 행정제도의 개선 등을 위하여 각 지방자치단체에 시민고충처리위원회를 둘 수 있다.

② 시민고충처리위원회는 다음 각 호의 업무를 수행한다.

1. 지방자치단체 및 그 소속 기관에 관한 고충민원의 조사와 처리
2. 고충민원과 관련된 시정권고 또는 의견표명
3. 고충민원의 처리과정에서 관련 행정제도 및 그 제도의 운영에 개선이 필요하다고 판단되는 경우 이에 대한 권고 또는 의견표명
4. 시민고충처리위원회가 처리한 고충민원의 결과 및 행정제도의 개선에 관한 실태조사와 평가
5. 민원사항에 관한 안내, 상담 및 민원처리 지원
6. 시민고충처리위원회의 활동과 관련한 교육 및 홍보
7. 시민고충처리위원회의 활동과 관련된 국제기구 또는 외국의 권익구제기관 등과의 교류 및 협력
8. 시민고충처리위원회의 활동과 관련된 개인·법인 또는 단체와의 협력 및 지원
9. 그 밖에 다른 법령에 따라 시민고충처리위원회에 위탁된 사항

제7장

경찰혁신관리론

제 07 장 경찰혁신관리론

제1절 행정개혁

1. 의의

1) 행정개혁의 개념

- 행정개혁(行政改革: administration reform)이란 행정을 현재 상태보다 더 나은 상태나 방향으로 유도하려는 의도적·계획적 변동을 의미한다.
- 행정개혁은 행정조직의 구조변동과 새로운 정책·기술·방법의 채택·적용뿐만 아니라 행정인의 가치관·신념·태도를 변화시켜 개인발전과 조직발전을 통합시키려는 것이다.
- 행정개혁이란 행정체제의 변동대응능력을 증진시키고, 행정의 효율성의 향상을 위한 새로운 아이디어를 창안하여 실천에 옮기는 것이다.

2) 행정개혁의 성격

(1) 기술성(技術性)과 정치성

행정개혁은 기술적 성격(技術的 性格)과 아울러 고도의 정치적 성격을 띠고 있다. 행정개혁의 목적·대상이나 성공 여부는 정치적 환경이나 정치적 지지에 의하여 크게 영향을 받으며, 권력투쟁・타협과 양보・방해전술이 전개되는 과정이라 할 수 있다.

(2) 계획적 변동과 저항

행정개혁은 현상을 인위적으로 타파(打破)하여 보다 바람직한 방향으로의 변화를 모색하기에 저항이 불가피하게 수반된다.

(3) 계속적 과정

행정개혁은 일시적・즉흥적 개혁이 아니라 사회변동에 따른 문제해결을 위한 계속적 과정이다.[1)]

(4) 동태적・행동지향적 성격

행정개혁은 불확실성・위험과 예측가능성의 제약 등으로 특징지어지는 미래와 관련되며, 복잡한 환경적 요인이 작용하는 가운데 개혁전략이 문제되는 동태적(動態的)・행동지향적 과정이다.

3) 행정개혁의 필요성 및 동기

행정개혁의 필요성과 동기(動機)는 각국의 상황에 따라 다르다.[2)]

(1) 정치이념의 변동과 권력투쟁의 작용

최고관리층의 정치이념, 철학이나 기관장, 기본정책의 변동과 정치・행정의 권력투쟁은 행정개혁을 촉진하게 된다.

(2) 정부역할과 행정수요의 변동

행정환경의 변동에 따른 정부역할과 인구 및 고객구조의 변화 등 행정수요의 변동은 행정개혁을 촉진한다.

---

1) 구르지 않는 돌은 이끼가 끼고, 흐르지 않은 물은 썩기 마련인 것처럼, 행정개혁은 정부가 존속하는 한 계속적으로 이루어져야 한다. 'reform'은 '개혁' 또는 '혁신'으로 번역한다.
2) 행정개혁의 촉진요인은 실제 복합적으로 작용하며, 행정개혁자가 공식적으로 제시하는 이유와 실제 동기(動機)가 반드시 일치하지는 않는다.

(3) 조직확대경향과 관료이익의 추구

행정조직의 확대 · 비대화[3] 및 관료들의 국민 전체의 이익보다 자신들의 이익추구화 현상은 행정개혁을 촉진한다.

(4) 행정의 효율화와 새로운 기술도입의 필요성

행정의 효율화를 위한 노력과 새로운 과학기술 · 관리정보체제 등의 발달은 행정개혁을 촉진한다.

2. 행정개혁의 접근방법

1) 구조적 접근방법

- 공식적 · 합리적 조직에 중점을 두는 전통적인 접근방법으로서 기구 · 직제(職制)의 간소화와 기능중복의 제거, 행정사무의 적절한 배분과 권한 · 책임의 명확화, 집권화 또는 분권화의 확대, 의사소통체제의 개선 등을 통하여 행정을 개혁하려는 접근방법이다.
- 특히 통솔범위 · 계층제 · 조정 · 명령통일 등의 조직원리를 적용시키는 데 주력하는 접근방법이다.[4]

2) 관리기술적 접근방법

행정이 수행되는 과정에 치중하면서 행정기술 · 장비 · 수단을 개선하고 관리과학 · 운영연구(OR) · 체제분석(SA) · EDPS 등을 활용함으로써 행정성과의 향상을 도모하는 접근방법이며 계량화 모형에 주로 의존하고 있다.

3) 인간관계적 · 행태적 접근방법

인간관계적 · 행태적 접근방법이란 행정인의 가치관 · 신념 · 태도를 인위적으로 조작

---

3) 조직의 비대화(肥大化) 현상인 제국형성(帝國形成: empire building)은 행정개혁의 대상이 된다. 그러나 행정개혁과 기구축소는 동일시될 수 없다. 그 이유는 행정개혁은 불필요한 기구는 축소 · 폐지하나, 필요한 기구는 신설 · 확대가 요망되기 때문이다. 따라서 행정개혁과 가외성(加外性)은 조화될 수 있다.
4) 미국의 Hoover위원회나 한국 과거의 행정개혁은 주로 구조적 접근방법에 치중하였다.

적 전략이나 실험실훈련 등에 의하여 변혁시켜 행정체제 전체의 개혁을 도모하려는 접근방법이다.

4) 종합적 접근방법

- 구조적 접근방법과 관리기술적 접근방법 및 인간관계적·행태적 접근방법은 상호보완적 성격을 가진다.
- 행정개혁에 있어서는 행정조직·행정인·행정환경을 중심으로 하면서 특히 정치적·사회적 요인을 우선적으로 고려해야 할 것이며, 행정체제의 여러 측면을 종합적으로 고려해야 할 것이다.

3. 행정개혁의 과정

1) 행정개혁의 필요성 인식

행정개혁은 먼저 그 필요성의 인식에서 시작된다. 행정개혁의 필요성의 인식에 있어서 객관적 요인은 행정개혁의 필요성 및 동기이며, 주관적 요인은 행정개혁의 주체가 이를 개혁목표로 인정하는 것을 말한다.

2) 개혁안의 준비 및 결정

개혁담당자와 개혁안 연구의 참여자 범위가 결정되면 개혁범위와 개혁수준 및 개혁전략을 결정하게 된다.

3) 개혁안의 시행

개혁안의 시행에는 법령안의 기초, 새로운 규정·편람의 작성, 예산·인사조치, 관계 공무원의 훈련 등이 요구되며, 세부적인 집행계획도 수립하여 개혁을 시행한다.

4) 개혁의 평가

개혁의 평가결과를 환류(還流: feedback)하여 다음의 행정개혁에 반영하도록 한다.

4. 행정개혁의 저항과 대책

- 행정개혁은 현상의 인위적 변동이므로 저항이 나타나며 이를 극복해야 행정개혁은 기대한 성과를 거둘 수 있다.
- 저항(抵抗)이란 현실적・가상적(假想的) 변화로부터 자기 자신을 방어하려는 행태를 말한다.[5)]
- 저항은 안정유지와 혁신의 상충되는 요구를 조정하는 역할을 한다. 저항의 순기능은 혁신을 성공시킬 때 더 커질 수 있다.

1) 저항의 원인[6)]

(1) 기득권의 침해

기득권(旣得權)을 가진 관료나 이익집단 및 이해당사자는 행정개혁에 의한 기득권 침해에 저항한다.

(2) 피(彼)개혁자의 능력부족

개혁의 대상자들이 개혁에 수반되는 새로운 지식과 기술이 부족할 경우 이에 저항한다.

(3) 개혁내용의 불명확성

개혁의 내용이 불명확할 경우 개혁에 대한 신뢰감의 결여・불안감・무관심 등으로 비협조적・소극적이거나 저항한다.

---

5) • 저항은 개혁이나 혁신에 반대하는 적대적인 태도와 행동을 의미한다.
- 저항은 개혁의 내용을 모른다거나 감정적으로 저항할 수도 있으며, 정책의 가정과 논리에 대해 동의하지 않기 때문에 나타날 수도 있다. 또한 저항은 소극적으로 무관심이나 비협조적 태도로 나타나기도 하고 적극적인 불만토로나 적대적 행동으로 나타나기도 한다.
- 저항은 행정체제의 능력부족과 제도화된 부패, 관료제의 경직성과 보수적 관성, 법령의 제약, 기존의 투자비용 등 상황적 장애로 나타나는가 하면, 추진자의 낮은 신망, 혁신목표와 내용의 결함, 추진방법과 절차의 결함 등으로 인해 나타난다. 더욱 중요한 저항요인은 심리적인 것이라고 할 수 있는데, 개혁내용의 몰이해, 미지의 상황에 대한 불안감, 재적응이나 교육훈련의 부담, 혁신대상이 될 때의 자존심 손상, 이익침해 인식, 개혁성과의 불신 등으로 인해 나타난다고 한다. 오석홍, 행정개혁론, 박영사, 2003: 39-40.

6) 행정개혁과정에서 수반되는 저항의 원인으로는 개혁내용의 불명확성, 전면적인 개혁, 기득권의 이익침해 등이 있으나, 참여자의 수 확대는 저항의 감소방안이다. 2008 기출

(4) 비공식적 인간관계의 과소평가

개혁이 피개혁자(被改革者)가 소속하고 있는 비공식집단의 인간관계・규범・관례 등과 조화되지 않을 경우 저항이 나타난다.

(5) 관료제의 경직성과 보수적 경향

관료제의 병리인 경직성과 보수성으로 저항이 나타난다.

(6) 참여부족과 국민의 무관심

개혁이 일부 소수의 사람이나 집단에 의해 폐쇄적으로 수행되거나 여론의 지지가 부족할 경우 저항이 나타난다.

2) 저항의 극복방안(A. Etzioni) 2007 기출

(1) 강제적 전략

- 강제적 전략은 개혁추진자가 강압적 권력에 의해 제재・위협・계서적 권위(階序的 權威)를 일방적으로 행사하는 전략이다.
- 계서적 권한에 의한 명령, 물리적 제재나 기타 신분상 불이익의 위협, 의식적인 긴장조성, 권력구조의 일방적 개편 등의 방법이 사용된다.[7)]

(2) 규범적 전략

- 적절한 상징조직과 사회적・심리적 지원을 통해 자발적 협력과 개혁의 수용을 유도하는 전략이다.
- 개혁지도자의 권위를 높임으로써 개혁의 수용을 촉진하고, 의사전달과 참여의 촉진, 조직 전체의 목적추구에 대한 사명감 고취, 개인의 중요성 인정 및 자기존경의 욕구충족, 충분한 시간을 주어 불만・긴장의 해소, 개혁의 가치와 기존 가치의 양립성 강조, 교육훈련・자기개발 촉진 등의 방법이 사용된다.

(3) 공리적・기술적 전략(功利的・技術的 戰略)

- 이익침해를 방지・보상하거나 개혁과정의 기술적 요인을 조정하는 전략이다.

---

7) 강제적 전략은 최후의 수단으로 사용된다. 2007 기출

• 해당자들이 불이익을 받지 않는다는 인사이동계획의 수립과 제시, 경제적 손실의 보상, 개혁의 일반적인 가치와 이익의 실증(實證), 개혁시기의 조정, 개혁과정의 적응성 제고, 개혁방법과 기술의 융통성 있는 수정 등의 방법이 사용된다.

• 개혁의 폭과 속도	• 급진적 · 전면적 전략	• 근본적인 변화를 일시에 달성, 광범위하고 빠른 속도로 추진	• 발전도상국
	• 점진적 · 부분적 전략	• 개혁의 영향, 수용태세, 동원자원을 감안하여 완만하게 추진	• 소극적 개혁
• 개혁의 추진방향	• 명령적 · 하향적 전략	• 대내외의 참여 없이 상층부에서 일방적으로 추진	• 저항 유발, 지속화 곤란
	• 참여적 · 상향적 전략	• 구성원의 아이디어를 수집하고 의견을 반영하여 추진	• 저항 최소화, 신속한 변화 곤란

〈표 7-1〉 치안지수

•개념	• 국민들이 평가한 각종 범죄 및 교통위험에 대한 불안수준, 범죄 간 상대적 중요도 등을 기초로 산출한 지표
•효용	• 어떤 범죄가 국민을 불안하게 만드는지를 파악, 치안정책의 중점사항을 선택 • 지역별 치안지수 산출, 특성에 맞는 치안정책 수립 • 정기적 조사, 국민들의 치안만족도 변화 파악

〈표 7-2〉 경찰개혁을 통해 변화된 패러다임

국민과 경찰을 새로운 시각으로 인식		
	종 전	개 혁
• 국민에 대한 인식	• 단속 · 규제의 대상	• 보호 · 봉사의 대상
• 경찰의 주된 임무	• 법 집행	• 서비스 제공
• 치안활동 주체	• 경찰만의 몫	• 국민과 공동생산

경찰활동 및 조직관리 방식의 패러다임 재정립		
	종 전	개 혁
• 수사체제	• 가해자 처벌 위주	• 피해자 보호 위주
• 외근운영	• 범죄예방, 검거(방범)	• 주민안전, 안심확보(생활안전)
• 교통활동	• 위반자 적발, 단속(자동차 중심)	• 소통확보, 사고예방(사람 중심)
• 경비활동	• 물리적 힘	• 대화와 설득
• 조직관리	• 지시, 명령, 통제	• 대화, 자율, 분권

제2절 경찰혁신

1. 국민과 경찰 내부의 요구

1) 국민의 요구

- 국민은 신뢰할 수 있는 경찰을 원한다. 이는 일관되고 공정한 공권력 행사가 필요한 측면이다.
- 국민은 친근한 경찰을 원한다. 경찰 입장에서도 친근하지 못하면 범죄에 효과적으로 대응할 수 없다. 왜냐하면 경찰임무수행을 원활하게 하기 위해서 국민의 협조가 필수적이기 때문이다.
- 국민은 공정한 경찰을 원한다. 서비스 전달에 있어서 국민들의 신뢰를 받으려면 경찰 스스로 정당성, 일관성, 전달의 적시성, 적절성, 효율성을 갖추는 것도 중요하지만 경찰서비스의 소비자인 일반시민들의 인식이 더욱 중요하다.[8)]

2) 경찰 내부의 요구

- 관료제의 역기능현상을 제거하기 위한 노력이 필요하다.[9)]
- 경찰활동의 효율성을 높이기 위해서는 고유기능의 전문화와 아울러 보조적인 기능과 역할을 위해서는 합리적인 통제가 가능한 범위 내에서 수익자부담원칙, 경영기법, 책임경영제 등을 도입할 필요가 있다.

---

8) 강욱 · 김석범 · 백창현, 경찰경무론, 경찰대학, 2012: 70-85.

9) Max Weber, "Bureaucracy", in Jay, M. Shafritz & J. Steven Ott(ed.), Classics of Organization Theory, The Dorsey Press, 1987: 81-87; 데이빗 오스본 · 피터 플래스트리크 지음, 최창현 옮김, 정부개혁의 5가지 전략, 삼성경제연구소, 1998: 350.

2. 혁신전략

1) 비전 만들기(vision making)

(1) 비전의 의의

비전은 미래의 조직모습에 대한 꿈이다. 비전 제시는 리더의 핵심역량이다.[10] 따라서 비전이 없는 관리자와 조직은 망망대해에서 나침반 없는 배가 표류하는 것과 같다.

(2) 비전의 구조[11]

① 통찰력

최고경영자 혹은 리더는 자신이 가지고 있는 독창적 통찰력을 통해 조직과 자신을 둘러싼 환경의 변화를 파악하고 예측하여 나아갈 방향을 결정한다.

② 보편적 가치

보편적 가치는 구성원들의 공유된 선호에 바탕을 둔 규범의 형태를 띤다. 따라서 가치는 모든 구성원들에게 공통적인 방향감각과 일상 행동의 가이드라인을 제공하는 역할을 한다.

③ 정보와 지식

비전은 무한한 가능성의 세계인 미래에 대한 끊임없는 물음과 이에 대한 해답을 구하기 위해 정보와 지식을 수집하고 축적하는 과정에서 창조된다.

(3) 비전의 실현

최고경영자는 혁신의 반발을 극복하는 리더십을 갖추어야 한다.

10) 워렌 베니스 지음, 김경섭 옮김, 21세기의 창조자 뉴리더의 조건, 김영사, 1994: 76.
11) 소동성 외, 14가지 경영혁신기법의 통합모델, 아이.비.에스 컨설팅그룹, 1994: 53-56. 이들이 보는 영웅의 자질과 능력은 독창적 통찰력, 남성적 성품, 영웅적 고결성, 영웅적 재능, 그리고 성실성이다.

2) 벤치마킹(Benchmarking)

(1) 벤치마킹의 의의

- 벤치마킹은 타산지석(他山之石)의 지혜를 경영에서 실현하는 것이다.
- 경쟁상대의 상품특성, 생산과 서비스의 프로세스를 비교하는 것뿐만 아니라 경쟁상대는 아니지만 유사한 업무를 가지고 있는 조직의 정보나 노하우를 얻어 자기조직을 변화시키고 궁극적으로는 부분적인 개선을 넘어 조직 전반의 혁신을 추구하는 전략이다.[12)]

(2) 벤치마킹의 도입방안

- 벤치마킹은 예측 불가능한 환경의 급속한 변화에 대응할 수 있기 위해 유사한 환경변화에 적절히 대처한 경험을 가진 조직으로부터 배운다는 것이다.
- 성공한 조직으로부터 긍정적인 교훈을 얻고, 실패한 조직으로부터는 피해야 할 함정에 대한 교훈을 얻을 수 있다.

3) 학습조직(learning organization)

(1) 학습조직의 의의

전체적으로 조망하고 개인의 업무능력과 노하우를 바탕으로 학습과 토론을 하는 조직을 말한다.

(2) 학습조직의 도입방안

- 학습조직을 통해 변화시키고자 하는 조직의 바람직한 모습에 대한 조직성원 간의 '공유된 비전'이 있어야 한다.
- 학습조직의 성공을 위한 조직의 '하부구조'[13)]가 있어야 한다. 하부구조에 지식의 전파를 위한 메커니즘이 필요하며, 교육훈련 역시 지식 전파의 중요한 수단이다.
- 개개인의 학습노력이 낭비되지 않고 조직의 공동목표를 위해 공헌할 수 있도록 하기

---

12) 하봉규, 국가경영, 세종출판사, 2002: 112-116.
13) 직장 내에서 수시로 건설적인 토론과 서로의 정보를 주고받을 수 있는 만남의 시간, 장소를 제공하고 관리자가 학습에 적극 참여하는 조직문화를 의미한다.

위해서는 '팀 학습'이 활성화되어야 한다. 팀 학습의 핵심적인 요소는 대화와 토론 문화의 정착이다.

4) 신인사제도(new personnel planning)[14]

(1) 의의

최근 기업들이 채택한 신인사제도는 연공서열보다는 능력중시, 직급체계의 단일화, 연봉제 및 성과급제의 도입, 고과방식의 개선 등이라고 할 수 있다.

(2) 연봉제

연봉제는 개인의 능력이나 실적 및 공헌도를 평가하여 계약에 의해 연간 임금액이 결정되는 능력중심의 임금시스템으로 빠른 속도로 확산되고 있다.

① 장점

- 연봉제 급여를 시행함으로써 관리자 또는 일반사원들에게도 경영자에 준하는 책임감을 심어줄 수 있다.
- 업적목표가 명확해지고 일한 만큼의 보상을 받으며 자기의 노력이 급여로 이어진다는 생각이 강해지면 근무의욕도 높아진다.
- 경직적인 연공서열과 호봉기준의 임금체계에 얽매이지 않기 때문에 유연하게 우수인재를 확보할 수 있다.
- 임금관리가 간소화된다. 연봉제를 완전한 형태로 실시하면 수없이 많은 각종 수당 등 복잡한 급여체계를 단순화시킬 수 있다.
- 공정한 평가문화가 조성된다. 명확한 기준의 설정, 평가와 합의에 의한 급여액 결정 등이 이루어지다 보면 자연스럽게 공정한 평가문화가 사내에 조성된다.

② 단점

- 연봉제는 우리나라의 고유한 사회·문화적 전통인 유교의 장유유서 의식과 선임자 우대 원칙에 맞지 않다.
- 연봉액이 늘지 않는 경우 종업원의 사기가 저하될 소지가 있으며, 종업원 상호 간에

14) 강욱·김석범·백창현, 경찰경무론, 경찰대학, 2012: 70-85.

과당경쟁을 유발시켜 협력에 지장을 줄 수 있다.

- 관리자가 개인의 능력 및 실적에 대한 객관적이고 공정한 평가를 하지 못하면 연봉제는 정실주의로 흐를 수 있다.

(3) 인사고과제도의 개선

정확한 평가를 바탕으로 한 공정한 보상과 인사관리상의 반영이 중요하다. 즉, 능력주의 인사제도가 성공하기 위해서는 공정한 인사평가제도가 우선 정착되어야 한다.

(4) 발탁인사

- 승진연한이 차지 않더라도 자격이 있다고 판단되면 과감하게 발탁하는 제도이다.
- 조기승진이나 인사의 유연성에 대한 제도적 장애를 제거한 것으로, 특히 승진연한 때문에 제한받고 있는 능력 있는 인재를 적재적소에 활용할 수 있다는 장점이 있다.
- 전시효과가 뛰어나 조직 내 다른 직원들에게도 동기를 부여하는 이점이 있다.[15)]

5) 전사적 품질경영[16)]

(1) 의의

Figenbaum[17)]은 TQM(Total Quality Management)이란 '소비자가 만족할 수 있는 재화와 서비스를 제공하기 위해 조직 내 품질개발, 유지, 개선노력들을 통합하는 효과적 시스템'이라고 규정하였다.

(2) 특징

- 고객지향적이다. 조직외적인 환경과의 끝없는 상호작용을 강조하는 체계이론적 시각에 바탕을 두고 조직외부의 참여자들에게 많은 관심을 둔다.
- 단순한 능률성을 지양한다.

---

15) 발탁인사제는 미국 GE사의 Jack Welch식 인사기법이 대표적인 사례이다. 종래 연공서열제의 조직침체의 단점을 보완할 수 있는 방식으로 볼 수 있다. 발탁대상자의 나이와 경력에 상관없이 능력 있는 자를 책임 있는 자리에 앉힌다. 조직구성원 간에 갈등을 초래할 우려가 있으므로 신중히 적용되어야 한다. [2004 기출]

16) 강욱 · 김석범 · 백창현, 경찰경무론, 경찰대학, 2012: 70-85.

17) 전사적 품질경영(Total Quality Managemant: TQM)에 대한 정의를 최초로 시도한 학자이다.

- 예방적 차원의 품질관리이다. TQM에서는 품질관리를 사후적으로 하는 것이 아니라 불량품을 예방하고 또한 이를 줄일 수 있도록 진단을 내리는 데 중점을 두고 있다.
- 통계적 · 체계지향적 공정관리를 지향한다. 일부 관리자층의 직관이나 경험에 배타적으로 의존하는 경향을 탈피하여 정확하고 축적된 통계자료에 의존하게 되어 불량품의 원인을 규명하는 데 큰 도움이 되었다.
- 전 직원의 참여를 통한 지속적인 공정개선에 강조점을 두고 있다. 조직상위층뿐만 아니라 중간관리층, 그리고 하위종업원들에 걸친 전 직원의 참여가 있어야만 전체 공정과정에 대한 전반적인 개선이 이루어질 수 있다.

(3) 원리

데밍(W. Edward Deming)은 14가지의 원리와 전략을 제시했다.

① 목적에 대한 관심과 목적지속성 유지, ② 혁신적인 관리이념의 도입, ③ 예방적 품질관리, ④ 가격을 기초로 한 계약의 지양, ⑤ 지속적인 개선 추구, ⑥ 철저하고 현대적인 교육훈련의 지속적인 실시, ⑦ 지도자로서의 리더십 함양, ⑧ 하위자의 위축감 일소, ⑨ 부서 간의 장벽 제거, ⑩ 자의적 목표의 제거, ⑪ 과중한 업무기준과 무리한 할당 제거, ⑫ 일선 하위자에 대한 자부심 제고, ⑬ 교육 및 재훈련 계획의 적극적 입안, ⑭ 총체적 참여를 통한 조직 변화

(4) 경찰에의 도입방안

고객을 명확히 규정해야 하고, 특정 경찰서비스의 질을 측정해야 하며, 신축적인 팀 활동에 크게 의존하며,[18] 조직문화에 대한 고려를 해야 한다.[19]

18) 최근에는 정책문제들을 해결하는 데 있어 각 부서에서 다양한 분야의 전문가들을 불러 특정사업을 수행케 하는 임시조직, Matrix조직들을 많이 볼 수 있다.

19) 구성원들 사이에서의 비공식적 규범 및 규칙, 지배적인 가치관, 동료와의 사이에서 존재하는 잠재적 규약 등으로 이를 총괄적으로 조직문화라고 할 수 있다. 한국의 조직은 서구의 조직과는 달리 상대적으로 개인보다는 전체의 책임을 묻고, 금전적인 보상이나 징계 이외에도 명예를 중요시하며 잦은 이직보다는 한곳에서 평생 일하고자 하는 조직문화를 갖고 있다.

참고문헌

국내문헌

강욱 · 김석범 · 백창현, 경찰경무론, 경찰대학, 2012.
강용길 · 김석범 · 백창현 · 윤성철 · 이종화 · 정철우 · 최정호 · 황규진, 경찰학개론, 경찰공제회, 2009.
경찰대학, 경찰경무론, 2004.
경찰청, 2008년 경찰백서, 2009.
국회예산정책처, 대한민국 재정, 2008.
국회행정안전위원회, 2009년도 경찰청소관 예산안 검토보고서, 2009.
김득수, 한국경찰공무원 채용 및 계급제도에 관한 연구, 경남대학교 행정대학원, 2006.
김석범 · 성홍재, 경찰경무론, 경찰대학, 2008.
김용세 · 류병관, 경찰 승진인사제도 개선방안, 한국공안행정학회보, 2006.
김태진, 경찰계급체계의 문제점과 개선방안, 한국공안행정학회보, 2004.
데이빗 오스본 · 피터 플래스트리크 지음, 최창현 옮김, 정부개혁의 5가지 전략, 삼성경제연구소, 1998.
박윤규, 한국의 경찰위원회제도 개선방안에 관한 연구, 한국경찰학회보 제10권 3호, 2008.
박철현 · 장규원 · 정현미 · 진수명, 범죄의 심각성에 대한 인식 연구, 한국형사정책연구원 연구보고서, 한국형사정책연구원, 1999.
오석홍, 행정개혁론, 박영사, 2003.
워랜 베니스 지음, 김경섭 옮김, 21세기의 창조자 뉴리더의 조건, 김영사, 1994.
윤영진 · 김은정, 프로그램 예산제도에서의 성인지 예산제도 도입방안, 젠더와 문화, 2008.
이상안, 경찰행정학, 대명출판사, 2004.
이운주, 경찰학개론, 경찰대학, 2004.
이창로 · 신택현, 다면평가제도의 효율적 운영방안 : 조직의 사례를 중심으로, 한국철도학회 학술발표 논문집, 2004.
이황우, 경찰행정학, 법문사, 2005.
이황우 · 주성진, 한국경찰예산의 문제점과 개선과제, 한국공안행정학회보 제35호, 2009.
전주수, 한국행정개혁론, 엘림지앤피, 2003.
조동성 외, 14가지 경영혁신기법의 통합모델, 아이.비.에스 컨설팅그룹, 1994.
조임곤, 경찰공무원 다면평가제 도입에 관한 실증 분석, 한국사회와 행정연구, 제14권 제3호, 2003. 11.
조흥식 · 민원홍 · 김현민, 우리나라 범죄의 사회적 비용 추정에 관한 연구 – 범죄의 심각성 점수를 고려한 결과를 중심으로–, 한국사회정책 Korea Social Policy Review, 제17집 제2호, 2010. 8.
최규범, 사이버공간에서 도덕적 담론의 가능성에 관한 연구, 동서사상, 2008.
탁종연, 한국 범죄통계관리 분석과 발전방안 – 경찰 범죄정보관리시스템을 중심으로–, 현대사회와 행정, 2007.
하봉규, 국가경영, 세종출판사, 2002.
함우식, 경찰예산의 변화에 영향을 미치는 요인에 관한 연구, 동국대학교 대학원 박사학위논문, 2005.

국외문헌

Advisory Committee on Equal Opportunities for Women and Men, Opinion Gender Budgeting, 2003.

Budlender, Debbie and Rhonda Sharp, How to Do a gender-sensitive budgets analysis: Contemporary research and practice, the Commonwealth Secretariat, 1998.

Cohen Mark A., Ted R. Miller and Shelli B. Rossman, The Costs and Consequences of Violent Behavior in the United States, Understanding and Preventing Violence: Consequences and Control of Violence. Vol. 4. Albert J. Reiss, Jr. and Jeffrey A. Roth(eds.), National Research Council, Washington, D.C.: National Academy Press, 1994.

Cohen, M. Pain, Suffering and Jury Awards: A study of the cost of crime to victims, Law and Society Review, 22, 1988.

Cohen, The Monetary Value of Saving a High-Risk Youth, Journal of Quantitative Criminology, 2005.

Max Weber, Bureaucracy, in Jay M. Shafritz & J. Steven Ott(ed.), Classics of Organization Theory, The Dorsey Press, 1987.

Robert Reiner, The Politics of the Police, London: Havester Wheatsheaf, 1992.

Sharp, Rhonda and Ray Broomhill, Budgeting for Equality: The Australian Experience, Feminist Economics, 8(1), 2002.

Welsh, Brandon C., Farrington, David P., and Sherman, Lawrence W., Costs and benefits of preventing crime, Boulder, Colorado: Westview Press, 2001.

저자약력

양원규(梁元奎)

영남대학교 법정대학 행정학과(행정학 학사)
경북대학교 일반대학원 행정학과(행정학 석사)
경북대학교, 경일대학교 일반대학원 행정학과(행정학 박사)
현) 대경대학교 경찰행정학과 교수 · 학과장
대구지방경찰청 · 경북지방경찰청 경찰학교 외래교수
한국치안행정학회 운영위원회 영남지회 회장
한국정부학회 섭외홍보위원회 집행이사 · 학회간 교류협력위원회 위원
대한지방자치학회 부회장 · 총무위원장 · 감사
대구경실련 경제정의연구소 운영위원
전) 현대행정문제연구소 소장
대구광역시 지방공무원교육원 외래교수
대구광역시 · 영천시 시험출제위원

〈저서〉
범죄학 제대로 알기(백산출판사, 2012), 행정학 제대로 알기(6판, 백산출판사, 2011)
경찰조직관리론 제대로 알기(백산출판사, 2010)
행정학 제대로 알기(백산출판사, 개정신판, 2010)
경찰행정법 제대로 알기(한올출판사, 2판, 2009)
경찰학총론 I 제대로 알기(백산출판사, 2009)
경찰학총론 II 제대로 알기(백산출판사, 2009)
경찰학총론 제대로알기(도서출판 한영, 2007)
경찰행정법 제대로 알기(한올출판사, 초판, 2006)
경찰행정법(2003), 지방자치경찰론(2003), 행정학 제대로 알기(2003)
실패와 성공학(2002), 조직과 인간(2002), 공직윤리론(1999)
행정학연습(1999), 환경행정론(1998), 행정학개론(1997)
신체계 도시 · 지방행정론(1996), 승진 행정학연구(1994), 신체계 행정학(1991)
현대지역사회개발론(1990), 행정학(1985), 객관식 문제중심 행정학(1984)
주관식 문제중심 행정학(1982) 외 다수

〈논문〉
- "*The Effects of Police Organizational Culture to the Organizational Commitment through the Job Satisfaction*", 경찰조직문화가 직무만족과 조직몰입에 미치는 영향, 한국지방자치학회, 2011년도 동계학술대회, pp. 683-702.
- 방범용 CCTV의 효율적 운영방안, 대한지방자치학회 2010년 추계학술대회논문집, pp. 173-181.
- "*Implication of Conflicts on Inspector's Promotion Process*", 경위근속승진제에 대한 갈등의 함의, 한국치안행정논집, 제4권 제1호: 21-38.
- "*Perspectives on Characteristic of Police Culture*", 경찰문화의 특징에 관한 고찰, 한국치안행정논집, 제4권 제1호: 191-210.
- "*Theoretical Perspectives on Police Culture : In Concepts, Characteristics, and Research Trend of Police Culture*", 경찰문화에 대한 이론적 고찰: 경찰문화의 개념과 특징 및 연구동향을 중심으로, 영남정치학회보 제17권, 2006년: 25-45.
- "*A Theoretical Study of the Korean Bureaucracy Culture*", 한국관료문화의 이론적 고찰, 영남정치학회보 제16호, 2005년: 55-75.
- "*A Study on the Concept of Political Rationality in Policy-Making*", 정책결정에 있어서 정치적 합리성 외 다수

저자약력

정우열(鄭祐烈)

경희대학교 대학원(행정학 석사)
영남대학교 대학원(행정학 박사)
경운대학교 경찰행정학부 교수 · 학부장
대한지방자치학회 회장
행정고등고시 및 5급 승진시험 출제위원
경상북도 산하기관 · 단체 경영평가위원
경상북도 의회의정비심의위원장

〈저서〉
범죄학 제대로 알기(백산출판사)
현대행정학(삼우사, 공저)
경찰조직관리론(형설출판사, 공저)

〈논문〉
지방자치단체의 친환경 정보기술산업의 육성방안(2011)
한국 지역경찰 체제의 발전과정에 관한 연구(2009)
경찰조직의 학습구축이 조직유효성에 미치는 영향관계분석(2008) 등 다수

저자약력

배철효(裵哲孝)

영남대학교 행정대학원 졸업(행정학 석사)
경남대학교 대학원 졸업(행정학 박사)
현) 수성대학교 경찰행정과 학과장
수성대학교 민간경비교육센터장
한국민간경비학회 회장
(사)한국행정학회 공공안전연구회 회장
한국경찰학회 부회장
(사)대한지방차지학회 부회장
공인 경비지도사 시험출제위원 및 검토위원
공인 행정관리사 시험출제위원
충청북도 7급 지방공무원 공개채용시험출제위원
청원경찰시험출제위원
신변보호사시험출제위원
경찰청 고객만족평가단 위원
대구지방경찰청 정책평가단 위원
북부경찰서 경찰발전위원회 위원
법무부 범죄예방 소년선도 분과위원회 위원
대구지방검찰청 서부지청 형사조정위원회 위원
전) 대구과학대학교 경찰행정과 교수
대구과학대학교 교학과장, 도서관장
수성대학교 학사운영처장
한국치안행정학회 회장
한국경찰연구학회 부회장
대구지방경찰청 집회시위시민감시단 위원장
대구구치소 교정자문위원회 위원장
민주평화통일자문회의 자문위원
한국전문대학교육협의회 학과평가위원

〈논저〉

신사무관리론(학문사, 2004)
경찰인사관리론(남두도서, 2004)
현대행정관리론(도서출판 대영문화사, 2004)
경찰종합실무 상, 하(경찰고시연구원, 2005)
공인행정사 문제연구(도서출판 대영문화사, 2005)
경비지도사 민간경비론(엑스퍼트, 2006)
경찰학개론(도서출판 대영문화사, 2007)
경호학개론(도서출판 대영문화사, 2009)
경비지도사 기출문제 해설(시대고시기획, 2010)
경비지도사 한권으로 끝내기(시대고시기획, 2011)
범죄학 제대로 알기(백산출판사, 2012)
경찰서비스 기능의 향상방안에 관한 연구 외 다수

저자약력

안경렬(安慶烈)

고려대학교 및 동 대학원 행정학과 졸업(행정학 석사)
경남대학교 대학원(행정학 박사)
조지워싱턴대학교 수학
현) 대구미래대학교 경찰행정학과 교수, 자치치안행정연구소 소장
공무원임용시험 출제위원, 경비지도사 출제 · 검증위원, 국민생활체육 자문위원,
재난관리연구소 자문위원, 국제경호무술연맹 부총재
국민희망연대 최고위원, 국세청 과세전적부 심사위원
국세청 이의신청 심의위원, 한국범죄퇴치운동본부 범죄예방 최고위원
담덕포럼아카데미 원장, 인산포럼아카데미 원장, 한국치안행정학회 고문,
한국행정학회, 한국정부학회, 대한지방자치학회, 한국지방정부학회, 한국공안행정학회,
한국경찰학회 등의 임원
전) (사)대구포럼 회장, 영락회 대구포럼 회장

〈저서〉
조사방법론 강의(삼영사)
21세기 행정학(삼우사)
현대 행정학(삼우사)
공인행정관리사 문제연구(대영문화사)
경비지도사 경호학(백산출판사)
경비지도사 법학개론(백산출판사)

〈논문〉
한국정부조직의 개혁방안
기획과 예산의 상호관련성에 관한 연구
재난관리 영향요인에 관한 연구(한국치안행정논집)
재난관리에 관한 지방공무원의 인식분석
한국경찰의 조직 개선방안
자치경찰제 실시에 따른 바람직한 방향
우리나라 경찰조직문화에 관한 소고
광개토대왕 이념의 역사적 재조명 외 다수

저자약력

차승호(車昇昊)

영남대학교 법정대학 행정학과(행정학 학사)
영남대학교 일반대학원 행정학과(행정학 석사)
영남대학교 일반대학원 행정학과(박사과정 수료)
현) 대경대학교 경찰행정학과 교수
전) 경상북도의회 자치연구실 책임연구원
　　대구경북지방자치학회 이사

〈저서〉
민법총칙요론(홍익출판사, 2010)
실전법학개론(홍익출판사, 2008, 공저)
경호와 법(홍익출판사, 2003)

제 1 장 행정학 일반이론

제1절 행정의 개념 / 제2절 공행정과 사행정 / 제3절 행정학의 발달 / 제4절 현대행정의 특징 / 제5절 행정과정 / 제6절 행정이념 / 제7절 과학적 관리론 / 제8절 인간관계론 / 제9절 행정행태론 / 제10절 행정문화 / 제11절 행정생태론 / 제12절 행정체제론 / 제13절 비교행정론 / 제14절 발전행정론 / 제15절 신행정론

제 2 장 정책 및 기획론

제1절 공익 / 제2절 행정목표 / 제3절 목표관리(MBO) / 제4절 정책결정 / 제5절 기획 / 제6절 사회지표 / 제7절 갈등 / 제8절 권위

제 3 장 조직이론

제1절 조직의 의의 / 제2절 공식적 조직과 비공식적 조직 / 제3절 관료제 / 제4절 조직의 원리 / 제5절 위원회 / 제6절 계선기관과 참모기관 / 제7절 공기업 / 제8절 조직과 개인 / 제9절 동기부여이론 / 제10절 조직과 환경 / 제11절 집권과 분권 / 제12절 중앙집권과 지방분권 / 제13절 일선기관 / 제14절 광역행정 / 제15절 행정상의 관리계층 / 제16절 리더십 / 제17절 의사전달 / 제18절 조직혁신 / 제19절 조직발전

제 4 장 인사행정론

제1절 인사행정의 발전 / 제2절 인사행정기관 / 제3절 공직의 분류 / 제4절 계급제와 직위분류제 / 제5절 직업공무원제 / 제6절 임 용 / 제7절 능력발전 / 제8절 사기 / 제9절 근무규율

제 5 장 재무행정론

제1절 재무행정의 의의 / 제2절 재무행정기관 / 제3절 재무행정의 법적 기초 / 제4절 예산의 의의와 원칙 / 제5절 예산의 종류 / 제6절 예산의 분류 / 제7절 예산제도의 발달 / 제8절 계획과 예산 / 제9절 자본예산 / 제10절 예산과정 / 제11절 구매행정

제 6 장 행정통제론

제1절 행정책임 / 제2절 행정통제 / 제3절 옴부즈만제도 / 제4절 행정개혁

■ 책 소개

경찰조직관리론 제대로 알기

제 1 장 경찰조직의 의의
제1절 경찰조직의 의의 / 제2절 경찰조직의 기본요소 / 제3절 경찰조직의 특징

제 2 장 경찰조직의 원리
제1절 조직원리의 의의 / 제2절 경찰조직의 제 원리 / 제3절 경찰관료제

제 3 장 경찰조직의 이념
제1절 의의 / 제2절 내용

제 4 장 경찰조직관리의 이론
제1절 경찰조직관리의 의의 / 제2절 Classical Approach / 제3절 Human Relative Approach / 제4절 Behavioral Science Approach / 제5절 Contemporary Approach

제 5 장 경찰조직의 목표와 기획
제1절 경찰조직의 목표 / 제2절 경찰기획

제 6 장 경찰관리자의 역할과 Motivation
제1절 경찰관리자 / 제2절 경찰기관장의 역할과 유형 / 제3절 동기부여이론

제 7 장 경찰 Leadership
제1절 의의 / 제2절 경찰 Leadership 이론의 변천 / 제3절 경찰 Leadership의 유형 / 제4절 경찰 Leadership의 분류

제 8 장 경찰조직의 Communication
제1절 의의 / 제2절 조직 Communication의 유형 / 제3절 Johari Window 모형 / 제4절 경찰 Communication의 장애요인과 극복방안

제 9 장 경찰조직에서의 갈등관리
제1절 갈등관리의 의의 / 제2절 경찰조직내 갈등관리의 상황과 전략

범죄학 제대로 알기

제 1 편 범죄일반론

제 1 장 범죄의 의의
제1절 범죄의 의의 / 제2절 범죄의 법률적 정의와 비법률적 정의

제 2 장 범죄학의 의의
제1절 범죄학의 의의 / 제2절 범죄학의 연구방법

제 3 장 범죄현상의 파악
제1절 공식적 범죄통계자료 / 제2절 비공식적 조사자료

제 2 편 범죄현상론

제 1 장 범죄의 실태와 추이
제1절 2010년 주요 범죄의 발생동향 및 특징 / 제2절 주요범죄 단속 및 검거 / 제3절 범죄현황의 평가

제 2 장 범죄의 사회인구학적 특성
제1절 성별 · 연령 / 제2절 계층 · 가정 · 교육 / 제3절 경제 · 직업 · 매스컴

제 3 편 범죄유형론

제 1 장 범죄유형의 의의
제1절 범죄의 유형 / 제2절 5대 범죄와 범죄지표

제 2 장 살인범죄
제1절 형법적 논의 / 제2절 범죄학적 논의

제 3 장 강도범죄
제1절 형법적 논의 / 제2절 범죄학적 논의

제 4 장 강간과 성범죄
제1절 형법적 논의 / 제2절 범죄학적 논의 / 제3절 전자감시제도

제 5 장 폭력범죄
제1절 형법적 논의 / 제2절 범죄학적 논의

제 6 장 절도범죄
제1절 형법적 논의 / 제2절 범죄학적 논의

제 7 장 조직범죄
제1절 조직범죄의 의의

제 8 장 증오 및 스토킹범죄
제1절 증오범죄 / 제2절 스토킹범죄

제 9 장 피해자 없는 범죄
제1절 의의 / 제2절 매춘 / 제3절 마약범죄 / 제4절 화이트칼라 범죄 / 제5절 Highteck범죄 / 제6절 사이버 범죄 / 제7절 환경범죄

제 4 편 범죄원인론

제 1 장 생물학적 범죄원인론
제1절 생물학적 범죄원인론의 전개 / 제2절 범죄와 체형 / 제3절 범죄와 유전 / 제4절 현대의 생물학적 범죄원인론

제 2 장 심리학적 범죄원인론
제1절 정신분석이론 / 제2절 정신적 결함이론 / 제3절 인성이론 / 제4절 학습 및 도덕성 발달

제 3 장 사회학적 범죄원인론
제1절 사회구조이론 / 제2절 사회학습이론 / 제3절 통제이론 / 제4절 낙인이론 / 제5절 갈등론적 이론

제 4 장 범죄학이론의 고찰
제1절 근대 이전의 범죄학 / 제2절 근대 이후의 범죄학 / 제3절 유럽의 범죄사회학 / 제4절 미국의 범죄사회학 / 제5절 페미니스트 범죄학

제 5 편 범죄대책론

제 1 장 범죄예측론
제1절 범죄예측의 의의 / 제2절 범죄예측의 방법 / 제3절 범죄예측의 효용과 한계

제 2 장 범죄억제론
제1절 범죄의 예방 / 제2절 상황적 범죄예방이론 / 제3절 환경설계를 통한 범죄예방

제 3 장 범죄피해자론
제1절 범죄피해자론의 의의 / 제2절 범죄피해자의 분류 / 제3절 회복적 사법

제 4 장 형벌과 범죄
제1절 형법과 범죄 / 제2절 형벌과 범죄 / 제3절 형의 종류

제 5 장 교정과 범죄
제1절 교정이론 / 제2절 소년보호처분 / 제3절 비범죄화 / 제4절 구금제도

경찰관리론 제대로 알기(2판)

2012년 6월 25일 2판 1쇄 인쇄
2012년 6월 30일 2판 1쇄 발행
공저자 양 원 규·정 우 열
배 철 효·안 경 렬
차 승 호
발행인 寅製 진 욱 상

발행처 백산출판사
서울시 성북구 정릉3동 653-40
등록 : 1974. 1. 9. 제 1-72호
전화 : 914-1621, 917-6240
FAX : 912-4438
http://www.ibaeksan.kr
editbsp@naver.com

값 17,000원
ISBN 978-89-6183-606-7